中等职业教育智能财会融合教材出版工程

总主编：徐 俊

经济法基础

JINGJIFA JICHU

王朝辉◎主编　杨琛兰◎副主编

图书在版编目(CIP)数据

经济法基础 / 王朝辉主编. -- 上海：立信会计出版社，2025.6. -- ISBN 978-7-5429-7876-9

Ⅰ. D922.29

中国国家版本馆 CIP 数据核字第 20254DF117 号

策划编辑　　华春荣
责任编辑　　郭　光
助理编辑　　周　诠
美术编辑　　北京任燕飞工作室

经济法基础
JINGJIFA JICHU

出版发行	立信会计出版社			
地　　址	上海市中山西路 2230 号	邮政编码	200235	
电　　话	(021)64411389	传　　真	(021)64411325	
网　　址	www.lixinaph.com	电子邮箱	lixinaph2019@126.com	
网上书店	http://lixin.jd.com	http://lxkjcbs.tmall.com		
经　　销	各地新华书店			
印　　刷	上海万卷印刷股份有限公司			
开　　本	787 毫米×1092 毫米　1/16			
印　　张	14			
字　　数	324 千字			
版　　次	2025 年 6 月第 1 版			
印　　次	2025 年 6 月第 1 次			
书　　号	ISBN 978-7-5429-7876-9/D			
定　　价	48.00 元			

如有印订差错，请与本社联系调换

总 序

随着数字经济的飞速发展,新技术层出不穷,新业态日新月异,新岗位和新规程不断涌现,为会计职业教育带来了前所未有的挑战与机遇。人工智能、大数据、云计算等新技术的广泛应用,不仅改变了企业的商业运行模式,也重塑了传统会计工作的组织和流程,逐步形成了基于数据驱动的财务全流程自动化和智能化管理服务模式。数字赋能,极大提高了会计信息质量,提高了会计工作效率,降低了会计管理成本。在这一时代背景下,中职会计事务专业也面临着转型升级的新要求。

为适应新时代中职会计人才培养的新变化,2021 年,教育部发布了中职会计事务专业简介,提出了新的专业课程体系。但一直以来,相关专业教材的建设相对滞后。为此,我们组织了一批中职学校专业教师和企业会计实务专家,编写了本套"中等职业教育智能财会融合教材出版工程"系列教材,以满足学校全面推进专业转型和教学改革的需要。本套教材力求体现以下特点:

(1) 系统规划统筹安排。本套教材依据新的中职会计事务专业简介和相关专业课程体系,基于新的课程标准,注意界定不同专业课程之间的内容边界,避免大量重复交叉;同时,在总体上采用项目化教材建设理念,创新人才培养模式和教学方法。

(2) 对接新岗位和新业态。本套教材从职业能力出发,适应公司独立财务核算、财务共享和财税代理,服务不同管理服务模式要求,主动融入新技术、新方法、新规程,服务新型会计职业人才的培养。

(3) 体现业财融合和管理转型。本套教材将信息化工作环境下的业务处理流程融入会计核算过程,适应会计职能拓展要求,切实改变传统中职会计专业教材重会计核算、轻会计监督的倾向,将会计审核业务化、实操化。

(4) 建设立体化教材资源。本套教材基于教育信息化改革,同步推进教材在线服务平台、数字教学资源、标准化题库和数字仿真实训等资源的建设。

(5) 探索会计理论方法创新。本套教材从会计信息化管理手段出发,针对传统教材中基于手工操作的某些基本理论和基本方法,积极探索,试图在若干会计基础理论与方法上有所创新。

（6）共建双师型教材编写团队。本套教材参编人员包括中职学校专业教师和企业会计实务专家，双师型教师占比超过80%。主编老师大多具有中职学校正高级讲师职称，并全程参与国家新一轮中职会计事务专业教学标准和专业简介课题研制，熟悉会计改革方向和学校人才培养要求。

实事求是地说，开创一种新型中职会计事务专业教材体系是一项艰巨而复杂的工程，缺乏可资借鉴的现成模式和经验成果。本套教材不可避免地会存在这样或那样的问题和不足。但时代的进步、社会的发展和企业对新型人才培养的需求，促使我们无法回避作为职业教育工作者的责任和使命。我们希望通过本套教材的推出，能够为中职会计事务专业的数字化转型升级探索一条可能路径，贡献我们的一份力量，为新型教材的建设打下一定基础。

徐　俊

前言

习近平总书记指出，社会主义市场经济本质上是法治经济。党的二十大报告强调，坚持全面推进依法治国、推进法治中国建设。可见，熟练运用经济法相关法条，依法从事财税等业务的处理，是中职相应专业人才培养的需求。

《经济法基础》是中职会计事务专业、纳税事务专业的专业基础课程教材。我们根据新的专业建设标准，组织编写了七个单元的教学内容，包括经济法律基础、会计法律制度、中小企业法律制度、公司法律制度、合同法律制度、劳动合同与社会保险法律制度、消费者权益保护法律制度。本教材重在树立学生的公民意识、法治意识和责任意识，引导学生做社会主义法治的忠实崇尚者、自觉遵守者、坚定捍卫者。与同类书相比，本教材具有以下特色。

1. 内容选择力求合理、科学

考虑到本系列教材《税收基础》《税费核算与智能申报》分别是会计事务专业和纳税事务专业的专业基础课程和专业核心课程的教材，所以本教材未选取与税法相关的内容；考虑到《出纳与资金管理》是专业核心课程的教材，所以本教材未选取与支付结算法律制度相关的内容。本教材根据本专业学生未来从事职业的实际需要和学生应具备的知识和能力选取内容，体现精炼、实用、够用。

2. 编写体例力求新颖、实用

每个单元以若干任务展开，按照"单元导入""单元思考""单元小结""单元测试"的模式完成，穿插"想一想""读一读""小提示""小练习"等栏目，便于学生理解、掌握和应用所学知识，实现教与学互动，理论与实践技能相结合。

3. 配套资源力求丰富、高效

以教材为核心，建立丰富的数字化资源，包括课件、教案、教学大纲、教学标准、单元测试及答案解析、课程视频、通用型学生笔记等，并尝试将教材、资源、备课、学习、实训融为一体，实现高效的教与学。

《经济法基础》可作为中等职业学校财经商贸大类专业的教材，也可以作为其他专业的学生学习经济法的教材，还可以作为各类成人院校及相关从业人员的岗位培训教材和参考用书。

本教材的作者主要来自湖南省会计事务专业双师型名师工作室,有着丰富的教学与实践经验,工作态度严谨、细致。本教材由王朝辉担任主编,由杨琛兰担任副主编。单元一由王朝辉、周知编写,单元二由范喜美编写,单元三由黄婷编写,单元四由蔡书云编写,单元五由杨琛兰编写,单元六由龙潇编写,单元七由刘世莹编写,教材内容由长沙学院经济与管理学院邓中华教授审核。

本教材在编写过程中,参考了许多教材和文献,吸收了最新经济法立法信息和其他同类教材的先进经验,在此向相关作者表示真诚的感谢!

由于编者水平所限,法律、法规、政策不断修订变化,本教材可能会存在疏漏之处,读者应以国家最新公布的相关法律条文为准,同时,竭诚欢迎广大读者提出宝贵意见。

编 者
2025 年 4 月

目录 CONTENTS

单元一　经济法律基础　001

任务一　法的相关知识 …………………………………… 002
任务二　法律责任 ………………………………………… 013
任务三　经济纠纷的解决 ………………………………… 019
单元测试 …………………………………………………… 027

单元二　会计法律制度　032

任务一　会计法律制度概述 ……………………………… 033
任务二　会计核算与会计监督 …………………………… 035
任务三　会计机构和会计人员 …………………………… 052
任务四　会计人员职业道德规范 ………………………… 058
任务五　会计法律责任 …………………………………… 063
单元测试 …………………………………………………… 064

单元三　中小企业法律制度　070

任务一　合伙企业法律制度 ……………………………… 071
任务二　个人独资企业法律制度 ………………………… 087
单元测试 …………………………………………………… 092

单元四　公司法律制度　099

任务一　公司法律制度概述 ……………………………… 100
任务二　有限责任公司 …………………………………… 103
任务三　股份有限公司 …………………………………… 111
任务四　公司股票与公司债券 …………………………… 118
单元测试 …………………………………………………… 123

001

单元五　合同法律制度　　130

- 任务一　合同法律制度概述　…………………………………………　131
- 任务二　合同的订立　…………………………………………………　133
- 任务三　合同的效力　…………………………………………………　138
- 任务四　合同的履行　…………………………………………………　140
- 任务五　合同的变更、转让和终止　…………………………………　144
- 任务六　违约责任　……………………………………………………　146
- 任务七　典型合同　……………………………………………………　148
- 单元测试　………………………………………………………………　154

单元六　劳动合同与社会保险法律制度　　160

- 任务一　劳动合同法律制度　…………………………………………　161
- 任务二　社会保险法律制度　…………………………………………　177
- 单元测试　………………………………………………………………　191

单元七　消费者权益保护法律制度　　197

- 任务一　消费者权益保护法概述　……………………………………　198
- 任务二　消费者权利与经营者义务　…………………………………　201
- 任务三　消费争议的解决　……………………………………………　206
- 任务四　违反消费者权益保护法的法律责任　………………………　209
- 单元测试　………………………………………………………………　212

单元一 经济法律基础

知识导航

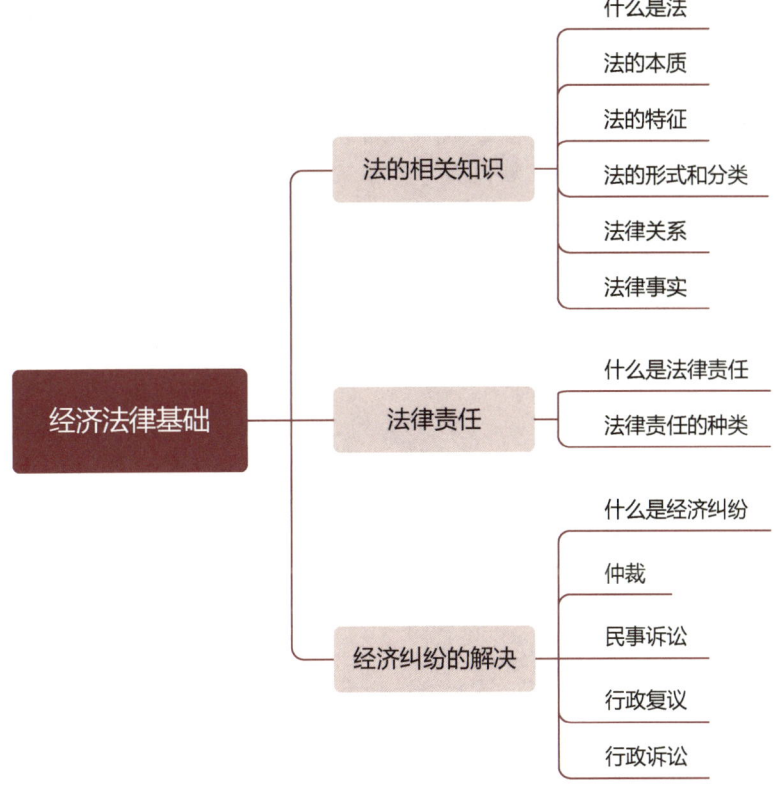

学习目标

1. 了解法的相关知识
2. 理解法律责任及其种类
3. 掌握经济纠纷解决的方法
4. 养成"懂法守法、遇事找法、解决问题用法"的意识,弘扬法治精神

思政故事

ChatGPT 火爆背后有何法律风险

美国人工智能研究室 OpenAI 开发的全新"聊天机器人"ChatGPT 火了。作为一款人工智能语言模型，它不仅能和人展开互动，还可以写文章、制定方案、创作诗歌，甚至编写代码、检查漏洞，样样精通，上线仅两个月全球活跃用户破亿。ChatGPT 的问世掀起了新一轮人工智能浪潮，但其使用过程中可能涉及的法律问题不容忽视。人工智能在给人们的生活增添乐趣、提供便利的同时，其信息真伪、知识产权归属等法律风险也愈发受到关注。此外，不少人盯上了其热度想"搭便车"牟利，出现了大批"山寨"产品和账号转卖行为。

针对人工智能法律风险，我国 2022 年 3 月 1 日施行的《互联网信息服务算法推荐管理规定》中明确要求，人工智能的算法应当坚持社会主义主流价值观，不能利用算法危害国家安全和社会公共利益、扰乱经济秩序和社会秩序、侵犯他人合法权益。2023 年 1 月 10 日起施行的《互联网信息服务深度合成管理规定》中明确，任何组织和个人不得利用深度合成服务制作、复制、发布、传播法律、行政法规禁止的信息，不得利用深度合成服务从事危害国家安全和利益、损害国家形象、侵害社会公共利益、扰乱经济和社会秩序、侵犯他人合法权益等法律、行政法规禁止的活动。

来源：成都市人民检察院《ChatGPT 火爆背后有何法律风险？》

任务一　法的相关知识

一、什么是法

法作为一种特殊的社会规范，是人类社会发展的产物。但古今中外人们对于法的概念理解并不一致。一般来说，法是由国家制定或认可，以权利义务为主要内容，由国家强制力保证实施的社会行为规范及其相应的规范性文件等的总称。

清末以来，"法"与"法律"是并用的。在我国现代汉语中，"法律"一词有狭义和广义两种用法。广义的"法律"指法的整体，即国家制定或认可，并由国家强制力保证实施的各种行为规范的总和。狭义的法律专指拥有立法权的国家机关（国家立法机关）依照法定权限和程序制定颁布的规范性文件。

本教材对"法"和"法律"不加以严格的区分。

二、法的本质

法是统治阶级的国家意志的体现。统治阶级泛指在经济、政治、意识形态上占支配地位的阶级，在剥削阶级社会分别指奴隶主阶级、封建地主阶级、资产阶级，在社会主义社会则指全体人民。

具体理解如下:

(1) 法所体现的统治阶级的意志,不是凭空产生的,而是由统治阶级的物质生活条件决定的,是社会客观需要的反映。

(2) 法体现的是统治阶级的整体意志和根本利益,不是统治阶级每个成员个人意志的简单相加。

(3) 法体现的不是一般的统治阶级意志,而是统治阶级的国家意志。

[想一想]

法是统治阶级意志的体现。统治阶级违法犯罪是否会受到法律的制裁?

[读一读]

天子也应遵守法律

汉文帝三年,张释之因直言敢谏升任廷尉。某日御驾行经中渭桥,一乡民突从桥下奔出惊扰御马。文帝震怒,命卫士将其押送廷尉衙门。张释之详审案情,得知此人初入京城,听闻戒严避于桥下,久候,误判车驾已过,方仓皇现身。依《汉律》"犯跸"条款,廷尉判其缴纳四两罚金。文帝闻讯拍案:"此人险使朕坠马!若遇烈马岂非危及性命?罚金岂足惩戒!"张释之正色谏言:"律令乃天子与万民共守之约。今若因圣怒更法重判,百姓将谓'天子可改法度',如此何以立信于天下?"经廷尉据理力争,文帝终敛怒纳谏,史册遂留"法不阿贵"的典范。

此案彰显张释之超越时代的法治精神。他秉持"法者天子所与天下共"的理念,将法律置于君主意志之上,这在"朕即法律"的封建专制中不啻惊雷。虽其思想与当代"法律面前人人平等"有本质差异,但在皇权笼罩的汉宫,能以廷尉之职约束帝王私怒,实为暗夜萤火。其谏言揭示法治核心要义:唯有当权者率先尊法,百姓方能生敬畏、筑信仰。两千年前那四两罚金,不仅镇住了御马受惊的余波,更在华夏法制史上叩响金石之音,为后世昭示——真正的法治尊严,始于庙堂之高的自我约束。

三、法的特征

(一)国家意志性

法是经过国家制定或认可才得以形成的规范,具有国家意志性。统治阶级意志并不能直接形成法,必须通过一定的组织和程序,即通过统治阶级的国家制定或认可,才能形成法。制定、认可,是国家创制法的两种方式,也是统治阶级把自己的意志变为国家意志的两种途径。

[小提示]

法是通过国家制定和发布的,但并不是国家发布的任何文件都是法。首先,法是国家发布的规范性文件;其次,法是按照法定的职权和方式制定和发布的,有确定的表现形式。

(二) 国家强制性

法凭借国家强制力的保证而获得普遍遵行的效力，具有国家强制性，即法以国家的强制机构（如警察、法庭、监狱）为后盾，和国家制裁相联系。其他社会规范，如道德主要依靠社会舆论的强制，习惯受到习惯势力的强制，这些强制都不同于国家的强制。

(三) 规范性

法是确定人们在社会关系中的权利和义务的行为规范，具有规范性。具体表现如下。

1. 概括性

法是调节人们行为的一种社会规范，具有能为人们提供一个行为模式、标准的属性。

2. 利益导向性

法通过规定人们的权利和义务来分配利益，影响人们的动机和行为，进而影响社会关系，实现统治阶级的意志和要求，维持社会秩序。

(四) 明确公开性和普遍约束性

法是明确而普遍适用的规范，具有明确公开性和普遍约束性。法具有明确的内容，能使人们预知自己或他人一定行为的法律后果（可预测性）。同时，法具有普遍适用性，凡是在国家权力管辖和法律调整的范围、期限内，对所有社会成员及其活动都普遍适用。

> [想一想]
> "王子犯法与庶民同罪"体现了法的什么特征？

> [小练习 单选题]
> 下列关于法的本质与特征的表述中，不正确的是（   ）。
> A. 法是由国家制定或认可的规范
> B. 法是全社会成员共同意志的体现
> C. 法由统治阶级的物质生活条件所决定
> D. 法凭借国家强制力的保证获得普遍遵行的效力

四、法的形式和分类

(一) 法的形式

法的形式即法学上所称的法的形式渊源，是指法的具体的表现形态，即法是由何种国家机关，依照什么方或程序创制出来的，并表现为何种形式，具有何种效力等级的规范性法律文件。我国法的主要形式如下。

1. 宪法

宪法由国家最高立法机关即全国人民代表大会制定，是国家的根本大法，具有最高的法律效力，也具有最为严格的制定和修改程序。我国现行宪法是1982年12月4日第五届全国人民代表大会第五次会议通过的《中华人民共和国宪法》（简称《宪法》）。全国人民代表大会于 1988 年、1993 年、1999 年、2004 年和 2018 年先后五次以宪法修正案的形式对宪法作了修改和补充。

[读一读]

宪法宣誓仪式举行

2023 年 3 月 10 日,中华人民共和国第十四届全国人民代表大会第一次会议宪法宣誓仪式在北京人民大会堂举行。

宣誓誓词内容为:

"我宣誓:忠于中华人民共和国宪法,维护宪法权威,履行法定职责,忠于祖国、忠于人民,恪尽职守、廉洁奉公,接受人民监督,为建设富强民主文明和谐美丽的社会主义现代化强国努力奋斗!"

来源:新华网《宪法宣誓仪式》

2. 法律

法律由全国人民代表大会及其常务委员会制定,通常规定和调整国家、社会和自然人生活中某一方面带根本性的社会关系或基本问题,其法律效力和地位仅次于宪法,是制定其他规范性文件的依据。

3. 行政法规

行政法规是由国家最高行政机关即国务院在法定职权范围内为实施宪法和法律而制定、发布的规范性文件,通常冠以条例、办法、规定等名称,如国务院发布的《企业财务会计报告条例》。

4. 地方性法规、自治条例和单行条例

省、自治区、直辖市的人民代表大会及其常务委员会根据本行政区域的具体情况和实际需要,在不与宪法、法律和行政法规相抵触的前提下,可以制定地方性法规。

5. 特别行政区的法

国家在必要时设立特别行政区,在特别行政区内实行的制度按照具体情况由全国人民代表大会以法律规定,如《中华人民共和国香港特别行政区基本法》。

6. 规章

规章包括部门规章和地方政府规章。部门规章由国务院各部、委员会、中国人民银行、审计署和具有行政管理职能的直属机构,根据法律和国务院的行政法规、决定、命令,在本部门权限范围内制定。地方政府规章由省、自治区、直辖市和设区的市、自治州的人民政府根据法律、行政法规和本省、自治区、直辖市的地方性法规制定。

7. 国际条约

国际条约属于国际法而不属于国内法的范畴,但我国缔结和参加的国际条约对我国的国家机关、社会团体、企业、事业单位和公民也有约束力,如《国际民用航空公约》。

[想一想]

在我国,最高人民法院所作的判决书是否属于法的渊源之一? 为什么?

[小练习 单选题]

下列法的形式中,效力等级最低的是(　　)。
A. 宪法　　　　　　　　　B. 地方性法规
C. 行政法规　　　　　　　D. 法律

(二) 法的分类

根据不同的标准,可以对法作不同的分类。根据法的内容、效力和制定程序,法分为根本法(宪法)和普通法(宪法以外的所有法律);根据法的空间效力、时间效力或对人的效力分为一般法和特别法;根据法的内容,分为实体法(如《中华人民共和国民法典》,简称《民法典》)和程序法(如《中华人民共和国民事诉讼法》,简称《民事诉讼法》);根据法的主体、调整对象和渊源分为国际法和国内法;根据法律运用的目的分为公法和私法;根据法的创制方式和发布形式,分为成文法和不成文法。法的分类如表1-1所示。

表1-1 法的分类

标准	分类	释义要点
法的内容、效力和制定程序	根本法和普通法	(1) 宪法是我国的根本法,规定国家制度和社会制度的基本原则,具有最高的法律效力,是普通法立法的依据 (2) 宪法的制定和修改通常需要经过比普通法更为严格的程序
法的空间效力、时间效力或对人的效力	一般法和特别法	(1) 一般法是在一国领域内对一般自然人、法人、组织和一般事项都普遍适用的法律 (2) 特别法是只在一国的特定地域内或只对特定主体或只在特定时期内或只对特定事项有效的法律
法的内容	实体法和程序法	(1) 实体法具体规定了法律主体的权利和义务,如《民法典》 (2) 程序法规定了为保障法律主体实体权利义务的实现而制定的程序,如《民事诉讼法》
法的主体、调整对象和渊源	国际法和国内法	(1) 国际法主要调整的是国家间的相互关系 (2) 国内法调整的是一国内部的社会关系
法律运用的目的	公法和私法	(1) 公法以保护公共利益为目的,如《中华人民共和国刑法》(简称《刑法》) (2) 私法以保护私人利益为目的,如民法、商法
法的创制方式和表现形式	成文法和不成文法	(1) 成文法是有权机关依照法定程序制定的具有条文形式的规范性法律文件;我国是成文法国家,在没有明确法律依据时,习惯和判例中的内容不能称为法 (2) 不成文法主要指习惯法、判例法等

[小练习 单选题]

下列对法的分类中,属于以法的空间效力、时间效力或对人的效力为依据进行分类的是(　　)。

A. 成文法和不成文法　　　　B. 根本法和普通法
C. 一般法和特别法　　　　　D. 实体法和程序法

五、法律关系

法律关系是法律规范在调整人们的行为过程中所形成的一种特殊的社会关系,即法律上的权利与义务关系。所以法律关系也可以表述为法律规范所调整的权利与义务关系,由法律关系的主体、法律关系的内容和法律关系的客体三个要素构成的,缺一不可。

(一) 法律关系的主体

法律关系主体又称法律主体,是指参加法律关系,依法享有权利和承担义务的当事人。

1. 法律关系的主体的分类

1) 自然人

自然人是指具有生命的个体的人,即生物学上的人。自然人既包括中国公民,也包括居住在中国境内或在境内活动的外国公民和无国籍人。公民是各国法律关系的基本主体之一,是最常见的法律关系主体。

自然人的出生时间和死亡时间,以出生证明、死亡证明记载的时间为准;没有出生证明、死亡证明的,以户籍登记或者其他有效身份登记记载的时间为准。有其他证据足以推翻以上记载时间的,以该证据证明的时间为准。

[想一想]

自然人在出生之前能否成为法律关系的主体?

2) 法人

法人是具有民事权利能力和民事行为能力,依法独立享有民事权利和承担民事义务的组织。法人应当依法成立,应当有自己名称、组织机构、住所、财产或者经费。法人的名称是法人独立于其成员的人格标志,是法人参与法律活动时得以区别于其他法人的特定化标志。法人分为营利法人、非营利法人和特别法人,如表 1-2 所示。

表 1-2　法人组织的分类

分类	分类标准	典型举例
营利法人	取得利润并分配给股东等出资人为目的成立的法人	公司制营利法人,主要是有限责任公司、股份有限公司
		非公司制营利法人,主要是没有采用公司制的全民所有制企业、集体所有制企业

续　表

分类	分类标准	典型举例
非营利法人	为公益目的或者其他非营利目的成立,不向出资人、设立人或者会员分配所取得利润的法人	事业单位、社会团体、基金会、社会服务机构等
特别法人	实践中有些法人的设立依据、目的、职能和责任最终承担等方面均与营利法人和非营利法人存在较大差别,所以立法中单列一类法人即特别法人	机关法人、农村集体经济组织法人、城镇农村的合作经济组织法人、基层群众性自治组织法人

3) 非法人组织

非法人组织是指不具有法人资格,但是能够依法以自己的名义从事民事活动的组织,包括个人独资企业、合伙企业、不具有法人资格的专业服务机构等。非法人组织应当依照法律的规定登记,设立非法人组织,法律、行政法规规定须经有关机关批准的,依照其规定。非法人组织可以确定一人或者数人代表该组织从事民事活动。

4) 国家

在特殊情况下,国家可以作为一个整体成为法律关系主体。

[小提示]

在国内,国家是国家财产所有权唯一和统一的主体;在国际上,国家作为主权者,是国际公法关系的主体,也可以成为对外贸易关系中的债权人或债务人。

[小练习 单选题]

甲公司与乙公司签订买卖合同,向乙公司购买了一台设备,价款为8万元。该买卖合同的法律关系的主体是(　　)。

A. 买卖合同　　B. 设备　　C. 8万元价款　　D. 甲公司与乙公司

2. 法律主体资格

1) 权利能力

权利能力是指法律关系主体能够参加某种法律关系,依法享有一定的权利和承担一定义务的法律资格。或者说,权利能力是自然人或者组织能够成为法律主体的资格。它是任何自然人或组织参加法律关系的前提条件。

自然人从出生时起到死亡时止,具有民事权利能力,依法享有民事权利,承担民事义务。自然人的民事权利能力一律平等。

法人权利能力的范围由法人成立的宗旨和业务范围决定,自法人成立时产生,至法人终止时消灭。

2) 行为能力

行为能力是指法律关系主体能够通过自己的行为实际取得权利和履行义务的能力。

[小提示]

法人的行为能力和权利能力是一致的,同时产生、同时消灭。自然人的行为能力不同于其权利能力,具有行为能力必须首先具有权利能力,但具有权利能力并不必然具有行为能力。确定自然人有无行为能力,一看能否认识自己行为的性质、意义和后果;二看能否控制自己的行为并对自己的行为负责。

我国法律将自然人按民事行为能力划分为三类,如表1-3所示。

表1-3 自然人按民事行为能力分类

按民事行为能力的分类	分类标准
完全民事行为能力人	18周岁以上(≥18周岁)的自然人
	16周岁以上的未成年人,以自己的劳动收入为主要生活来源的,视为完全民事行为能力人
限制民事行为能力人	8周岁以上(≥8周岁)的未成年人
	不能完全辨认自己行为的成年人
无民事行为能力人	不满8周岁(<8周岁)的未成年人
	8周岁以上(≥8周岁)的未成年人
	不能辨认自己行为的成年人

一是完全民事行为能力人。完全民事行为能力人是指达到法定年龄、智力健全、能够对自己行为负完全责任的自然人。在民法上,18周岁以上的自然人是成年人,具有完全民事行为能力,可以独立进行民事活动,是完全民事行为能力人。

[小提示]

16周岁以上的未成年人,以自己的劳动收入为主要生活来源的,视为完全民事行为能力人。

二是限制民事行为能力人,这是指行为能力受到一定的限制,只有部分行为能力的自然人。在民法上,8周岁以上的未成年人,不能完全辨认自己行为的成年人为限制行为能力人。

三是无民事行为能力人,这是指完全不能以自己的行为行使权利、履行义务的自然人。不满8周岁的未成年人,8周岁以上不能辨认自己行为的未成年人以及不能辨认自己行为的成年人为无民事行为能力人。无民事行为能力人,由其法定代理人代理实施民事法律行为。

> [小练习 单选题]
> 下列公民中,可以视为完全民事行为能力人的是（　　）。
> A. 赵某,9岁,某小学学生
> B. 王某,15岁,某高级中学学生
> C. 张某,13岁,某初级中学学生
> D. 李某,17岁,某宾馆服务员,以自己劳动收入为主要生活来源

我国将自然人的刑事责任能力作了如下规定:

一是对刑事责任年龄的规定。已满16周岁的人犯罪,应当负刑事责任。已满14周岁不满16周岁的人,犯故意杀人、故意伤害致人重伤或者死亡、强奸、抢劫、贩卖毒品、放火、爆炸、投放危险物质罪的,应当负刑事责任。已满12周岁不满14周岁的人,犯故意杀人、故意伤害罪,致人死亡或者以特别残忍手段致人重伤造成严重残疾,情节恶劣,经最高人民检察院核准追诉的,应当负刑事责任。

二是对特殊年龄段自然人的量刑规定。已满12周岁不满18周岁的犯罪,应当从轻或减轻处罚。已满75周岁的人,故意犯罪的,可以从轻或减轻处罚,过失犯罪的,应当从轻或减轻处罚。

三是对精神状态异常的自然人的规定。精神病人在不能辨认或者不能控制自己行为的时候造成危害结果,经法定程序鉴定确认的,不负刑事责任,但应当责令他的家属或监护人严加看管和医疗,必要时由政府强制医疗。间歇性的精神病人在精神正常的时候犯罪,应当负刑事责任。尚未完全丧失辨认或者控制自己行为能力的精神病人犯罪,应当负刑事责任,但是可以从轻或者减轻处罚。

另外,醉酒的人犯罪,应当负刑事责任。又聋又哑的人或者盲人犯罪,可以从轻、减轻或者免除处罚。

(二) 法律关系的内容

法律关系的内容是指法律关系主体所享有的权利和承担的义务。

法律权利是指法律关系主体依法享有的权益,表现为权利享有者依照法律规定具有的自主决定作出或者不作出某种行为、要求他人作出或者不作出某种行为和一旦被侵犯,有权请求国家予以法律保护。

法律义务是指法律关系主体依照法律规定所担负的必须作出某种行为或者不得作出某种行为的负担或约束。依法承担义务的主体称为义务主体或义务人。义务主体必须作出某种行为是指以积极的作为方式去履行义务,称为积极义务(如纳税)。义务主体不得作出某种行为是指以消极的不作为方式去履行义务,称为消极义务(如不得毁坏公共财物)。

法律权利和义务作为构成法律关系内容的两个方面,是密切联系不可分离的,如买

卖关系中,买方承担向卖方支付价款的义务,同时享有获得卖方出售物的权利;卖方享有获得买方价款的权利,同时承担向买方支付出售物的义务。

> [小练习 多选题]
> 下列各项权利义务中,属于法律关系内容的有( )。
> A. 所有权　　　B. 经营管理权　　　C. 纳税义务　　　D. 服兵役义务

(三) 法律关系的客体

法律关系客体是指法律关系主体的权利和义务所指向的对象。没有客体,权利与义务就失去了依附的目标和载体,无所指向,也就不可能发生权利与义务。法律关系客体的内容和范围是由法律规定的,客体应当具备能为人类所控制并对人类有价值这一特征。在不同国家与不同历史时期,法律关系客体的具体内容及范围不同,并且随着经济、科技的发展,不断出现新的法律关系客体,如数据、网络虚拟财产等新的客体。一般认为法律关系客体包括5类。

1. 物

物是指能满足人们需要,具有一定的稀缺性,并能为人们现实支配和控制的各种物质资源。可以是自然物(土地、矿藏、水流、森林),可以是人造物(建筑、机器、各种产品),还可以是货币及有价证券(支票、股票、债券)。物可以是有体物,有体物可以是固定形态的(实物)和无固定形态的(天然气、电力);物也可以是无体物(权利、数据信息)。

2. 人身、人格

人身和人格分别代表着人的物质形态和精神利益,是人之为人的两个不可或缺的要素。一方面,人身和人格是生命权、身体权、健康权、姓名权、肖像权、名誉权、荣誉权、隐私权、婚姻自主权等人身权指向的客体。另一方面,人身和人格又是禁止非法拘禁他人、禁止对犯罪嫌疑人刑讯逼供、禁止侮辱或诽谤他人、禁止卖身为奴、禁止卖淫等法律义务所指向的客体。

> [想一想]
> 人的整体是法律关系的主体还是法律关系的客体?

3. 智力成果

智力成果是指人们通过脑力劳动创造的能够带来经济价值的精神财富,主要是知识产权的客体,如作品、发明和实用新型、外观设计、商标等。智力成果通常有物质载体,如书籍、图册、录像、录音等。

> [小提示]
> 智力成果是一种精神形态的客体,其价值并不在于物质载体本身,而在于物质载体中所包含的信息、知识、技术、标识和其他精神因素。

4. 信息、数据、网络虚拟财产

作为法律关系客体的信息,是指有价值的情报或资讯,如矿产情报、产业情报、国家机密、商业秘密、个人隐私等。随着信息时代的到来,特别是互联网的扩展和数码存储技术的发展,信息在法律关系客体中的地位愈加重要。《中华人民共和国个人信息保护法》第 4 条规定:"个人信息是以电子或者其他方式记录的与已识别或者可识别的自然人有关的各种信息,不包括匿名化处理后的信息。"《中华人民共和国网络安全法》第 44 条规定:"任何个人和组织不得窃取或者以其他非法方式获取个人信息,不得非法出售或者非法向他人提供个人信息。"这明确说明信息可以成为法律关系的客体,并且应该予以保护。《民法典》第 127 条规定:"法律对数据、网络虚拟财产的保护有规定的,依照其规定。"该条规定明确了数据、网络虚拟财产的财产属性,也说明其可以成为法律关系的客体。

5. 行为(行为结果)

行为不是指人们的一切行为,而是指法律关系的主体为达到一定目的所进行的作为(积极行为)或不作为(消极行为),是人的有意识的活动,如生产经营行为、经济管理行为等。行为是行为过程与其结果的统一。

> [小练习 单选题]
>
> 某财经学校与某家政公司签订劳务合同,2024 年 8 月 10 日至 15 日,家政公司安排人员为学校服务,负责全面打扫和清理学校各办公和实训场地。打扫清理完成后,学校付给家政公司 5 000 元。请问:该经济法律关系中主体是( )。
> A. 劳务行为　　　　　　B. 学校付报酬的义务和接受劳务的权利
> C. 学校和家政公司　　　D. 家政公司提供劳务的义务和接受报酬的权利

六、法律事实

任何法律关系的发生、变更和消灭,都要有法律事实的存在。

法律事实是指由法律规范所确定的,能够产生法律后果,即能够直接引起法律关系发生、变更或消灭的情况。法律事实是法律关系发生、变更和消灭的直接原因,包括法律事件和法律行为两大类。

(一) 法律事件

法律事件是指不以当事人的主观意志为转移的,能够引起法律关系发生、变更和消灭的法定情况或者现象。

(1) 自然现象(自然事件或绝对事件),如地震、洪水、台风、森林大火、出生、死亡。
(2) 社会现象(社会事件或相对事件),如社会革命、战争、重大政策的改变。

> [小练习 单选题]
>
> 下列法律事实中,属于法律事件的是( )。
> A. 买卖房屋　　B. 订立遗嘱　　C. 台风登陆　　D. 租赁设备

(二) 法律行为

法律行为是指以当事人的主观意志为转移,能够引起法律关系发生、变更和消灭的法定情况或现象。

根据不同的标准,可以对法律行为作不同的分类:按行为是否符合法律规范要求,分为合法行为与违法行为;按行为的表现形式,分为积极行为(作为)与消极行为(不作为);按行为人取得权利是否需要支付对价,分为有偿行为(如买卖、租赁)和无偿行为(如无偿保管、赠与);按主体意思表示的形式分为单方行为(如遗嘱、行政命令)与多方行为(如合同行为);按行为是否需要特定形式或实质要件分为要式行为(如票据行为)与非要式行为(如口头订立合同);按主体实际参与行为的状态分为自主行为(以自己的名义独立从事的法律行为)与代理行为(以被代理人的名义所从事的法律行为)。

[小练习 多选题]

下列各项中,不属于法律行为的有( )。
A. 购买汽车　　B. 爆发战争　　C. 缔结婚姻　　D. 书立遗嘱

任务二　法　律　责　任

一、什么是法律责任

可以从正反两个方面理解这一概念,即积极意义的法律责任与消极意义的法律责任。积极意义上的法律责任是指所有法律主体都有遵守法律的义务,即将法律责任与法律义务含义等同,也称广义的法律责任。现行立法所用的法律责任是一种消极意义上的法律责任,是指法律主体由于违反法定或约定的义务而应承受的不利的法律后果,也称狭义的法律责任。

[读一读]

秦朝的"奇葩"法律责任

秦朝看似"奇葩"的法律规矩里,藏着古人治理社会的硬核智慧。例如,在咸阳街头随手扔垃圾要脸上刺字,这可比现在垃圾分类罚款狠多了,但古人知道人口密集的都城必须严防瘟疫传播;大老爷们当街擤鼻子会被衙役带走,和今天地铁里禁止大声喧哗一个道理,都是维护公共秩序的手段;更让人称奇的是,丈夫打妻子不管对错都要被剃光头发、胡子,这种用"身体发肤"的耻辱感来遏制家暴的做法,比现在家暴拘留还让人难堪。秦朝还玩转"全民治安"的套路:抓个小偷能分一半赃款,相当于见义勇为奖金当场兑现;可要是看到抢劫不帮忙,罚你两件战甲能掏空家底,这种重罚逼着老百姓都成"朝阳群众"。就连现代人头疼的"老赖"问题,秦朝也有对策——脸上刺字的黥刑就像永久版征信黑名单,让违法者社会性死亡。这些严苛法规背后,是法家"以刑去刑"的治理逻辑:用重罚管住乱扔垃圾、当众痛哭这些小事,实则是培养全民规矩意识;罚没的铠甲直接充作军需,既惩戒违法者又充实国防,跟现在交通罚款用来修路异曲同工。当我们今天为高空抛物入刑、见义勇为免责条款点赞时,不妨回望两千年前的竹简律条——秦朝小吏刻下的不仅是冷峻法条,更是穿越时空的秩序追求,那些青铜时代的法律脑洞,至今仍在现代社会的法治基因里闪烁着光芒。

二、法律责任的种类

据我国法律的有关规定,法律责任可分为民事责任、行政责任和刑事责任。

(一) 民事责任

民事责任指民事主体违反了约定或法定的义务所应承担的不利民事法律后果。根据《民法典》规定,承担民事责任的方式主要有11种。

1. 停止侵害

侵权行为正在进行或仍在延续中的情形,受害人可依法要求侵害人立即停止其侵害行为。

2. 排除妨碍

行为人实施的侵害行为使受害人无法行使或不能正常行使自己的财产权利、人身权利的,受害人有权请求排除妨碍。

3. 消除危险

行为人的行为对他人人身和财产安全造成威胁,或存在着侵害他人人身或者财产的可能,他人有权要求行为人采取有效措施消除危险。

4. 返还财产

行为人非法占有财产,权利人有权要求其返还。

5. 恢复原状

权利人有权要求恢复权利被侵害前的原有状态。

6. 修理、重作、更换

权利人有权要求将被损害的财产通过修理、重新制作或者更换损坏的部分,使财产恢复到原有正常状态。

7. 继续履行

行为人不履行或者不当履行合同义务,另一方合同当事人有权要求违反合同义务的行为人承担继续履行合同义务的责任。

8. 赔偿损失

行为人因违反合同或者侵权行为而给他人造成损害,应以其财产赔偿受害人所受的损失。

9. 支付违约金

行为人因违反合同规定的义务,而应按照合同的约定,向权利人支付一定数额的货币作为违约的补偿或惩罚。

10. 消除影响、恢复名誉

行为人因其侵害了自然人或者法人的人格、名誉而应在影响所及的范围内消除不良后果，将受害人的名誉恢复到未受侵害时的状态。

11. 赔礼道歉

赔礼道歉是指违法行为人向受害人公开认错、表示歉意的责任形式，既可由加害人向受害人口头表示，也可以由加害人以写道歉书的形式进行。

以上承担民事责任的方式，可以单独适用，也可以合并适用。

[小练习 多选题]

王某在公共道路上堆放的建材倒塌，导致路人李某从自行车上摔倒受伤。王某因本案所承担的下列法律责任中，属于民事责任的有（　　　　）。

A. 向李某赔礼道歉　　　　　　　B. 赔偿李某医药费等合计1万元
C. 受城管执法机构警告　　　　　D. 受城管执法机构罚款500元

(二) 行政责任

行政责任是指违反法律法规的行为人所应承受的由国家行政机关对其依行政程序给予的制裁，包括行政处罚和行政处分。

1. 行政处罚

行政处罚是指行政机关依法对违反行政管理秩序的公民、法人或者其他组织，以减损权益或者增加义务的方式予以惩戒的行为。行政处罚分为人身自由罚、行为罚、财产罚和声誉罚等多种形式。根据《中华人民共和国行政处罚法》（简称《行政处罚法》）的规定，行政处罚的具体种类有：

（1）警告、通报批评。警告、通报批评是行政主体对行政违法行为人实施的一种书面形式的谴责和告诫。我国行政机关实施的通报批评主要有两种：一种是行政机关内部对不依法履行职责的工作人员作出的行政处分；一种是行政机关面向社会，在一定范围内公布违法行为人的违法事实，以导致其声誉和信誉受损害的处罚行为。《行政处罚法》规定的通报批评属于第二种。

（2）罚款、没收违法所得、没收非法财物。罚款是行政主体强制行政违法行为人承担金钱给付义务的处罚形式。没收违法所得、没收非法财物是由行政主体实施的将行政违法行为人的违法收入、物品或者其他非法占有的财物收归国家所有的处罚方式。

[读一读]

网络不是法外之地

近日，景洪市公安局查处一起散布网络谣言案，依法给予违法人员吴某某罚款500元的处罚。

2023年6月15日，景洪市公安局网安大队民警在工作中发现吴某某于14日

21时20分许在社交平台发布一条视频,并在视频上配有"这就是景洪的摆渡车拉客上路所造成的后果,这是一起重大事故"等文字内容。视频发布后,吴某某又在评论区回复网友"没了两个"。发现该视频后,景洪市公安局立即开展调查核实工作。经核实,该交通事故并非重大事故,且现场无人死亡。随即民警依法传唤吴某某进行调查。

据吴某某交代,当日他在一微信群看到交通事故视频后,便自行保存进行编辑并发布至抖音平台,在未了解事情完整过程的情况下,就回复网友"没了两个"。最终,吴某某因涉嫌散布网络谣言的违法行为,被公安机关依法给予罚款500元的处罚。

在网络上散布传播谣言信息,需要承担相关法律责任。相关违法行为扰乱网络空间秩序,扰乱社会公共秩序,不仅涉嫌违反《中华人民共和国治安管理处罚法》的规定,情节严重的还可能构成编造传播虚假信息罪、寻衅滋事罪、敲诈勒索罪等罪名。

《中华人民共和国治安管理处罚法》第25条规定,散布谣言,谎报险情、疫情、警情或以其他方法故意扰乱公共秩序的,处5日以上10日以下拘留,可以并处500元以下罚款;情节较轻的,处5日以下拘留或者500元以下罚款。

《中华人民共和国刑法》第291条规定,编造虚假的险情、疫情、灾情、警情,在信息网络或者其他媒体上传播,或者明知是上述虚假信息,故意在信息网络或者其他媒体上传播,严重扰乱社会秩序的,处3年以下有期徒刑、拘役或者管制;造成严重后果的,处3年以上7年以下有期徒刑。

来源:云南网《网络不是法外之地!》

(3)暂扣许可证件、降低资质等级、吊销许可证件。暂扣许可证件、降低资质等级、吊销许可证件是禁止行政违法行为人从事某种特许权利或降低资格的处罚,行政主体依法暂扣或收回行政违法行为人已获得的从事某种活动的权利或资格的证书,降低其资质等级。吊销许可证件是对行政违法行为人从事某种活动或者其享有的某种资格的彻底取消;而暂扣许可证件,则是中止行政违法行为人从事某项活动的资格,待违法行为人改正以后或经过一定期限后再发还。

(4)限制开展生产经营活动、责令停产停业、责令关闭、限制从业。责令停产停业是限制行政违法行为人从事生产、经营活动的处罚形式。一般常附有限期整顿的要求,如果受罚人在限期内纠正了违法行为,则可恢复生产、营业。责令关闭,即命令、禁止该违法行为人继续经营的行政处罚。限制从业,即因违反行政法律、法规规定和行业规定而限制行政违法行为人不得再从事此行业的行政处罚。

(5)行政拘留。行政拘留是对违反治安管理的行为人,依法在短期内限制其人身自由的处罚。

(6)法律、行政法规规定的其他行政处罚。

[小提示]

警告、通报批评属于声誉罚;罚款、没收违法所得、没收非法财物属于财产罚;暂扣许可证件、降低资质等级、吊销许可证件,限制开展生产经营活动、责令停产停业、责令关闭、限制从业属于行为罚;行政拘留属于人身自由罚。

[小练习 单选题]

下列法律责任形式中,属于行政责任的是(　　)。
A. 支付违约金　　　　　　B. 罚金
C. 罚款　　　　　　　　　D. 返还财产

2. 行政处分

行政处分是指对违反法律规定的国家机关工作人员或被授权、委托的执法人员所实施的内部制裁措施。根据《中华人民共和国公务员法》(简称《公务员法》),对因违法违纪应当承担纪律责任的公务员给予的行政处分有警告、记过、记大过、降级、撤职、开除6类。

[小练习 单选题]

行政处分的对象是(　　)。
A. 法人　　　　　　　　　B. 公民
C. 国家工作人员　　　　　D. 其他组织

(三) 刑事责任

刑事责任是指犯罪人因实施犯罪行为所应承受的由国家审判机关(人民法院)依照刑事法律给予的制裁后果,是法律责任中最严厉的责任形式。刑事责任主要通过刑罚而实现,刑罚分为主刑和附加刑两类。

1. 主刑

主刑是对犯罪分子适用的主要刑罚,只能独立适用,其种类有以下5种。

1) 管制

管制是指对犯罪分子不实行关押,但是限制其一定的自由,交由公安机关管束和监督的刑罚,期限为3个月以上2年以下。

2) 拘役

拘役是指剥夺犯罪分子短期的人身自由,就近拘禁并强制劳动的刑罚,期限为1个月以上6个月以下。

3) 有期徒刑

有期徒刑是指剥夺犯罪分子一定期限的人身自由,实行劳动改造的刑罚。除特殊情况外,有期徒刑的期限为6个月以上15年以下。

4) 无期徒刑

无期徒刑是指剥夺犯罪分子终身自由,实行劳动改造的刑罚。

5) 死刑

死刑是指剥夺犯罪分子生命的刑罚。死刑只适用于罪行极其严重的犯罪分子。对于应当判处死刑的犯罪分子,如果不是必须立即执行的,可以判处死刑同时宣告缓期2年执行。

[小练习 单选题]

甲行政机关财务负责人刘某因犯罪被人民法院判处有期徒刑,并处罚金和没收财产,后被甲行政机关开除。刘某承担的法律责任中,不属于刑事责任的有(　　)。
A. 没收财产　　B. 罚金　　C. 有期徒刑　　D. 开除

2. 附加刑

附加刑是补充、辅助主刑适用的刑罚。附加刑可以附加于主刑之后作为主刑的补充,同主刑一起适用;也可以独立适用。附加刑的种类有以下4种。

1) 罚金

罚金是指强制犯罪分子或者犯罪的单位向国家缴纳一定数额金钱的刑罚。

2) 剥夺政治权利

剥夺政治权利是指剥夺犯罪分子参加国家管理和政治活动权利的刑罚。

[小提示]

政治权利包括:选举权和被选举权;言论、出版、集会、结社、游行、示威自由的权利;担任国家机关职务的权利;担任国有公司、企业、事业单位和人民团体领导职务的权利。

[小练习 多选题]

根据刑事法律制度的规定,被告人因实施犯罪被依法判处剥夺政治权利,其被剥夺的具体政治权利包括(　　)。
A. 担任事业单位和人民团体领导职务的权利
B. 选举权和被选举权
C. 担任国家机关职务的权利
D. 担任国有公司、企业领导职务的权利

3) 没收财产

这是将犯罪分子个人所有财产的一部分或者全部,强制无偿地收归国有的刑罚。

4) 驱逐出境

这是强迫犯罪的外国人离开中国国(边)境的刑罚。

[想一想]

"支付违约金、返还财产""罚款、没收违法所得、没收非法财物"和"罚金,没收财产"分别属于何种法律责任?

3. 数罪并罚

一人犯数罪的，除判处死刑和无期徒刑的以外，应当在总和刑期以下、数刑中最高刑期以上，酌情决定执行的刑罚。但是管制最高不能超过3年；拘役最高不能超过1年；有期徒刑总和刑期不满35年的，拘役最高不能超过20年；总和刑期在35年以上的，拘役最高不能超过25年。数罪中有判处附加刑的，附加刑仍须执行，其中附加刑种类相同的，合并执行，种类不同的，分别执行。

任务三　经济纠纷的解决

一、什么是经济纠纷

经济纠纷是指市场经济主体之间因经济权利和经济义务的矛盾引起的权益争议，包括平等主体之间涉及经济内容的纠纷和公民、法人或其他组织作为行政管理相对人与行政机关之间因行政管理所发生的涉及经济内容的纠纷，如合同纠纷、纳税人与税务机关就纳税事务发生争议等。

为了保护当事人的合法权益，维持社会经济秩序，必须利用有效手段，及时处理解决经济纠纷。在我国，解决经济纠纷的途径主要有和解、调解、仲裁、复议和诉讼五种解决方式。

和解是经济纠纷的当事人在平等的基础上相互协商、互谅互让，进而对纠纷的解决达成协议的方式。调解是经济纠纷的当事人在中立第三方的主持下，自愿进行协商、解决纠纷的办法。在我国，调解主要有民间调解、行政调解、仲裁调解和法院调解（人民法院审理行政案件不适用调解）四种形式。在这几种调解中，法院调解属于诉内调解，其他都属于诉外调解。和解与民间调解均非经济纠纷解决的必经阶段，如果当事人不能通过和解或民间调解解决纠纷，就需要通过仲裁、民事诉讼、行政复议或行政诉讼等方式来解决纠纷。

在多元化的纠纷解决机制中，仲裁和民事诉讼是适用于解决横向关系经济纠纷（民事争议纠纷）的解决方式，行政复议和行政诉讼适用于纵向关系经济纠纷（行政争议纠纷）的解决方式。

[小提示]

仲裁是借助社会力量解决纠纷，诉讼是借助国家公权力解决纠纷。仲裁与民事诉讼是并列的经济纠纷解决方式，当事人只能在两种方式中选择一种解决争议。有效的仲裁协议可排除法院的管辖权，只有在没有仲裁协议或者仲裁协议无效，或者当事人放弃仲裁协议的情况下，法院才可以行使管辖权，这在法律上称为或裁或审原则。

二、仲裁

（一）仲裁的概念及特征

仲裁是指由经济纠纷的各方当事人共同选定仲裁机构，对纠纷依法定程序作出具有约束力的裁决的活动。仲裁具有三个特征：

(1) 仲裁以双方当事人自愿协商为基础。

(2) 仲裁由双方当事人自愿选择的中立第三者(仲裁机构)进行裁判。仲裁机构是民间性的组织，不是国家的行政机关或司法机关，对经济纠纷案件没有强制管辖权。

(3) 仲裁裁决对双方当事人都具有约束力。

(二) 仲裁的适用范围

平等主体的公民、法人和其他组织之间发生的合同纠纷和其他财产权益纠纷，可以仲裁。下列纠纷不能提请仲裁：

(1) 与人身有关的婚姻、收养、监护、扶养、继承纠纷。

(2) 依法应当由行政机关处理的行政争议。

> [小提示]
>
> 劳动争议的仲裁、农业集体经济组织内部的农业承包合同纠纷的仲裁不适用《中华人民共和国仲裁法》(简称《仲裁法》)，不属于《仲裁法》所规定的仲裁范围，而由别的法律予以调整。

> [小练习 单选题]
>
> 下列纠纷中，可以适用《仲裁法》解决的是(   )。
> A. 合同纠纷　　　　　　　　B. 继承纠纷
> C. 劳动争议　　　　　　　　D. 行政争议

> [想一想]
>
> 甲税务局向乙百货商场购买了一批办公用品，因办公用品质量问题与该百货商场发生纠纷。同时，甲税务局因向乙百货商场征税而与其发生争议。请问这两项争议是否可以通过仲裁方式解决？

(三) 仲裁的基本原则

1. 自愿原则

当事人采用仲裁方式解决纠纷，应当双方自愿，达成仲裁协议。没有仲裁协议，一方申请仲裁的，仲裁委员会不予受理。仲裁无级别管辖和地域管辖，当事人自愿选择仲裁机构和仲裁员。

2. 以法律为准、公平合理原则

仲裁要坚持以事实为根据，以法律为准绳的原则，在法律没有规定或者规定不完备的情况下，仲裁庭可以按照公平合理的一般原则来解决纠纷。

3. 独立仲裁原则

仲裁机关不依附于任何机关而独立存在，仲裁依法独立进行，不受任何行政机关、社会团体和个人的干涉。人民法院可依法对仲裁活动进行监督。

4. 一裁终局原则

仲裁庭作出的仲裁裁决为终局裁决。裁决作出后,当事人就同一纠纷再申请仲裁或者向人民法院起诉的,仲裁委员会或者人民法院不予受理。

[想一想]

甲、乙两公司因合同纠纷向某市仲裁委员会申请仲裁。仲裁庭作出裁决后,甲公司不服,拟再次申请仲裁,或向法院起诉。分析甲公司是否可以再次申请仲裁或向法院起诉?

(四)仲裁机构

仲裁机构主要指仲裁委员会,属于民间组织,不按行政区划层层设立,不隶属于任何国家机关,仲裁依法独立进行,不受任何行政机关、社会团体和个人的干涉,仲裁机构间也没有隶属关系。

(五)仲裁协议

仲裁协议是指双方当事人自愿把他们之间可能发生或者已经发生的经济纠纷提交仲裁机构裁决的书面约定。

1. 仲裁协议形式

仲裁应当以书面形式订立。口头达成仲裁的意思表示无效。

2. 仲裁协议的内容

仲裁协议的内容包括请求仲裁的意思表示、仲裁事项、选定的仲裁委员会。

3. 仲裁协议的效力

仲裁协议一经依法成立,即具有法律约束力。仲裁协议独立存在,合同的变更、解除、终止或者无效,不影响仲裁协议的效力。

4. 对仲裁协议效力的异议

当事人对仲裁协议的效力有异议的,可以请求仲裁委员会作出决定或者请求人民法院作出裁定。一方请求仲裁委员会作出决定,另一方请求人民法院作出裁定的,由人民法院裁定。当事人对仲裁协议的效力有异议,应当在仲裁庭首次开庭前提出。

[想一想]

甲、乙公司发生合同纠纷,继而对双方事先签订的仲裁协议效力发生争议。甲公司提请丙仲裁委员会确认仲裁协议有效,乙公司提请丁法院确认仲裁协议无效。如何确定该仲裁协议的效力?

当事人达成仲裁协议,一方向人民法院起诉未声明有仲裁协议,人民法院受理后,另一方在首次开庭前提交仲裁协议的,人民法院应当驳回起诉,但仲裁协议无效的除外;另一方在首次开庭前未对人民法院受理该案提出异议的,视为放弃仲裁协议,人民法院应当继续审理。

[想一想]
甲、乙公司因租赁合同发生纠纷,双方在纠纷发生前签订了有效的仲裁协议。甲公司就该纠纷向人民法院提起诉讼,未声明有仲裁协议。法院受理后,开庭审理时,乙公司提出异议并提交仲裁协议,要求通过仲裁方式解决。法院会如何裁定?

(六)仲裁程序

1. 仲裁庭的选定

仲裁不实行级别管辖和地域管辖,仲裁委员会由当事人协议选定。

2. 仲裁庭的组成

当事人约定由3名仲裁员组成仲裁庭的,应各自选定或各自委托仲裁委员会指定1名仲裁员,第3名仲裁员由当事人共同选定或共同委托仲裁委员会主任指定。第3名仲裁员是首席仲裁员。当事人约定由1名仲裁员成立仲裁庭的,应当由当事人共同选定或共同委托仲裁委员会主任指定。

3. 仲裁员的回避

仲裁员有下列情况之一必须回避,当事人也有权提出回避申请:仲裁员是本案当事人或当事人、代理人的近亲属;与本案有利害关系;与本案当事人、代理人有其他关系,可能影响公正仲裁的;私自会见当事人、代理人或接受当事人、代理人的请客送礼的。

4. 开庭

仲裁应当开庭进行。当事人协议不开庭的,仲裁庭可根据仲裁申请书、答辩书及其他材料作出裁决。仲裁不公开进行,当事人协议公开的可以公开进行,但涉及国家秘密的除外。

5. 仲裁调解

仲裁庭作出裁决前,可以先行调解。调解书与裁决书具有同等法律效力。

6. 裁决的作出

仲裁裁决应当按多数仲裁员的意见作出,仲裁庭不能形成多数意见时,按首席仲裁员的意见作出。裁决书自作出之日起发生法律效力。

7. 强制执行

当事人应当履行裁决。一方当事人不履行仲裁裁决的,另一方当事人可以依法向人民法院申请强制执行。

[小练习 多选题]
根据仲裁法的相关规定,仲裁员必须回避的情形有( )。
A. 当事人的父亲 B. 当事人的小舅子
C. 接受当事人请客送礼 D. 私自会见当事人

三、民事诉讼

诉讼是指国家审判机关即人民法院,依照法律规定,在当事人和其他诉讼参与人的参加下,依法解决讼争的活动。

诉讼是解决经济纠纷的重要手段。经济纠纷所涉及的诉讼包括行政诉讼和民事诉讼。解决经济纠纷所涉及的诉讼绝大部分属于民事诉讼。

(一) 民事诉讼的适用范围

公民之间、法人之间、其他组织之间以及他们相互之间因财产关系和人身关系发生纠纷,可以提起民事诉讼。

[小练习 多选题]

下列案件中,适用民事诉讼途径解决的有(　　　　)。
A. 公民名誉权纠纷案件
B. 企业与银行因票据纠纷提起诉讼的案件
C. 纳税人与税务机关因税收征纳争议提起诉讼的案件
D. 劳动者与用人单位因劳动合同纠纷提起诉讼的案件

(二) 审判制度

1. 合议制度

合议制度是指由 3 名以上审判人员组成审判组织,代表法院行使审判权,对案件进行审理并作出裁判的制度。

2. 回避制度

回避制度是指参与某案件民事诉讼活动的审判人员、书记员、翻译人员、鉴定人、勘验人是案件的当事人或者当事人、诉讼代理人的近亲属,或者与案件有利害关系,或者与案件当事人、诉讼代理人有其他关系,可能影响对案件公正审理的,应当自行回避,当事人有权用口头或者书面方式申请他们回避的制度。

[读一读]

回避制度的变迁

回避制度的法理基础起源于英国,但其最早的制度实践却深植于中华法系。东汉"三互法"首创姻亲地域回避体系,规定官员不得在姻亲籍贯地任职,甚至两地官员若互为对方籍贯亦需避嫌,这种"双重地理屏障"比欧洲同类制度早现千年;唐代科举开创"别头试"回避规则,考官子侄需另设考场应试,如同现代公务员考试亲属回避的雏形;宋代则将司法回避推向精密化,不仅要求与涉案者有亲故、师生、仇怨的官员避审,更创新性分离"抓捕、审理、判决"三权,规定"按发人"全程回避审讯,这种职能隔离理念暗合现代"侦审分离"原则,宋神宗还严令司法官非休沐日不得私会宾客,如同古代版"隔离墙"制度。当涉案者翻案时,宋代要求与原审法官有亲缘者集体回避,这种"二次避嫌"机制比当代再审程序更为严苛。

从东汉地理回避到唐宋司法程序隔离,这些穿越千年的制度设计,在如今关于审判人员回避的规定中仍能窥见其精神血脉,见证着中华法制文明对程序正义的执着追求。

3. 公开审判制度

公开审判制度是指除涉及国家秘密、个人隐私或者法律另有规定的以外，不论案件是否公开审理，一律公开宣告判决的制度。

> **[小练习 单选题]**
>
> 唐某作为技术人员参与了甲公司一项新产品的研发，并与该公司签订了为期2年的服务与保密合同。合同履行1年后，唐某被甲公司的竞争对手乙公司高薪挖走，负责开发类似的产品。甲公司起诉至法院，要求唐某承担违约责任并保守其原知晓的产品研发情况。下列关于该案是否公开审理与宣判的表述中，正确的是（　　）。
>
> A. 只有在当事人双方共同申请不公开审理此案的情况下，法院才可以不公开审理
> B. 该案不应当公开审理，但应当公开宣判
> C. 法院可以根据一方当事人申请不公开审理此案，但应当公开宣判
> D. 法院应当公开审理此案，并公开宣判

4. 两审终审制度

两审终审制度是指一个诉讼案件经过两级法院审判后即终结的制度。按照两审终审制，一个案件经第一审法院审判后，当事人如果不服，有权在法定期限内向上一级法院提起上诉，由该上一级法院进行第二审。二审法院的判决、裁定是终审的判决、裁定。对终审判决、裁定，当事人不得上诉。如果发现终审裁判确有错误，可以通过审判监督程序予以纠正。

> **[想一想]**
>
> 甲公司与乙公司因合同纠纷诉至法院。法院经审理判决甲公司败诉，甲公司不服，提起上诉。二审法院判决驳回上诉，维持原判。二审法院判决的法律效力有哪些？

> **[小提示]**
>
> 根据《民事诉讼法》的规定，两审终审制度有例外：① 适用特别程序、督促程序、公示催告程序和简易程序中的小额诉讼程序审理的案件，实行一审终审。② 最高人民法院所作的一审判决、裁定，为终审判决、裁定。对终审判决、裁定，当事人不得上诉。如果发现终审裁判确有错误，可以通过审判监督程序予以纠正。

（三）诉讼时效

1. 诉讼时效的概念

诉讼时效是指权利人在法定期间内不行使权利而失去诉讼保护的制度。诉讼时效期间是指权利人请求法院或仲裁机关保护其民事权利的法定期间。

> [小提示]
> 诉讼时效期间届满,权利人丧失的是胜诉权,即丧失依诉讼程序强制义务人履行义务的权利;权利人的实体权利并不消灭,债务人自愿履行的,不受诉讼时效限制。

诉讼时效的期间、计算方法以及中止、中断的事由法律规定,当事人约定无效。人民法院不得主动适用诉讼时效的规定。

2. 诉讼时效期间的确定

1) 普通诉讼时效期间

《民法典》规定,向人民法院请求保护民事权利的诉讼时效期间为3年,法律另有规定除外。

2) 最长诉讼时效期间

自权利受到损害之日起超过20年的,人民法院不予保护,有特殊情况的,人民法院可以根据权利人的申请决定延长。

既知道权利受到侵害,又要知道义务人时,诉讼时效期间才起算;只知道权利受到侵害,而尚不知道义务人时,诉讼时效期间不起算。

3. 诉讼时效期间的中止、中断

1) 诉讼时效的中止

在诉讼时效期间的最后6个月内,因不可抗力或者其他障碍致使权利人不能行使请求权的,诉讼时效中止。自中止时效的原因消除之日起满6个月,诉讼时效期间届满。

其他障碍包括无民事行为能力人、限制民事行为能力人没有法定代理人,或者法定代理人死亡,或者法定代理人本人丧失行为能力、丧失代理权;也包括继承开始后继承人尚未确定或者遗产管理人不明确;权利人被义务人或者其他人控制;其他导致权利人不能行使请求权的障碍。

2) 诉讼时效的中断

诉讼时效的中断是指在诉讼时效期间,出现权利人向义务人提出履行请求的、义务人同意履行义务的、权利人提起诉讼或者申请仲裁的、与提起诉讼或者申请仲裁具有同等效力的其他情形。

> [小提示]
> 诉讼时效的中止,相当于时间的暂停,中止事由清除后,中间暂停的时间往后顺延;诉讼时效中断相当于计算器中的"清零键",当时效中断事由清除后,诉讼时效期间重新计算。

4. 不适应诉讼时效的情形

根据《民法典》第196条的规定,下列请求权不适用诉讼时效的规定:

(1) 请求停止侵害、排除妨碍、消除危险。

(2) 不动产物权和登记的动产物权的权利人请求返还财产。
(3) 请求支付抚养费、赡养费或者扶养费。
(4) 依法不适用诉讼时效的其他请求权。

四、行政复议

行政复议是指国家行政机关在依照法律、法规的规定履行对社会的行政管理职责过程中,作为行政管理主体的行政机关一方与作为行政管理相对人的公民、法人或者其他组织一方,对于法律规定范围内的具体行政行为发生争议,由行政管理相对人向作出具体行政行为的行政机关的上一级行政机关或者法律规定的其他行政机关提出申请,由该行政机关对引起争议的具体行政行为进行审查,并作出相应决定的一种行政监督活动。行政复议是现代国家保护公民免受行政机关具体行政行为不法侵害的一种重要的法律制度。

[想一想]
甲、乙公司因买卖合同发生纠纷,经长沙市天心区工商行政管理局调解,双方对合同的履行达成谅解。后来,甲公司越想越觉得调解结果对自己不利,于是向长沙市工商行政管理局申请行政复议。分析长沙市工商行政管理局应如何处理甲公司的申请。

五、行政诉讼

行政诉讼是指公民、法人或者其他组织认为行政机关或法律、法规授权的组织的行政行为侵犯其合法权益,依法向人民法院请求司法保护,人民法院通过对被诉行政行为的合法性进行审查,在双方当事人和其他诉讼参与人的参与下,对该行政争议进行审理和裁判的司法活动。

[小提示]
当公民、法人或者其他组织认为行政机关的具体行政行为侵犯其合法权益时,可采取申请行政复议或者提起行政诉讼的方式解决。行政复议与行政诉讼方式都是针对纵向关系经济纠纷的解决方式,都由行政管理相对人一方提出申请,选择哪种方式则与纠纷的性质有关。根据法律的不同规定,有的可以直接向法院起诉,或者先申请行政复议、对行政复议决定不服时再起诉;有的则只能先申请行政复议,对行政复议决定不服才能提起行政诉讼;还有的则只能通过行政复议的方式解决,由行政机关对纠纷作出最终裁决。

[小练习 多选题]
下列适用于解决平等民事主体当事人之间发生的经济纠纷的方式有( )。
A. 仲裁   B. 民事诉讼   C. 行政复议   D. 行政诉讼

 **单元思考**

《民法典》被称为"社会生活的百科全书",是新中国第一部以法典命名的法律,在法律体系中居于基础性地位,也是市场经济的基本法。《民法典》体现了中华民族的精神内涵和价值追求,共 7 编、1 260 条,各编依次为总则、物权、合同、人格权、婚姻家庭、继承、侵权责任,以及附则,于 2021 年 1 月 1 日起正式施行。同学们,我们该如何学好会用《民法典》,为实现中华民族伟大复兴贡献出我们的青春力量呢?

 单元小结

本单元介绍了法的基础知识,法律责任的含义及民事责任、行政责任、刑事责任的具体内容,介绍了经济纠纷及其解决的方式,尤其是平等主体经济纠纷解决的两种途径,即仲裁和民事诉讼。学生在掌握知识的同时,应树立法的意识,理解依法治国的重要性。

拓展学习

单 元 测 试

一、单选题

1. 下列规范性文件中,属于行政法规的是( )。
   A.《票据法》　　　　　　　　　B.《企业财务会计报告条例》
   C.《香港特别行政区基本法》　　D.《企业会计准则——基本准则》

2. 诉讼时效终止,是指在诉讼时效期间的最后( )个月内,因不可抗力或者其他障碍不能行使请求权的,诉讼时效暂时停止计算。
   A. 3　　　　　B. 5　　　　　C. 6　　　　　D. 8

3. 下列关于我国审判制度有关内容的表述中,不正确的是( )。
   A. 人民法院审理案件一律实行合议制度
   B. 合议庭的成员,应当是 3 人以上的单数
   C. 人民法院审理案件一律公开宣告判决
   D. 人民法院审理案件实行两审终审制度

4. 当事人双方达成仲裁协议,一方向人民法院起诉未声明有仲裁协议,人民法院受理后,另一方在特定的期间提交仲裁协议的,人民法院应该驳回起诉,否则视为放弃仲裁协议,人民法院应该继续审理,该提交的期间为( )。
   A. 一方起诉的同时　　　　　B. 人民法院受理后
   C. 首次开庭前　　　　　　　D. 一审判决前

5. 普遍诉讼时效期间是( )年。
   A. 2　　　　　B. 3　　　　　C. 5　　　　　D. 20

6. 甲公司与乙公司签订租赁合同,约定甲公司承租乙公司一台挖掘机,租期 1 个月,租金 1 万元。引起该租赁法律关系发生的法律事实是( )。

A. 租赁的挖掘机　　　　　　　　　　B. 甲公司和乙公司
C. 1 万元租金　　　　　　　　　　　D. 签订租赁合同的行为

7. 根据《行政复议法》的规定，下列各项中，不属于行政复议范围的是(　　)。
   A. 郑某不服某税务局对其作出的罚款处罚决定
   B. 村民李某不服某镇政府作出的关于李某与高某之间土地承包经营权纠纷的调解
   C. 甲企业不服某工商局作出的吊销其营业执照的决定
   D. 郑某不服某公安局对其作出的行政拘留处罚决定

8. 根据民事法律制度的规定，下列各项中，不属于可导致诉讼时效中断情形的是(　　)。
   A. 当事人提起诉讼
   B. 当事人一方提出要求
   C. 当事人同意履行义务
   D. 发生不可抗力致使权利人不能行使请求权

9. 下列法律事实中，属于法律事件的是(　　)。
   A. 设立公司　　B. 偷税　　C. 干旱　　D. 订立合同

10. 下列公民中，视为完全民事行为能力人的是(　　)。
    A. 小张今年 6 岁，智力超常
    B. 小王今年 17 岁，靠父母供养在读大学
    C. 小李今年 9 岁，精神状态无异常
    D. 小孙今年 18 岁，先天腿部残疾，但精神状态正常

二、多选题

1. 根据我国法律制度的规定，下列各项中，能够成为法律关系主体的有(　　)。
   A. 自然人　　B. 商品　　C. 法人　　D. 智能机器人阿尔法

2. 下列各项中，能够引起法律关系发生、变更和消灭的事实有(　　)。
   A. 地震　　B. 爆发战争　　C. 签订合同　　D. 提起诉讼

3. 下列属于法律关系要素中所称客体的有(　　)。
   A. 智能手机　　　　　　　　　　　B. 小学生明明和莉莉
   C. 上市公司的股票　　　　　　　　D. 甲公司与银行之间的借贷行为

4. 下列关于信息、数据和网络虚拟财产的说法中，正确的有(　　)。
   A. 有价值的情报信息或咨询信息，可以作为法律关系的客体
   B. 个人信息属于法律关系的客体，但不受法律保护
   C. 信息和网络虚拟财产，目前不属于法律关系的客体，不受法律保护
   D. 任何个人和组织不得窃取或者以其他非法方式获取个人信息

5. 根据《仲裁法》的规定，下列关于仲裁委员会的表述中，正确的有(　　)。
   A. 仲裁委员会是司法机关　　　　　B. 仲裁委员会不按行政区划层层设立
   C. 仲裁委员会独立于行政机关　　　D. 仲裁委员会之间没有隶属关系

6. 下列属于非法人组织的有(　　)。
   A. 合伙企业　　　　　　　　　　　B. 上市公司
   C. 个人独资企业　　　　　　　　　D. 居民委员会、村民委员会

7. 下列关于自然的民事行为能力的表述中正确的有(　　)。
   A. 年满18周岁的自然人是完全民事行为能力人
   B. 不能辨认自己行为的成年人是限制民事行为能力人
   C. 8周岁以下的自然人是无民事行为能力人
   D. 16周岁以上的未成年人但以自己的劳动收入为主要生活来源的自然人视为完全民事行为能力人
8. 下列各项中,属于非意思表示行为的有(　　)。
   A. 订立遗嘱　　　B. 行政命令　　　C. 拾得遗失物　　　D. 发现埋藏物
9. 下列各项中,能成为法律关系客体的有(　　)。
   A. 个人消费信息数据　　　B. 电子商务平台经营者
   C. 支付账户　　　D. 数字人民币
10. 下列刑事责任形式中,属于主刑的有(　　)。
    A. 无期徒刑　　　B. 拘役　　　C. 驱逐出境　　　D. 罚金

三、判断题

1. 一方当事人向人民法院起诉时未声明有仲裁协议的,人民法院受理后,另一方在人民法院作出判决之前提交仲裁的,人民法院应当驳回起诉,但仲裁协议无效的除外。(　　)
2. 诉讼时效届满,消灭的不仅是诉讼保护的权利,还有实体权力。(　　)
3. 法律关系发生、变更和消灭的直接原因是法律规范。(　　)
4. 当事人申请仲裁,必须按照级别管辖和地域管辖的规定选择仲裁委员会。(　　)
5. 特殊情况下,当事人双方可以根据具体情况对诉讼时效予以延长。(　　)
6. 审理民事案件,不论案件是否公开审理,一律公开宣告判决。(　　)
7. 行政复议机关受理行政复议申请,可以向申请人收取行政复议费用。(　　)
8. 网络虚拟财产也能成为法律关系的客体。(　　)
9. 经济法律关系就是经济关系。(　　)
10. 附加刑可以独立适用。(　　)

四、案例分析题

案例1：某中职学校吕成同学学习了本教材的单元一,让他不解的是：法是统治阶级意志的体现,那是不是说统治阶级想制定什么样的法律就制定什么样的法律,被统治阶级在法律的制定方面是无能为力的？分析吕成同学的观点是否正确。

案例2：某中职学校吕成同学提出这样的问题：法既然是阶级意志的体现,那统治阶级违法犯罪是否就不用受到法律的制裁了？分析吕成同学的观点是否正确。

案例3：长沙荷花职业学校招收新生后，委托天诚服装加工厂加工校服2 000套，约定材料由服装厂采购，学校提供样品，取货时付款。服看交货时间到了，天诚服装加工厂因接的订单太多难以如期完成，情急之下，私自委托和美服装厂加工500套，可和美服装厂加工的500套与样品要求不符，学校拒绝付款。请分析本案中的经济法律关系主体、客体和内容。

案例4：2024年10月，家住长沙的小张和老王因租赁合同发生纠纷，向长沙市仲裁委员会申请仲裁。仲裁庭作出裁决后，小张不服。拟再次申请仲裁，或向法院起诉。请问小张的主张能实现吗？为什么？

案例5：有人认为在我国，最高人民法院所作的判决也是法的渊源之一。试分析这样的观点是否正确。

案例6：18岁的刘俊于2024年7月从某职业学校毕业，由学校推荐到友阿集团作收银。一天，骑车上班途中，他不慎把一小孩单单撞倒，单单膝盖受伤，花去治疗费800元。单单的父母向法院起诉，要求刘俊的父母赔偿单单的治疗费800元。试分析，单单父母的请求是否合适？如不合适，该如何提出诉讼请求？此案中，如果刘俊年龄是17岁，单单父母的请求是否合适？

案例7：刘小小13周岁生日时，爷爷送其价值8 000元的电脑一台，奶奶送其价值50元的棒球帽一顶。同年某天，刘小小未事先征得法定代理人的同意，将其电脑与棒球帽分别赠送给同班同学。试分析刘小小受赠电脑和棒球帽的行为是否有效？刘小小赠送电脑和棒球帽的行为又是否有效呢？

案例8：甲、乙签订的买卖合同中订有有效的仲裁条款，后因合同履行发生纠纷，乙未声明有仲裁条款而向法院起诉，法院受理了该案，首次开庭后，甲提出应依合同中的仲裁条款解决纠纷，法院对该案没有管辖权。法院是否该继续审理该案？为什么？

案例9：赵某于2007年7月1日因鼻窦炎在医院进行了手术。2024年7月10日，赵某的鼻子开始流脓，2024年8月1日经鉴定流脓与当年的手术有关，赵某向法院提起诉讼。试分析赵某主张其民事权利的法定时间。

案例10：李某因醉驾撞伤行人，被人民法院判处拘役6个月，并处罚金2 000元。其工作的县国土局对其作出开除公职的处罚决定。被撞者张某要求李某赔偿损失20万元。试分析案例中李某承担的法律责任分别属于哪种？

单元二 会计法律制度

知识导航

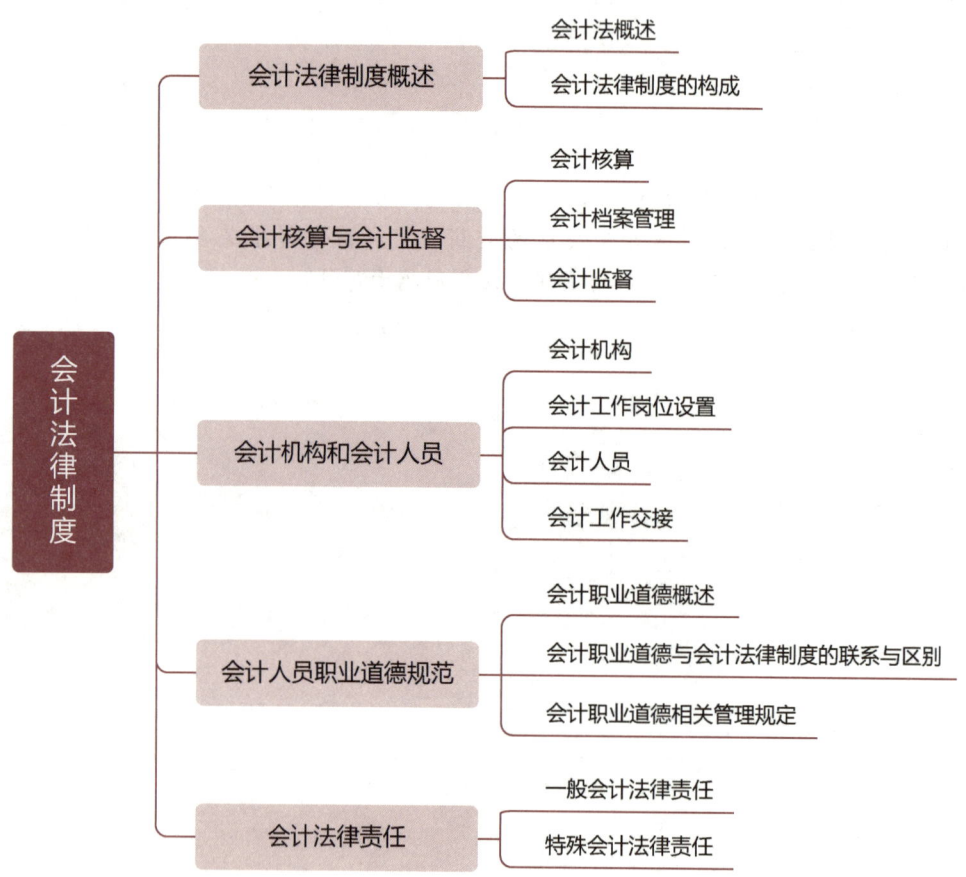

学习目标

1. 了解会计法律制度的构成
2. 理解会计职业道德的内容、会计法律责任
3. 掌握会计核算和会计监督的内容
4. 掌握会计机构和会计人员的设置
5. 领悟会计职业道德,增强遵守会计法律制度的意识

单元二 会计法律制度

 单元导入

比亚迪内部控制自我评价报告

思政故事

比亚迪公司在2022年内部控制自我评价报告中指出：

公司已经建立起的内部控制体系，在完整性、合规性、有效性等方面不存在重大缺陷。公司通过定期或不定期开展日常和专项内控评价和内控审计工作，优化内控流程，确保内控执行的有效性，促进公司健康、可持续发展。

公司董事会、监事会及董事、监事、高级管理人员保证本报告内容不存在任何虚假记载、误导性陈述或重大遗漏，并对报告内容的真实性、准确性和完整性承担个别及连带法律责任。

公司根据《中华人民共和国公司法》（简称《公司法》）、《中华人民共和国会计法》（简称《会计法》）、《企业会计准则》《中华人民共和国证券法》（简称《证券法》）等相关法律法规要求制定了统一的会计政策，并结合公司的实际情况制定了《比亚迪公司财经管理》《比亚迪公司财务负责人管理制度》及各项具体业务核算规范，建立了一系列财务制度和管理办法，并严格按照会计准则和相关制度，进行会计核算工作，根据登记完整、核对无误的会计账簿记录和其他有关资料编制财务报告，有效地保证了财务信息的真实性、完整性和准确性；明确了财务报告编制、报送、分析等业务流程，规范了财务报告各环节的职责分工和岗位分离，确保了财务报告的及时、真实、完整。

来源：新浪网《比亚迪(002594)_公司公告_比亚迪：内部控制自我评价报告》

任务一　会计法律制度概述

一、会计法概述

会计法是调整经济关系中各种会计关系的法律规范。对会计法的理解，有广义和狭义之分。广义的会计法是指国家权力机关和行政机关制定的各种会计规范性文件的总称，包括会计法律、会计行政法规、会计地方性法规、会计规章等。狭义的会计法仅指国家最高权力机关通过一定立法程序发布施行的会计法律。本教材所讲的会计法，主要是指广义的会计法。

 [读一读]

《会计法》的发展历程

我国第一部《会计法》诞生于1985年5月1日。《会计法》的诞生标志着我国会计工作从此走上了法治化轨道。

033

1993年12月29日《会计法》进行了第一次修正,体现和适应了社会主义市场经济体制下会计工作的新要求。

1999年10月31日《会计法》进行了第二次修订,此次修订从会计核算、会计监督到会计法律责任都有较大变动和创新,突出了"会计资料真实、完整"这一新要求。

2017年11月4日《会计法》进行了第二次修正,此次修正涉及的内容全面,体现的理念新颖,反映了会计环境的变化和实践创新,对提高会计质量、促进会计行业健康发展有重要的促进意义。

2024年6月28日,第十四届全国人民代表大会常务委员会第十次会议表决通过《关于修改〈会计法〉的决定》第三次修正,自2024年7月1日起施行。此次会计法的修正,在保持现行基本制度不变的基础上,重点针对会计工作中的突出问题进行解决,进一步强化财会监督,加大对会计违法行为的处罚力度,切实提高会计信息质量,从而更好地维护社会公共利益。

《会计法》的颁布与实施对规范各单位的会计行为、提高会计信息质量、加强财务管理与经济管理、维护社会主义市场经济秩序、促进我国社会经济的快速发展,都发挥了重要作用。

二、会计法律制度的构成

会计法律制度是指国家权力机关和行政机关制定的各种会计规范性文件的总称。目前,我国的会计法律制度主要由会计法律、会计行政法规、国家统一的会计制度和地方性会计法规等构成。

(一) 会计法律

会计法律由全国人民代表大会及其常务委员会经过一定立法程序制定的有关会计工作的法律。我国目前有两部会计法律,分别是《会计法》和《中华人民共和国注册会计师法》。

(二) 会计行政法规

会计行政法规由国务院制定并发布,或者由国务院有关部门拟定并经国务院批准发布,调整经济生活中某些方面会计关系的法律规范,如国务院发布的《企业财务会计报告条例》《总会计师条例》。

(三) 国家统一的会计制度

国务院财政部门根据《会计法》制定的关于会计核算、会计监督、会计机构和会计人员以及会计工作管理的制度,包括会计部门规章和会计规范性文件。

1. 会计部门规章

会计部门规章由财政部制定,并由部门首长签署命令予以公布的制度办法。例如,《财政部门实施会计监督办法》和《企业会计准则——基本准则》等。

2. 会计规范性文件

会计规范性文件指国务院财政部门以文件形式印发的制度办法。例如,《企业会计准则第 1 号——存货》等 38 项具体准则、《企业会计准则——应用指南》《企业会计制度》《金融企业会计制度》《中小企业会计制度》《会计基础工作规范》，以及《会计档案管理办法》等。

(四) 地方性会计法规

地方性会计法规是指由省、自治区、直辖市人民代表大会常务委员会在同宪法、会计法律、行政法规和国家统一的会计准则制度下不相抵触的前提下，根据本地区情况制定发布的关于会计核算、会计监督、会计机构和会计人员以及会计工作管理的规范性文件。

[小练习 多选题]

下列会计法律制度中，由国务院制定的有（　　　）。
A.《中华人民共和国会计法》
B.《中华人民共和国总会计师条例》
C.《中华人民共和国企业财务会计报告条例》
D.《中华人民共和国会计档案管理办法》

任务二　会计核算与会计监督

一、会计核算

会计核算是指以货币为主要计量单位，运用专门的会计方法，对生产经营活动或预算执行过程及其结果进行连续、系统、全面地记录、计算、分析，定期编制并提供财务会计报告和其他会计资料，为经营决策和宏观经济管理提供依据的一项会计活动。会计核算是会计工作的基本职能之一，是会计工作的重要环节。

(一) 会计核算的基本要求

1. 依法建账

（1）各单位都应当按照《会计法》和国家统一的会计制度规定建立会计账册，进行会计核算。

（2）各单位发生的各项经济业务事项应当统一进行会计核算，不得违反规定私设会计账簿进行登记、核算。

2. 根据实际发生的经济业务进行会计核算

各单位必须根据实际发生的经济业务事项进行会计核算，填制会计凭证，登记会计账簿，编制财务会计报告。

3. 保证会计资料的真实和完整

会计资料主要是指会计凭证、会计账簿、财务会计报告等会计核算专业资料，它是会计核算的重要成果，是投资者作出投资决策，经营者进行经营管理，国家进行宏观调控的重要依据。会计资料的真实性,是指会计资料所反映的内容和结果,应当同单位实际发生的经济业务的内容及其结果相一致。会计资料的完整性,是指构成会计资料的各项要素都必须齐全,以使会计资料如实、全面地记录和反映经济业务发生情况,便于会计资料使用者全面、准确地了解经济活动情况。会计资料的真实性和完整性,是会计资料最基本的质量要求,是会计工作的生命,各单位必须保证所提供的会计资料真实和完整。

造成会计资料不真实、不完整的原因可能是多方面的,但伪造、变造会计资料是重要手段之一。伪造会计资料,包括伪造会计凭证和伪造会计账簿,是以虚假的经济业务为前提来编制会计凭证和会计账簿,旨在以假充真;变造会计资料,包括变造会计凭证和变造会计账簿,用涂改、挖补等手段改变会计凭证和会计账簿的真实内容,以歪曲事实真相。伪造、变造会计资料,其结果是造成会计资料失实、失真,误导会计资料的使用者,损害投资者、债权人、国家和社会公众利益。因此,《会计法》规定,任何单位不得以虚假的经济业务事项或者资料进行会计核算。任何单位和个人不得伪造、变造会计凭证、会计账簿及其他会计资料,不得提供虚假的财务会计报告。

4. 正确采用会计处理方法

各单位的会计核算应当按照规定的会计处理方法进行,保证会计指标的口径一致、相互可比和会计处理方法的前后各期一致,不得随意变更;确有必要变更的,应当按照国家统一的会计制度的规定变更,并将变更的原因、情况及影响在财务会计报告中说明。

[读一读]

保证会计资料真实和完整

2024年7月,财政局在对旺河公司财务室进行例行的会计档案抽查中,敏锐地发现了白条抵库、凭证涂改痕迹以及凭证信息填写不完整等问题。对此,财政局严肃要求旺河公司立即进行整改。旺河公司财务室迅速行动,全员集思广益,精心制定了整改方案,并获得总经理的批准。以下是具体的整改措施:

首先,公司决定建立健全内部控制体系,包括明确的职责划分、审批流程以及内部监督机制等。制度层面的优化,确保了会计资料生成的规范性和准确性,从源头上防止了问题的产生。

其次,公司将定期开展会计资料的内部审计工作,并邀请外部审计机构进行独立审计。内外双重审计,确保了会计资料的真实性和完整性,为公司的稳健发展提供了坚实保障。

最后,公司还高度重视财务人员的培训和教育工作。通过定期的培训活动,不断提升财务室人员的专业素养和会计职业道德水平。这使得他们在日常工作中能够坚守诚信原则,坚决杜绝伪造、篡改会计资料等不诚信行为。

通过以上措施的有效执行,旺河公司成功保障了会计资料的真实性和完整性,为公司的健康、稳定发展提供了有力支撑。

[小练习 单选题]

甲公司的下列行为中,属于变造会计资料的是(　　)。

A. 为少缴税款,会计人员赵某将主营业务成本账簿的一笔金额由10万元涂改为70万元

B. 仓库保管人员周某将金额错误的出库单更正并盖章

C. 会计人员孙某根据虚假的经济业务编制了会计凭证

D. 会计人员李某登记账簿时,将错误的数字全部画红线更正,并在更正处盖章

5. 正确使用会计记录文字

会计记录文字是指在进行会计核算时,为记载经济业务发生情况和辅助说明会计数字所体现的经济内涵而使用的文字。根据《会计法》的规定,会计记录的文字应当使用中文。在民族自治地方,会计记录可以同时使用当地通用的一种民族文字。在中国境内的外商投资企业、外国企业和其他外国组织的会计记录可以同时使用一种外国文字。

[小练习 单选题]

下列关于英国M公司会计记录使用文字的表述中,正确的是(　　)。

A. 可以任意选择使用一种文字

B. 经当地财政部门批准后可以只使用外国文字

C. 应当使用中文并可以同时使用一种外国文字

D. 只能使用中文

6. 使用电子计算机进行会计核算必须符合法律规定

使用电子计算机进行会计核算,即会计电算化,是将以电子计算机为主的当代电子和信息技术应用于会计工作的简称,是采用电子计算机替代手工记账、算账、报账,完成对会计信息的分析、预测和决策的过程,是现代社会化大生产和新技术革命的必然产物。

[小提示]

使用电子计算机进行会计核算的,其软件及其生成的会计凭证、会计账簿、财务会计报告和其他会计资料,必须符合国家统一的会计制度的规定。

(二) 会计核算的主要内容

(1) 资产的增减和使用。资产指企业拥有或控制的能以货币计量的经济资源,包括各种财产、债权和其他权利。

(2) 负债的增减。企业负债指企业所承担的能以货币计量,将以资产或劳务偿付的债务,其偿还形式可以用货币,也可以用资产或提供劳务的方式进行偿还。

(3) 净资产(所有者权益)的增减。企业的净资产,是指企业的资产总额减去负债以后的净额。

(4) 收入、支出、费用、成本的增减。收入是指企业在日常活动中形成的、会导致所有者权益增加的、与所有者投入资本无关的经济利益的总流入。支出是指企业实际发生的各项开支,以及在正常生产经营活动以外的支出和损失。费用是指企业在日常活动中发生的、会导致所有者权益减少的、与向所有者分配利润无关的经济利益的总流出。成本是指企业为生产产品、提供劳务而发生的各种耗费,是按一定种类和数量的产品和劳务对象所归集的费用,是对象化了的费用。

(5) 财务成果的计算和处理。财务成果主要是指在一定时期内通过从事生产经营活动而在财务上取得的结果,具体表现为盈利或者亏损。财务成果的计算和处理一般包括利润总额的计算、所得税的计算、净利润的计算、利润分配或者亏损弥补等。

(6) 需要办理会计手续、进行会计核算的其他事项。

> [小练习 多选题]
>
> 根据会计法律制度的规定,下列经济业务事项中,应当办理会计手续,进行会计核算的有( )。
> A. 固定资产的购入　　　　　　B. 资金计划的制订
> C. 销售合同的签订　　　　　　D. 资本公积的形成

> [小提示]
> 会计核算的主要内容应当是能进行会计核算的经济业务事项,不涉及会计六要素的事项不属于会计核算,如制订投资计划,合同签订与审核,预算制订等。

(三) 会计年度

会计年度是指以年度为单位进行会计核算的时间区间,是反映单位财务状况、核算经营成果的时间界限。根据《会计法》的规定,我国以公历年度为会计年度,即以每年公历的1月1日起至12月31日止为一个会计年度。每一个会计年度还可以按照公历日期具体划分为月度、季度和半年度。

(四) 记账本位币

记账本位币是指日常登记账簿和编制财务会计报告用以计量的货币,也就是单位进行会计核算业务时所使用的货币。《会计法》规定,会计核算以人民币为记账本位币。业务收支以人民币以外的货币为主的单位,可以选定其中一种货币作为记账本位币,但是编报的财务会计报告应当折算为人民币。

> [小提示]
> 记账本位币一经选定,不得随意变更。只有当企业主要经营业务发生根本性变化等特殊情况下,在确有充分理由证明原有记账本位币已不再适用时,才能变更企业的记账本位币。一般应在新的会计年度开始时变更,并在变更年度的会计报告中作出必要的说明。

(五) 会计凭证

会计凭证是指具有一定格式、用以记录经济业务事项发生和完成情况,明确经济责任,并作为记账凭证的书面证明,是会计核算的重要会计资料。各单位在按照《会计法》和《会计基础工作规范》的有关规定办理会计手续、进行会计核算时,必须以会计凭证为依据。会计凭证按其来源和用途,分为原始凭证和记账凭证两种。

1. 原始凭证

1) 原始凭证种类和内容

原始凭证,又称单据,是指在经济业务发生时,由业务经办人员直接取得或者填制,用以表明某项经济业务已经发生或完成情况并明确有关经济责任的一种原始凭据。原始凭证来源于实际发生的经济业务事项,是会计核算的初始依据。原始凭证按其取得的来源不同,可以分为自制原始凭证和外来原始凭证两类。

原始凭证的内容包括凭证的名称;填制凭证的日期;填制凭证单位名称或填制人姓名;经办人员的签名或者盖章;接受凭证单位名称;经济业务内容;数量、单价和金额。

2) 原始凭证的取得

从外单位取得的原始凭必须盖有填制单位的公章。从个人取得的原始凭证,必须有填制人员的签名或者盖章。自制原始凭证必须有经办单位负责人或其指定的人员签名或者盖章。购买实物的原始凭证,必须有验收证明。支付款项的原始凭证,必须有收款单位和收款人的收款证明。经上级有关部门批准的经济业务,应当将批准文件作为原始凭证附件。如果批准文件需要单独归档,应当在凭证上注明批准机关名称、日期和文件字号。

3) 原始凭证的开具

对外开出的原始凭证必须加盖本单位公章。一张原始凭证所列的支出需要由两个以上的单位共同负担时,应当由保存该原始凭证的单位开具原始凭证分割单给其他应负担的单位。原始凭证的大、小写金额必须一致。

> [小提示]
> 一式几联的原始凭证,应当注明各联的用途,只能以一联作为报销凭证。

4) 原始凭证的审核与更正

会计机构、会计人员必须按照国家统一的会计制度的规定对原始凭证进行审核,对不真实、不合法的原始凭证有权不予接受,并向单位负责人报告;对记载不准确、不完整的原始凭证予以退回,并要求按照国家统一的会计制度的规定更正、补充。原始凭证记载的各项内容均不得涂改;原始凭证有错误的,应当由出具单位重开或者更正,更正处应当加盖出具单位印章;原始凭证金额有错误的,应当由出具单位重开,不得在原始凭证上更正。

[小练习 单选题]

其他单位因特殊原因需要使用原始凭证时,经本单位特定人员批准,可以复制,该人员是( )。

A. 会计机构负责人 B. 总会计师
C. 档案部门负责人 D. 单位负责人

2. 记账凭证

记账凭证,亦称传票,是指对经济业务事项按其性质加以归类,确定会计分录,并据以登记会计账簿的凭证。它具有分类归纳原始凭证和满足登记会计账簿需要的作用。

1) 记账凭证的种类和基本内容

记账凭证可以分为收款凭证、付款凭证和转账凭证,也可以使用通用记账凭证。记账凭证应当根据审核无误的原始凭证及有关资料编制。

记账凭证的基本内容:填制凭证的日期;凭证编号;经济业务摘要;会计科目;金额;所附原始凭证张数;填制凭证人员、稽核人员、记账人员、会计机构负责人(会计主管人员)签名或者盖章。

[想一想]
收款凭证、付款凭证除填制凭证人员、稽核人员、记账人员、会计机构负责人(会计主管人员)签名或者盖章以外,还必须由谁签名或者盖章?为什么?

2) 记账凭证的填制

填制记账凭证时,应当对记账凭证进行连续编号。一笔经济业务需要填制两张以上记账凭证的,可以采用分数编号法编号。记账凭证可以根据每一张原始凭证填制,或者根据若干张同类原始凭证汇总填制,也可以根据原始凭证汇总表填制。但不得将不同内容和类别的原始凭证汇总填制在一张记账凭证上。

[小练习 多选题]
甲公司会计人员王某填制了一张收款凭证,该凭证必须具备的内容有( )。
A. 经济业务摘要　　　　B. 所附原始凭证张数
C. 单价　　　　　　　　D. 出纳人员签名或盖章

3) 记账凭证所附原始凭证的处理

除"结账、更正错误"外,记账凭证必须附有原始凭证并注明所附原始凭证的张数;若一张原始凭证涉及多张记账凭证,可把原始凭证附在一张主要的记账凭证后面,并在其他记账凭证上注明附有该原始凭证的记账凭证的编号或附原始凭证复印件。一张原始凭证所列支出需要几个单位共同负担的,应当将其他单位负担的部分,开给对方原始凭证分割单,进行结算。原始凭证分割单必须具备原始凭证的基本内容以及费用分摊情况等。

4) 记账凭证发生错误的处理

如果在填制记账凭证时发生错误,应当重新填制。已经登记入账的记账凭证,在当年内发现填写错误时,可以用红字填写一张与原内容相同的记账凭证,在摘要栏注明"注销某月某日某号凭证"字样,同时再用蓝字重新填制一张正确的记账凭证,注明"订正某月某日某号凭证"字样。如果会计科目没有错误,只是金额错误,也可以将正确数字与错误数字之间的差额,另编一张调整的记账凭证、调增金额用蓝字,调减金额用红字。发现以前年度记账凭证有错误的,应当用蓝字填制一张更正的记账凭证。

3. 会计凭证的保管

会计凭证登记完毕后,应当按照分类和编号顺序保管,不得散乱丢失。记账凭证应当连同所附的原始凭证或者原始凭证汇总表,按照编号顺序,折叠整齐,按期装订成册,并加具封面,注明单位名称、年度、月份和起讫日期、凭证种类、起讫号码,由装订人在装订线封签外签名或者盖章。

对于数量过多的原始凭证,可以单独装订保管,在封面上注明记账凭证日期、编号、种类,同时在记账凭证上注明"附件另订"和原始凭证名称及编号。

原始凭证不得外借。其他单位如因特殊原因需要使用原始凭证时,经本单位会计机构负责人(会计主管人员)批准,可以复制。向外单位提供的原始凭证复制件,应当在专设的登记簿上登记,并由提供人员和收取人员共同签名或者盖章。

从外单位取得的原始凭证如有遗失,应当取得原开具单位盖有公章的证明,并注明原凭证号码、金额和内容的,由经办单位会计机构负责人(会计主管人员)和单位负责人批准后,才能代作原始凭证。确实无法取得证明的(如火车、轮船、飞机票等凭证),由当事人写出详细情况,由经办单位会计机构负责人(会计主管人员)和单位负责人批准后,代作原始凭证。

> [小练习 单选题]
>
> 甲公司出纳刘某在为员工孙某办理业务时,发现采购发票上所注明的单价、数量与总金额不符,经查是销货单位填写单价错误,刘某采取的下列措施符合会计法律制度规定的是( )。
>   A. 由孙某写出说明,并加盖公司公章后入账
>   B. 将发票退给孙某,由销货单位重新开具发票后入账
>   C. 按总金额入账
>   D. 将单价更正后入账

(六) 会计账簿

会计账簿,是指全面记录和反映一个单位经济业务事项,把大量分散的数据或者资料进行归类整理,逐步加工成有用会计信息的簿籍,它是编制财务会计报告的重要依据。

1. 会计账簿的种类

会计账簿包括总账、明细账、日记账和其他辅助账簿。

2. 启用会计账簿的基本要求

启用会计账簿时,在账簿封面上写明单位名称和账簿名称。在账簿扉页上应当附启用表,内容包括启用日期、账簿页数、记账人员和会计机构负责人(会计主管人员)姓名,并加盖人名章和单位公章。记账人员或会计机构负责人(会计主管人员)调动工作时,应当注明交接日期、接办人员或监交人员姓名,并由交接双方人员签名或盖章。

启用订本账簿应从第一页至最后一页顺序编定页数,不得跳页、缺号。使用活页账,应按账户顺序编号,并定期装订成册。装订后再按实际使用的账页顺序编定页码。另加目录,记明每个账户的名称和页次。

3. 登记会计账簿的基本要求

(1) 登记会计账簿时,应当将会计凭证日期、编号、业务内容摘要、金额和其他有关资料逐项记入账内,做到数字准确、摘要清楚、登记及时、字迹工整。

(2) 登记完毕后,要在记账凭证上签名或者盖章,并注明已经登账的符号,表示已经记账。

(3) 账簿中书写的文字和数字上面要留有适当空格,不要写满格;一般应占格距的1/2。

(4) 登记账簿要用蓝黑墨水或者碳素墨水书写,不得使用圆珠笔(银行的复写账簿除外)或者铅笔书写。下列情况,可以用红色墨水记账:按照红字冲账的记账凭证,冲销错误记录;在不设借贷等栏的多栏式账页中,登记减少数;在三栏式账户的余额栏前,如未印明余额方向的,在余额栏内登记负数余额;根据国家统一会计制度的规定可以用红字登记的其他会计记录。

(5) 各种账簿按页次顺序连续登记,不得跳行、隔页。如果发生跳行、隔页,应当将空行、空页划线注销,或者注明"此行空白""此页空白"字样,并由记账人员签名或者盖章。

(6) 凡需要结出余额的账户,结出余额后,应当在"借或贷"等栏内写明"借"或者"贷"等字样。没有余额的账户,应当在"借或贷"等栏内写"平"字,并在余额栏内用"0"表示。现金日记账和银行存款日记账必须逐日结出余额。

(7) 每一账页登记完毕结转下页时,应当结出本页合计数及余额,写在本页最后一行和下页第一行有关栏内,并在摘要栏内注明"过次页"和"承前页"字样;也可以将本页合计数及金额只写在下页第一行有关栏内,并在摘要栏内注明"承前页"字样。对需要结计本月发生额的账户,结计"过次页"的本页合计数应当为自本月初起至本页末止的发生额合计数;对需要结计本年累计发生额的账户,结计"过次页"的本页合计数应当为自年初起至本页末止的累计数;对既不需要结计本月发生额也不需要结计本年累计发生额的账户,可以只将每页末的余额结转次页。

实行会计电算化的单位,用计算机打印的会计账簿必须连续编号,经审核无误后装订成册、并由记账人员和会计机构负责人、会计主管人员签字或者盖章。

[小提示]

会计账簿记录发生错误,不准涂改、挖补、刮擦或者用药水消除字迹,不准重新抄写,必须采用规定的方法进行更正。

[小练习 单选题]

根据会计法律制度的规定,下列关于会计账簿登记的表述中,正确的是( )。

A. 在三栏式账户的余额栏前,未印明余额方向的,用蓝字在余额栏内登记负数余额
B. 现金日记账和银行存款日记账必须逐日结出余额
C. 会计账簿中书写的文字和数字上面要留有适当空格,应占格距的 1/3
D. 用计算机打印的会计账簿无需编号

[小提示]

对账工作一般在记账之后结账之前,即在月末进行。对账工作每年至少进行一次。

4. 结账

各单位应当按照规定定期结账。结账前,必须将本期内所发生的各项经济业务全部登记入账。结账时,应当结出每个账户的期末余额。年度终了结账时,所有总账账户都应当结出全年发生额和年末余额。年度终了,要把各账户的余额结转到下一会计年度,并在摘要栏注明"结转下年"字样;在下一会计年度新建有关会计账簿的第一行余额栏内填写上年结转的余额、并在摘要栏注明"上年结转"字样。

[小练习 单选题]

根据会计法律制度的规定,下列各项中,属于账账核对的是(   )。
A. 会计部门的财产物资明细账与财产物资保管部门的明细账核对
B. 原材料明细账账面余额与库存原材料实存数核对
C. 银行存款日记账账面余额与银行对账单核对
D. 现金日记账账面余额与现金实际库存数核对

(七) 财务会计报告

财务会计报告,也称财务报告,是指单位对外提供的、反映单位某一特定日期财务状况和某一会计期间经营成果、现金流量等会计信息的文件。

1. 财务会计报告的构成

财务会计报告由会计报表、会计报表附注和财务情况说明书组成。企业财务会计报告按编制时间分为年度、半年度、季度和月度财务会计报告。年度、半年度财务会计报告应当包括会计报表、会计报表附注、财务情况说明书。会计报表应当包括资产负债表、利润表、现金流量表及相关附表。季度、月度财务会计报告通常仅指会计报表,会计报表至少应当包括资产负债表和利润表。国家统一的会计制度规定季度、月度财务会计报告需要编制会计报表附注的,从其规定。

2. 财务会计报告的对外提供

企业应当依照法律、行政法规和国家统一的会计制度关于财务会计报告的编制要求、提供对象和提供期限的规定,及时对外提供财务会计报告。向不同的会计资料使用

者提供的财务会计报告,其编制依据应当一致。有关法律、行政法规规定财务会计报告须经注册会计师审计的,注册会计师及其所在的会计师事务所出具的审计报告应当随同财务会计报告一并提供。

对外报送的财务会计报告,应当依次编写页码,加具封面,装订成册,加盖公章。封面上应当注明:单位名称、单位地址、财务报告所属年度、季度、月度、送出日期,财务会计报告应当由单位负责人和主管会计工作的负责人、会计机构负责人(会计主管人员)签名并盖章;设置总会计师的单位,还须由总会计师签名并盖章。单位负责人应当保证财务会计报告真实、完整。

[想一想]
桃花里公司是一家国有大型企业。2023年12月,公司召开董事会。公司法定代表人、董事长兼总经理张建提出,财务会计报告专业性很强,其精力有限,以前在财务会计报告上签字盖章,也只是履行程序而已。从2024年以后公司对外报送的财务会计报告一律改由公司总会计师范丽丽一人签字盖章后报出。想一想公司董事长兼总经理张建的观点是否正确?为什么?

(八)账务核对和财产清查

1. 账务核对

账务核对又称对账,是保证会计账簿记录质量的重要程序。各单位应当定期对会计账簿记录的有关数字与库存实物、货币资金、有价证券、往来单位或者个人等进行相互核对,保证会计账簿记录与实物及款项的实有数额相符、会计账簿记录与会计凭证的有关内容相符、会计账簿之间相对应的记录相符、会计账簿记录与会计报表的有关内容相符,即账证相符、账账相符、账实相符、账表相符。

(1)账证核对。核对会计账簿记录与原始凭证、记账凭证的时间、凭证字号、内容、金额是否一致,记账方向是否相符,做到账证相符。

(2)账账核对。核对不同会计账簿之间的账簿记录是否相符,包括总账有关账户的余额核对,总账与所辖明细账核对,总账与日记账核对,会计部门的财产物资明细账与财产物资保管和使用部门的有关明细账核对等。

(3)账实核对。核对会计账簿记录与财产等实有数额是否相符,包括现金日记账账面余额与现金实际库存数相核对,银行存款日记账账面余额定期与银行对账单相核对,各种财物明细账账面余额与财产物资实存数额相核对,各种应收、应付款明细账账面余额与有关债务、债权单位或者个人核对等。

(4)账表核对。核对会计账簿记录与会计报表有关内容是否相符,包括会计报表中某些数字是否与总分类账的期末余额相符,会计报表中某些数字是否与有关明细分类账的期末余额相等,会计报表中某些数字是否与有关明细分类账的发生额相符等。

2. 财产清查

财产清查是指对各项财产物资进行实物盘点、账面核对以及对各项往来款项进行查询、核对,以保证账账、账实相符的一种专门方法,是会计核算工作的一项重要程序。

通过财产清查，可以确定各项财产的实存数与账面数是否相符，发现财产管理工作中存在的问题，以便查清原因，制定相应措施，做到账实相符，保证会计资料的真实性。在编制年度财务会计报告之前，必须进行财产清查，并对账实不符等问题根据国家统一的会计制度的规定进行会计处理。

各单位应当建立财产清查制度。财产清查制度的主要内容包括：财产清查的范围、财产清查的组织、财产清查的期限和方法、对财产清查中发现问题的处理办法、对财产管理人员的奖惩办法。

二、会计档案管理

会计档案是指单位在进行会计核算等过程中接收或形成的，记录和反映单位经济业务事项的，具有保存价值的文字、图表等各种形式的会计资料，包括通过计算机等电子设备形成、传输和存储的电子会计档案。

会计档案是记录和反映经济业务事项的重要史料和证据。单位应当加强会计档案管理工作，建立和完善会计档案的收集、整理、保管、利用和鉴定销毁等管理制度，采取可靠的安全防护技术和措施，保证会计档案的真实、完整、可用、安全。

> [想一想]
> 各单位的预算、计划、制度等文件材料是否属于会计档案？为什么？

（一）会计档案的归档

1. 归档范围

需要归档的会计资料包括：

（1）会计凭证，包括原始凭证、记账凭证。

（2）会计账簿，包括总账、明细账、日记账、固定资产卡片及其他辅助性账簿。

（3）财务会计报告，包括月度、季度、半年度财务会计报告和年度财务会计报告。

（4）其他会计资料，包括银行存款余额调节表、银行对账单、纳税申报表、会计档案移交清册、会计档案保管清册、会计档案销毁清册、会计档案鉴定意见书及其他具有保存价值的会计资料。

> [小练习 多选题]
> 甲公司财务人员李某应当对会计材料进行归档。下列属于归档范围的有（　　）。
> A. 2024年度采购计划　　　　B. 2024年度企业所得税纳税申报表
> C. 2024年度财务会计报告　　D. 甲公司财务规章制度

2. 会计档案的归档要求

（1）单位可以利用计算机、网络通信等信息技术手段管理会计档案。同时满足下列条件的，单位内部形成的属于归档范围的电子会计资料可仅以电子形式保存，形成电子会计档案：

① 形成的电子会计资料来源真实有效，由计算机等电子设备形成和传输。

② 使用的会计核算系统能够准确、完整、有效接收和读取电子会计资料，能够输出符合国家标准归档格式的会计凭证、会计账簿、财务会计报表等会计资料，设定了经办、审核、审批等必要的审签程序。

③ 使用的电子档案管理系统能够有效接收、管理、利用电子会计档案，符合电子档案的长期保管要求，并建立了电子会计档案与相关联的其他纸质会计档案的检索关系。

④ 采取有效措施，防止电子会计档案被篡改。

⑤ 建立电子会计档案备份制度，能够有效防范自然灾害、意外事故和人为破坏的影响。

⑥ 形成的电子会计资料不属于具有永久保存价值或者其他重要保存价值的会计档案。满足上述条件，单位从外部接收的电子会计资料附有符合《中华人民共和国电子签名法》规定的电子签名的，可仅以电子形式归档保存，形成电子会计档案。

（2）单位的会计机构或会计人员所属机构按照归档范围和要求，负责定期将应当归档的会计资料整理立卷，编制会计档案保管清册。

（3）当年形成的会计档案，在会计年度终了后，可由单位会计管理机构临时保管1年，再移交单位档案管理机构保管。因工作需要确需推迟移交的，应当经单位档案管理机构同意。

> [想一想]
> 某公司2024年8月1日形成的会计档案，可暂由本单位财务部门保管到什么时候移交给档案保管部门保管？

> [小提示]
> 单位会计管理机构临时保管会计档案最长不超过3年。临时保管期间，会计档案的保管应当符合国家档案管理的有关规定，且出纳人员不得兼管会计档案。

（二）会计档案的移交和利用

1. 会计档案的移交

单位会计管理机构在办理会计档案移交时，应当编制会计档案移交清册，并按照会计档案管理的有关规定办理移交手续。

纸质会计档案移交时，应当保持原卷的封装。电子会计档案移交时应当将电子会计档案及其元数据一并移交，且文件格式应当符合国家档案管理的有关规定。特殊格式的电子会计档案应当与其读取平台一并移交。

单位档案管理机构接收电子会计档案时，应当对电子会计档案的准确性、完整性、可用性、安全性进行检测，符合要求的才能接收。

2. 会计档案的利用

单位应当严格按照相关制度利用会计档案，在进行会计档案查阅、复制、借出时履行登记手续,严禁篡改和损坏。

> [小提示]
> 会计档案一般不得对外借出。确因工作需要且根据国家有关规定必须借出的,应当严格按规定办理手续。借用单位应妥善保管和利用借入的会计档案,确保借入会计档案的安全、完整,并在规定时间内归还。

(三) 会计档案的保管期限

会计档案的保管期限分为永久、定期两类;会计档案的保管期限,从会计年度终了后的第一天算起。永久,是指会计档案须永久保存;定期,是指会计档案保存应达到法定的时间,定期保管期限一般分为 10 年和 30 年。《会计档案管理办法》规定的保管期限如表 2-1 所示。

表 2-1 企业和其他组织会计档案保管期限

会计档案的类别	会计档案的内容	保管期限
会计凭证	原始凭证	30 年
	记账凭证	30 年
会计账簿	总账	30 年
	明细账	30 年
	日记账	30 年
	固定资产卡片	固定资产报废清理后保管 5 年
	其他辅助性账簿	30 年
财务会计报告	月度、季度、半年度财务会计报告	10 年
	年度财务会计报告	永久
其他会计资料	银行存款余额调节表	10 年
	银行对账单	10 年
	纳税申报表	10 年
	会计档案移交清册	30 年
	会计档案保管清册	永久
	会计档案销毁清册	永久
	会计档案鉴定意见书	永久

[小提示]

《会计档案管理办法》规定的会计档案保管期限为最低保管期限。单位会计档案的具体名称如有与《会计档案管理办法》附表所列档案名称不相符的,应当比照类似档案的保管期限办理。

[小练习 单选题]

根据会计法律制度的规定,下列企业会计档案中,需要永久保管的是（　　）。
A. 原始凭证　　　　　　　　B. 会计档案移交清册
C. 总账　　　　　　　　　　D. 会计档案保管清册

（四）会计档案的鉴定与销毁

1. 会计档案的鉴定

单位应当定期对已到保管期限的会计档案进行鉴定,并形成会计档案鉴定意见书。经鉴定,仍需继续保存的会计档案,应当重新划定保管期限;对保管期满,确无保存价值的会计档案,可以销毁。会计档案鉴定工作应当由单位档案管理机构牵头,组织单位会计、审计、纪检监察等机构或人员共同进行。

2. 会计档案的销毁

经鉴定可以销毁的会计档案,销毁的基本程序和要求是:

（1）单位档案管理机构编制会计档案销毁清册,列明拟销毁会计档案的名称、卷号、册数、起止年度、档案编号、应保管期限、已保管期限和销毁时间等内容。

（2）单位负责人、档案管理机构负责人、会计管理机构负责人、档案管理机构经办人、会计管理机构的经办人在会计档案销毁清册上签署意见。

（3）单位档案管理机构负责组织会计档案销毁工作,并与会计管理机构共同派员监销。监销人在会计档案销毁前应当按照会计档案销毁清册所列内容进行清点核对;在会计档案销毁后,应当在会计档案销毁清册上签名或盖章。

电子会计档案的销毁还应当符合国家有关电子档案的规定,并由单位档案管理机构、会计管理机构和信息系统管理机构共同派员监销。

[读一读]

李华自行销毁会计档案

2024年11月5日,天明服装厂财务室会计员李华开始负责会计档案工作。他花了一周的时间对厂里的会计档案进行了整理。他发现有些会计档案已到期,并对已到期会计档案编造了清册。他将此情况上报给厂长,得到厂长的批准后,自行销毁了已到期的会计档案。财务室主管会计张行知道此事后,立即严厉地批评李华,并指出像他这样销毁会计档案不符合会计法律制度的规定。

单元二 会计法律制度

根据《会计档案管理办法》的规定，保管期满的会计档案，应由单位档案管理机构提出销毁意见，会同会计机构共同签订，报单位负责人批准后，由单位档案管理机构和会计机构共同派员监销。

[小练习 多选题]

根据会计法律制度的规定，下列人员中，应在会计档案销毁清册上签署意见的有（　　）。

A. 会计管理机构经办人　　B. 档案管理机构负责人
C. 会计管理机构负责人　　D. 单位负责人

3. 不得销毁的会计档案

保管期满但未结清的债权债务会计凭证和涉及其他未了事项的会计凭证不得销毁，纸质会计档案应当单独抽出立卷，电子会计档案单独转存，保管到未了事项完结时为止。单独抽出立卷或转存的会计档案，应当在会计档案鉴定意见书、会计档案销毁清册和会计档案保管清册中列明。

[小练习 多选题]

甲公司下列会计档案临时保管的管理制度中，符合法律规定的有（　　）。

A. 在会计年度终了后，当年形成的会计档案可由会计机构临时保管
B. 因工作需要并经会计机构负责人同意，可推迟移交会计档案给档案管理部门保管
C. 临时保管期间，任何会计人员都可以兼管会计档案
D. 会计机构临时保管会计档案最长不超过5年

三、会计监督

会计监督是会计的基本职能之一，是通过控制、审核、检查等方式，对单位的经济活动的合法性、合理性和会计资料的真实性、完善性以及本单位内部预算执行情况进行监督，确保经济活动能够根据一定的方向、目标、计划，遵循一定的原则正常进行。目前，我国建立了单位内部监督、社会监督和政府监督"三位一体"的会计监督体系。

（一）会计工作的单位内部监督

会计工作的单位内部监督是指各单位的会计机构、会计人员依据法律法规、国家统一的会计制度及单位内部会计管理制度等的规定，通过会计手段对本单位经济活动的合法性、合理性和有效性进行监督。内部会计监督的主体是各单位的会计机构、会计人员，内部会计监督的对象是单位的经济活动。

1. 单位内部会计监督制度应当符合的要求

（1）记账人员与经济业务事项和会计事项的审批人员、经办人员、财物保管人员的职责权限应当明确，并相互分离、相互制约。

（2）重大对外投资、资产处置、资金调度和其他重要经济业务事项的决策和执行的相互监督、相互制约程序应当明确。

（3）财产清查的范围、期限和组织程序应当明确。

（4）对会计资料定期进行内部审计的办法和程序应当明确。

2. 发现问题的处理

会计机构、会计人员对违反《会计法》和国家统一的会计制度规定的会计事项，有权拒绝办理或者按照职权予以纠正。

（1）会计机构、会计人员发现会计账簿记录与实物、款项及有关资料不相符的，按照国家统一的会计制度的规定有权自行处理的，应当及时处理；无权自行处理的，应当立即向单位负责人报告，请求查明原因，作出处理。

（2）单位负责人应当保证会计机构、会计人员依法履行职责，不得授意、指使、强令会计机构、会计人员违法办理会计事项。

3. 企业内部控制措施

（1）不相容职务分离控制。要求企业全面系统地分析、梳理业务流程中所涉及的不相容职务，实施相应的分离措施，形成各司其职、各负其责、相互制约的工作机制。不相容职务是指那些如果由一个人担任，既可能发生错误、舞弊行为，又可能掩盖其错误和舞弊行为的职务。

[小提示]

不相容职务包括：授权批准与业务经办、业务经办与会计记录、会计记录与财产保管、业务经办与稽核检查、授权批准与监督检查。

（2）授权审批控制。要求企业根据常规授权和特别授权的规定，明确各岗位办理业务和事项的权限范围、审批程序和相应责任。

（3）会计系统控制。要求企业严格执行国家统一的会计准则制度，加强会计基础工作，明确会计凭证、会计账簿和财务会计报告的处理程序，保证会计资料真实完整。

（4）财产保护控制。要求企业建立财产日常管理和定期清查制度，采取财产记录、实物保管、定期盘点、账实核对等措施，确保财产安全。企业应当严格限制未经授权的人员接触和处置财产。

（5）预算控制。要求企业实施全面预算管理制度，明确各责任单位在预算管理中的职责权限，规范预算的编制、审定、下达和执行程序，强化预算约束。

（6）运营分析控制。要求企业建立运营情况分析制度，经理层应当综合运用生产、购销、投资、筹资、财务等方面的信息，通过因素分析、对比分析、趋势分析等方法，定期开展运营情况分析，发现存在的问题，及时查明原因并加以改进。

（7）绩效考评控制。要求企业建立和实施绩效考评制度，科学设置考核指标体系，对企业内部各责任单位和全体员工的业绩进行定期考核和客观评价，将考核结果作为确定员工薪酬以及职务晋升、评优、降级、调岗、辞退等的依据。

> [小练习 多选题]
>
> 下列有关单位内部会计监督制度基本要求的表述中,符合规定的有(　　　)。
> A. 记账人员与经济业务的审批人员、经办人员、财物保管人员的职责权限应当明确,并相互分离、相互制约
> B. 为保证重大对外投资的决策效率,可以由单位负责人直接决定
> C. 财产清查的范围、期限和组织程序应当明确
> D. 对会计资料定期进行内部审计是单位会计部门的职责所在

(二) 会计工作的社会监督

会计工作的社会监督主要是指由注册会计师及其所在的会计师事务所等中介机构接受委托,依法对单位的经济活动进行审计,出具审计报告,发表审计意见的一种监督制度。

根据《会计法》的规定,法律、行政法规规定须经注册会计师进行审计的单位,应当向受委托的会计师事务所如实提供会计凭证、会计账簿、财务会计报告和其他会计资料以及有关情况。任何单位或者个人不得以任何方式要求或者示意注册会计师及其所在的会计师事务所出具不实或者不当的审计报告。

任何单位和个人对违反《会计法》和国家统一的会计制度规定的行为,有权检举,这也属于会计工作社会监督的范畴。

> [小练习 单选题]
>
> 下列对 M 市甲公司实施的会计监督中,属于社会监督的是(　　)。
> A. 市财政局对甲公司开展会计信息质量检查
> B. 甲公司的审计部门审核本公司会计账簿
> C. 市税务局对甲公司开展增值税专项税务检查
> D. 乙会计师事务所接受委托审计甲公司的年度财务会计报告

(三) 会计工作的政府监督

1. 会计工作政府监督的概念

会计工作的政府监督主要是指财政部门代表国家对各单位和单位中相关人员的会计行为实施的监督检查,以及对发现的会计违法行为实施行政处罚。

除财政部门外,审计、税务、金融管理等部门依照有关法律、行政法规规定的职责和权限,对有关单位的会计资料实施监督检查,并出具检查结论。

2. 财政部门会计监督的主要内容

(1) 是否依法设置会计账簿。
(2) 会计凭证、会计账簿、财务会计报告和其他会计资料是否真实、完整。
(3) 会计核算是否符合《会计法》和国家统一的会计制度的规定。
(4) 从事会计工作的人员是否具备专业能力、遵守职业道德。

> **[小提示]**
> 财政部门实施会计监督包括对会计工作的监督和会计人员的监督,不包括对"税"的监督。

> **[小练习 多选题]**
> 下列政府部门中,依照法定的职责和权限,可以对有关单位的会计资料实施监督检查的有( )。
> A. 审计机关　　　　　　　　B. 税务机关
> C. 人民银行　　　　　　　　D. 财政部门

任务三　会计机构和会计人员

一、会计机构

(一) 会计机构设置

会计机构是指各单位办理会计事务的职能部门。根据《会计法》的规定,各单位应当根据会计业务的需要,依法采取下列一种方式组织本单位的会计工作:设置会计机构;在有关机构中设置会计岗位并指定会计主管人员;委托经批准设立从事会计代理记账业务的中介机构代理记账;国务院财政部门规定的其他方式。

国有的和国有资本占控股地位或者主导地位的大、中型企业必须设置总会计师。总会计师的任职资格、任免程序、职责权限由国务院规定。

> **[小提示]**
> 小型单位经过批准可以没有会计但要有账(个体工商户除外);个人可以做兼职会计但不属于代理记账。

(二) 代理记账

1. 代理记账机构的设立条件

(1) 为依法设立的企业。

(2) 专职从业人员不少于3名。

(3) 主管代理记账业务的负责人具有会计师以上专业技术职务资格(中级会计资格)或者从事会计工作不少于3年,且为专职从业人员。

(4) 有健全的代理记账业务内部规范。

2. 代理记账的业务范围

代理记账机构可以接受委托办理下列业务:

(1) 根据委托人提供的原始凭证和其他相关资料,按照国家统一的会计制度的规定进行会计核算,包括审核原始凭证、填制记账凭证、登记会计账簿、编制财务会计报告等。

(2) 对外提供财务会计报告。

(3) 向税务机关提供税务资料。

(4) 委托的其他会计业务。

3. 代理记账双方义务

代理记账委托方和受托方的义务如表2-2所示。

表2-2 代理记账委托方和受托方义务

委托方(单位)	受托方(代理记账机构)
"填制或取得"符合国家统一的会计制度规定的原始凭证	遵守法规,按照委托合同办理业务
配备专人负责"日常"货币收支和保管	对在执行业务中知悉的商业秘密予以"保密"
及时向代理记账机构提供真实、完整的"原始凭证"和其他相关资料	对委托人要求作出"不当"的会计处理,提供不实的会计资料等非法要求,予以拒绝
对于代理记账机构退回的,要求按规定"更正、补充"的原始凭证,应当及时以处理	对委托人提出的有关会计处理相关问题予以解释

4. 对代理记账机构的管理

代理记账机构应当于每年4月30日之前,向审批机关报送下列材料:代理记账机构基本情况表;专职从业人员变动情况。代理记账机构设立分支机构的,分支机构应当于每年4月30日之前向其所在地的审批机关报送上述材料。

县级以上人民政府财政部门对代理记账机构及其从事代理记账业务情况实施监督,随机抽取检查对象、随机选派执法检查人员,并将抽查情况及查处结果依法及时向社会公开。代理记账机构有下列情形之一的,审批机关应当办理注销手续,收回代理记账许可证书并予以公告:代理记账机构依法终止的;代理记账资格被依法撤销或撤回的;法律法规规定的应当注销的其他情形。

[小练习 多选题]

根据会计法律制度的规定,下列各项中,不属于代理记账机构及其从业人员应当履行的义务有(   )。

A. 配备专人负责委托方的日常货币收支和保管
B. 对在执行业务中知悉的商业秘密予以保密
C. 对委托人提出的有关会计处理相关问题予以解释
D. 对委托人要求其提供不实会计资料的,予以拒绝

二、会计工作岗位设置

(一) 主要会计工作岗位

会计工作岗位,是指一个单位会计机构内部根据业务分工而设置的职能岗位。会计工作岗位一般分为:会计机构负责人或者会计主管人员、出纳、财产物资核算、工资核算、成本费用核算、财务成果核算、资金核算、往来结算、总账报表、稽核、档案管理等。开展会计电算化和管理会计的单位,可以根据需要设置相应工作岗位,也可以与其他工作岗位相结合。

会计工作岗位,可以一人一岗、一人多岗或者一岗多人。但出纳人员不得兼任(兼管)稽核、会计档案保管和收入、支出、费用、债权债务账目的登记工作。会计人员的工作岗位应当有计划地进行轮换。档案管理部门的人员管理会计档案,不属于会计岗位。

> [小练习 多选题]
>
> 根据会计法律制度的规定,下列各项中,属于会计岗位的有( )。
> A. 财务成果核算　　　　　　B. 档案管理部门的会计档案管理
> C. 会计机构负责人　　　　　D. 单位内部审计

(二) 会计人员回避制度

国家机关、国有企业、事业单位任用会计人员应当实行回避制度。单位领导人的直系亲属不得担任本单位的会计机构负责人、会计主管人员。会计机构负责人、会计主管人员的直系亲属不得在本单位会计机构中担任出纳工作。需要回避的亲属为:夫妻关系、直系血亲关系、三代以内旁系血亲以及姻亲关系。

三、会计人员

(一) 会计人员的概念和范围

会计人员,是指根据《会计法》的规定,在国家机关、社会团体、企业、事业单位和其他组织(统称单位)中从事会计核算、实行会计监督等会计工作的人员。

会计人员包括从事下列具体会计工作的人员:出纳,稽核,资产、负债和所有者权益(净资产)的核算,收入、费用(支出)的核算,财务成果(政府预算执行结果)的核算,财务会计报告(决算报告)编制,会计监督,会计机构内会计档案管理,其他会计工作。担任单位会计机构负责人(会计主管人员)、总会计师的人员,属于会计人员。

会计人员职称层级分为初级、中级、副高级和正高级。初级职称只设助理级,高级职称分设副高级和正高级,形成初级、中级、高级层次清晰、相互衔接、体系完整的会计人员职称评价体系。初级、中级、副高级和正高级职称名称依次为助理会计师、会计师、高级会计师和正高级会计师。

(二) 对会计人员的要求

1. 会计人员从事会计工作应当符合的要求

(1) 遵守《会计法》和国家统一的会计制度等法律法规。

(2) 具备良好的职业道德。
(3) 按照国家有关规定参加继续教育。
(4) 具备从事会计工作所需要的专业能力。

会计人员具有会计类专业知识，基本掌握会计基础知识和业务技能，能够独立处理基本会计业务，表明具备从事会计工作所需要的专业能力。

[小练习 多选题]

2024年11月甲公司成立，设置会计机构并配备会计人员。甲公司会计人员的下列工作岗位设置中，符合法律规定的有（　　　　）。
A. 具有会计师专业技术职务资格的王某担任会计机构负责人
B. 具有初级会计专业技术资格的郑某担任工资核算和成本费用核算工作
C. 刚毕业的会计专业学生张某担任出纳和会计档案保管工作
D. 从事会计工作15年的高级会计师李某担任总账报表和稽核工作

2. 会计机构负责人或会计主管人员应当具备的基本条件

会计机构负责人或会计主管人员，是在一个单位内具体负责会计工作的中层领导人员，应当具备以下条件：
(1) 坚持原则，廉洁奉公。
(2) 具备会计师以上专业技术职务资格或者从事会计工作不少于3年。
(3) 熟悉国家财经法律法规、规章和方针、政策，掌握本行业业务管理的有关知识。
(4) 有较强的组织能力。
(5) 身体状况能够适应本职工作的要求。

3. 总会计师

总会计师是主管本单位会计工作的行政领导，是单位行政领导成员，协助单位主要行政领导人工作，直接对单位主要行政领导人负责。

《会计法》规定，国有的和国有资产占控股地位或者主导地位的大、中型企业必须设置总会计师。凡设置总会计师的单位，在单位行政领导成员中，不设与总会计师职权重叠的副职。总会计师组织领导本单位的财务管理、成本管理、预算管理、会计核算和会计监督等方面的工作，参与本单位重要经济问题的分析和决策。

[小练习 单选题]

根据会计法律制度的规定，下列企业中，必须设置总会计师的是（　　　　）。
A. 普通合伙企业　　　　　　B. 个人独资企业
C. 外商独资企业　　　　　　D. 国有大中型企业

(三) 会计工作的禁入规定

因有提供虚假财务会计报告，做假账，隐匿或者故意销毁会计凭证、会计账簿、财务会计报告，贪污，挪用公款，职务侵占等与会计职务有关的违法行为被依法追究刑事责任的人员，不得再从事会计工作。

因伪造、变造会计凭证、会计账簿，编制虚假财务会计报告，隐匿或者故意销毁依法应当保存的会计凭证、会计账簿、财务会计报告，尚不构成犯罪的，5年内不得从事会计工作。会计人员具有违反国家统一的会计制度的一般违法行为，情节严重的，5年内不得从事会计工作。

(四) 会计人员继续教育

根据《会计专业技术人员继续教育规定》，国家机关、社会团体、企业、事业单位等组织（统称单位）具有会计专业技术资格的人员，或不具有会计专业技术资格但从事会计工作的人员（简称会计专业技术人员）享有参加继续教育的权利和接受继续教育的义务。

用人单位应当保障本单位会计专业技术人员参加继续教育的权利。会计专业技术人员参加继续教育实行学分制管理。每年参加继续教育取得的学分不少于90学分，其中，专业科目一般不少于总学分的2/3。会计专业技术人员参加继续教育取得的学分、在全国范围内当年度有效，不得结转以后年度。对会计专业技术人员参加继续教育情况实行登记管理。

四、会计工作交接

(一) 会计工作交接的概念与责任

会计工作交接，是指会计人员工作调动或因故离职时，与接管人员办理交接手续的一种工作程序办理好会计工作交接，有利于分清移交人员和接管人员的责任，可以使会计工作前后衔接，保证会计工作顺利进行。

会计人员工作调动或者因故离职，必须将本人所经管的会计工作全部移交给接替人员。没有办清交接手续的，不得调动或者离职。移交人员对所移交的会计凭证、会计账簿、会计报表和其他有关资料的合法性、真实性承担法律责任。接替人员应当认真接管移交工作，并继续办理移交的未了事项。

会计人员临时离职或者因病不能工作且需要接替或者代理的，会计机构负责人（会计主管人员）或者单位领导人必须指定有关人员接替或者代理，并办理交接手续。临时离职或者因病不能工作的会计人员恢复工作的，应当与接替或者代理人员办理交接手续。移交人员因病或者其他特殊原因不能亲自办理移交的，经单位领导人批准可由移交人员委托他人代办移交，但委托人应当承担对所移交的会计凭证、会计账簿、会计报表和其他有关资料的合法性、真实性的法律责任。

单位撤销时，必须留有必要的会计人员，会同有关人员办理清理工作编制决算。未移交前，不得离职，接收单位和移交日期由主管部门确定。单位合并、分立的，其会计工作交接手续比照上述有关规定办理。

(二) 会计工作移交前的准备工作

会计人员办理移交手续前，必须及时做好的工作：已经受理的经济业务尚未填制会计凭证的，应当填制完毕；尚未登记的账目，应当登记完毕，并在最后一笔余额后加盖经办人员印章；整理应该移交的各项资料，对未了事项写出书面材料；编制移交清册，列明应当移交的会计凭证、会计账簿、会计报表、印章、现金、有价证券、支票簿、发票、文件、其他会计资料和物品等内容；实行会计电算化的单位，从事该项工作的移交人员还应当在移交清册中列明会计软件及密码、会计软件数据磁盘(磁带等)及有关资料、实物等内容。

(三) 会计工作交接与监交

会计人员办理交接手续，必须有监交人负责监交。一般会计人员办理交接手续，由会计机构负责人(会计主管人员)监交；会计机构负责人(会计主管人员)办理交接手续，由单位负责人监交、必要时主管单位可以派人会同监交。

移交人员在办理移交时，要按移交清册逐项移交；接替人员要逐项核对点收。

(1) 现金、有价证券要根据会计账簿有关记录进行点交。库存现金、有价证券必须与会计账簿记录保持一致。不一致时，移交人员必须限期查清。

(2) 会计凭证、会计账簿、会计报表和其他会计资料必须完整无缺。如有短缺，必须查清原因，并在移交清册中注明、由移交人员负责。

(3) 银行存款账户余额要与银行对账单核对，如不一致，应当编制银行存款余额调节表调节相符，各种财产物资和债权债务的明细账户余额要与总账有关账户余额核对相符；必要时，要抽查个别账户的余额，与实物核对相符，或者与往来单位、个人核对清楚。

(4) 移交人员经管的票据、印章和其他实物等，必须交接清楚；移交人员从事会计电算化工作的，要对有关电子数据在实际操作状态下进行交接。

(5) 会计机构负责人(会计主管人员)移交时，还必须将全部财务会计工作、重大财务收支和会计人员的情况等，向接替人员详细介绍。对需要移交的遗留问题，应当写出书面材料。

[小提示]

交接完毕后，交接双方和监交人要在移交清册上签名或者盖章，并应在移交清册上注明：单位名称，交接日期，交接双方和监交人的职务、姓名，移交清册页数以及需要说明的问题和意见等。移交清册一般应当填制一式三份，交接双方各执一份，存档一份。接替人员应当继续使用移交的会计账簿，不得自行另立新账，以保持会计记录的连续性。

[小练习 单选题]

甲公司出纳人员曾某因病住院不能亲自办理移交。经法定代表人批准，曾某委托李某将经管的会计资料等移交给接替人员王某，会计机构负责人宋某进行监交。王某事后发现曾某所移交的部分会计资料的合法性、真实性存在问题。下列人员中，应对该会计资料的合法性、真实性承担法律责任的是(　　)。

A. 接替人员王某　　　　　　B. 受托人李某
C. 监交人宋某　　　　　　　D. 出纳人员曾某

任务四　会计人员职业道德规范

一、会计职业道德概述

(一) 什么是会计职业道德

会计职业道德，是指会计人员在会计工作中应当遵循的、体现会计职业特征的、调整会计职业关系的职业行为准则和规范。会计职业道德由特定的社会生产关系和经济社会发展水平所决定，属于社会意识形态范畴。会计职业道德由会计职业理想、会计职业责任、会计职业技能、会计工作态度、会计工作作风和会计职业纪律等构成。

在现代市场经济和现代企业制度环境条件下，基于经济资源配置和生产组织的委托代理关系中的权属性质界定，如实反映受托责任履行情况的诚实性和可靠性的会计基本职责。因此，会计职业道德的核心是诚信。诚信是诚实、守信、真实的总称，也就是实事求是、真实客观、不弄虚作假，它要求会计人员客观公正、遵守统一的会计制度，言行一致，表里如一，不做假账，忠诚为人，以诚待人。准确核算、如实反映、讲求诚信是决定会计工作成败和质量好坏的根本标准，会计人员应当以诚信为本，保持客观公正。区块链、云计算、大数据、人工智能等现代信息技术在会计工作中广泛运用，对会计诚信提出了更高的要求。

(二) 会计职业道德的内容

坚持诚信，守法奉公。牢固树立诚信理念，以诚立身、以信立业，严于律己、心存敬畏。学法知法守法，公私分明，克己奉公，树立良好职业形象，维护会计行业声誉。

坚持准则，守责敬业。严格执行准则制度，保证会计信息真实完整。勤勉尽责、爱岗敬业，忠于职守、敢于斗争，自觉抵制会计造假行为，维护国家财经纪律和经济秩序。

坚持学习，守正创新。始终秉持专业精神，勤于学习、锐意进取，持续提升会计专业能力。不断适应新形势新要求，与时俱进、开拓创新，努力推动会计事业高质量发展。

三条要求逻辑清晰、层层递进："坚持诚信，守法奉公"是对会计人员的自律要求，"坚持准则，守责敬业"是对会计人员的履职要求，"坚持学习，守正创新"是对会计人员的发展要求。加强会计人员职业道德建设，对长期以来会计职业活动实践中形成的职业道德要求进行总结提炼和大力宣传，引导会计人员形成正确的价值追求和行为规范，对于提高会计工作水平和会计信息质量、加强社会信用体系建设、推动经济社会高质量发展具有重要意义。

[想一想]

晓东电子公司会计赵丽因工作努力，钻研业务，积极提出合理化建议，多次被公司评为先进会计工作者。赵丽的丈夫在一家私有电子企业任总经理，在其丈夫的多次请求下，赵丽将在工作中接触到的公司新产品研发计划及相关会计资料复印件提供给其丈夫，给公司带来一定的损失。公司认为赵丽不宜继续担任会计工作。

请思考:
(1) 赵丽违反了哪些会计职业道德要求?
(2) 哪些单位或部门可以对赵丽违反会计职业道德行为进行处理?为什么?

[读一读]

瑞幸咖啡造假事件

2020年4月2日,瑞幸咖啡发布公告,承认虚假交易人民币22亿元,股价暴跌80%,盘中数次暂停交易。4月5日,瑞幸咖啡发布道歉声明。

2020年4月22日,国家金融监督管理总局谈瑞幸咖啡财务造假,要求主管部门依法严厉惩处。4月27日,瑞幸咖啡官方称,公司正在积极配合市场监管部门对瑞幸咖啡经营情况相关工作的调查。5月12日,瑞幸咖啡宣布调整董事会和高级管理层,CEO钱治亚和COO刘剑被暂停职务。5月19日晚间,瑞幸咖啡发布公告称,收到纳斯达克交易所通知,要求从纳斯达克退市。6月27日,瑞幸咖啡发表声明:于6月29日停牌并进行退市备案。

2020年7月31日,财政部表示,自2019年4月起至2019年末,瑞幸咖啡公司通过虚构商品业务增加交易额22.46亿元。7月31日,证监会宣布,瑞幸咖啡财务造假调查取得重要进展。

2020年9月18日,市场监管总局及上海、北京市市场监管部门,对瑞幸咖啡(中国)有限公司、瑞幸咖啡(北京)有限公司等公司作出行政处罚决定。

二、会计职业道德与会计法律制度的联系与区别

(一) 会计职业道德与会计法律制度的联系

会计职业道德与会计法律制度在内容上相互渗透、相互吸收;在作用上相互补充、相互协调。会计职业道德是会计法律制度的重要补充,会计法律制度是会计职业道德的最低要求,是会计职业道德的基本制度保障。

(二) 会计职业道德与会计法律制度的区别

1. 性质不同

会计法律制度通过国家权力强制执行,具有很强的他律性;会计职业道德通过行业行政管理部门规范和会计从业人员自觉执行,具有内在的控制力,可以约束会计人员的内在心理活动,具有职业的更高目标,要求会计人员"应该做什么或者不应该做什么",具有很强的自律性。

2. 作用范围不同

会计法律制度侧重于调整会计人员的外在行为和结果的合法化,具有较强的客观性;会计职业道德不仅调整会计人员的外在行为,还调整会计人员内在的精神世界,作用范围更加广泛。

3. 表现形式不同

会计法律制度是通过启定的程序由国家立法部门或行政管理部门制定、颁布的,其表现形式是具体的、明确的、正式形成文字的成文规定。会计职业道德出自会计人员的职业生活和职业实践,其表现形式既有成文的规范,也有不成文的规范。

4. 实施保障机制不同

会计法律制度依靠国家强制力保证其贯彻执行。会计职业道德主要依靠行业行政管理部门监管执行和职业道德教育、社会舆论、传统习惯和道德评价来实现。

5. 评价标准不同

会计法律制度以法律规定为评价标准,会计职业道德以行业行政管理规范和道德评价为标准。

[小练习 单选题]

以下选项对会计职业道德的内容表述不正确的是(　　)。

A."坚持诚信,守法奉公"是对会计人员的自律要求

B."坚持准则,守责敬业"要求会计人员应严格执行准则制度,保证会计信息真实完整

C. 始终秉持专业精神,勤于学习、锐意进取,持续提升会计专业能力体现了"坚持学习,守正创新"

D."坚持准则,守责敬业"是对会计人员的发展要求

[想一想]

长远公司是一家国有大型制造企业,2024年10月,公司产品滞销,亏损已成定局。公司董事长刘天华指使会计科在会计报表上做一些"技术处理",确保实现年初定下的盈利100万元的目标。财务科遵照办理。该公司董事长刘天华指使财务科在会计报表上做一些"技术处理",致使公司由亏损变为盈利的行为违反了哪些会计职业道德?

三、会计职业道德相关管理规定

(一)增强会计人员诚信意识

1. 强化会计职业道德意识

引导会计人员自觉遵纪守法、勤勉尽责、参与管理、强化服务,不断提高专业胜任能力;督促会计人员坚持客观公正、诚实守信、廉洁自律、不做假账,不断提高职业操守。

2. 加强会计诚信教育

采取多种形式,广泛开展会计诚信教育。将会计职业道德作为会计人员继续教育的必修内容,大力弘扬会计诚信理念,不断提升会计人员诚信素养。要充分发挥新闻媒体对会计诚信建设的宣传教育、舆论监督等作用,大力发掘、宣传会计诚信模范等会计

诚信典型,深入剖析违反会计诚信的典型案例。引导财会类专业教育开设会计职业道德课程,努力提高会计后备人员的诚信意识。鼓励用人单位建立会计人员信用管理制度,将会计人员遵守会计职业道德情况作为考核评价、岗位聘用的重要依据,强化会计人员诚信责任。

(二)建立会计人员信用档案

1. 建立严重失信会计人员"黑名单"制度

将有提供虚假财务会计报告,做假账,隐匿或者故意销毁会计凭证、会计账簿、财务会计报告,贪污,挪用公款,职务侵占等与会计职务有关违法行为的会计人员,作为严重失信会计人员列入"黑名单",纳入全国信用信息共享平台,依法通过"信用中国"网站等途径,向社会公开披露相关信息。

2. 建立会计人员信用信息管理制度

制定会计人员信用信息管理办法,规范会计人员信用评价、信用信息采集、信用信息综合利用、激励惩戒措施等,建立会计人员信息纠错、信用修复、分级管理等制度,建立健全会计人员信用信息体系。

3. 完善会计人员信用信息管理系统

以会计专业技术资格管理为抓手,有序采集会计人员信息,记录会计人员从业情况和信用情况,建立和完善会计人员信用档案,构建全国统一的会计人员信用信息平台。

(三)会计职业道德管理的组织实施

1. 组织领导

根据国家关于加强社会诚信建设的有关文件精神,通过信用信息公开和共享,建立跨部门、跨地区、跨领域的联合激励与惩戒机制,形成政府部门协同联动、行业组织自律管理、信用服务机构积极参与、社会舆论广泛监督的共同治理格局,建立联席制度,共同推动会计人员诚信建设工作有效开展。

2. 广泛宣传

财政部门及其他有关部门、会计行业组织充分利用报刊、广播、电视、网络等渠道,加大对会计人员诚信建设工作的宣传力度,教育引导会计人员和会计后备人员不断提升会计诚信意识。积极引导社会各方依法依规利用会计人员信用信息,褒扬会计诚信,惩戒会计失信,扩大会计人员信用信息的影响力和警示力,使全社会形成崇尚会计诚信,践行会计诚信的社会风尚。

3. 褒奖守信会计人员

将会计人员信用信息作为先进会计工作者评选、会计职称考试或评审、高端会计人才选拔等资格资质审查的重要依据。鼓励用人单位依法使用会计人员信用信息,优先聘用、培养、晋升具有良好信用记录的会计人员。

(四)建立健全会计职业联合惩戒机制

建立健全失信会计人员联合惩戒机制,明确联合惩戒对象、信息共享与联合惩戒的实施方式和惩戒措施。联合惩戒对象,主要指在会计工作中违反《会计法》《公司法》《证券法》以及其他法律法规、规章和规范性文件,违背诚实信用原则,经财政部门及相关部门依法认定的存在严重违法失信行为的会计人员(简称会计领域违法失信当事人)。信息共享与联合惩戒的实施方式,是指认定联合惩戒对象名单的相关部门和单位通过全国信用信息共享平台将会计领域违法失信当事人的相关信息推送给财政部,并及时更新的方式。

联合惩戒措施主要有:

(1) 罚款、限制从事会计工作、追究刑事责任等惩戒措施。对于严重失信会计人员,依法取消其已经取得的会计专业技术资格。会计人员有违反《会计法》《公司法》《证券法》等违法会计行为,依法给予罚款、限制从事会计工作等惩戒措施;属于国家工作人员的,还应当由其所在单位或者有关单位依法给予撤职直至开除的行政处分;构成犯罪的,依法追究刑事责任,不得再从事会计工作。

(2) 记入会计从业人员信用档案。对会计领域违法失信当事人,将其违法失信记录记入会计人员信用档案。

(3) 将会计领域违法失信当事人信息通过财政部网站、"信用中国"网站予以发布,同时协调相关互联网新闻信息服务单位向社会公布。

(4) 实行行业惩戒。支持行业协会商会按照行业标准、行规、行约等,视情节轻重对失信会员实行警告、行业内通报批评、公开谴责、不予接纳、劝退等惩戒措施。

(5) 限制取得相关从业任职资格,限制获得认证证书。对会计领域违法失信当事人,限制其取得相关从业任职资格,限制获得认证证书。

会计人员职称评价标准要突出评价会计人员职业道德。坚持把职业道德放在评价首位,引导会计人员遵纪守法、勤勉尽责、参与管理、强化服务,不断提高专业胜任能力;要求会计人员坚持客观公正、诚实守信、廉洁自律、不做假账,不断提高职业操守。完善守信联合激励和失信联合惩戒机制,违反《会计法》有关规定,以及剽窃他人研究成果,存在学术不端行为的,在会计人员职称评价过程中实行"一票否决制"。对通过弄虚作假取得的职称一律撤销。

(6) 依法限制参与评先、评优或取得荣誉称号。对会计领域违法失信当事人,依法限制其参与评先、评优或取得各类荣誉称号;已获得相关荣誉称号的予以撤销。在会计专业技术资格考试或会计职称评审、高端会计人才选拔等资格资质审查过程中,对严重失信会计人员实行"一票否决制"。

(7) 依法限制担任金融机构董事、监事、高级管理人员。对会计领域违法失信当事人,依法限制其担任银行业金融机构、保险公司、保险资产管理公司、融资性担保公司等的董事、监事、高级管理人员,以及保险专业代理机构、保险经纪人的高级管理人员及相关分支机构主要负责人,保险公估机构董事长、执行董事和高级管理人员;将其违法失信记录作为担任证券公司、基金管理公司、期货公司的董事、监事和高级管理人员及分支机构负责人任职审批或备案的参考。已担任相关职务的,依法提出其不再担任相关职务的意见。

(8) 依法限制其担任国有企业法定代表人、董事、监事。对会计领域违法失信当事人,依法限制其担任国有企业法定代表人、董事、监事;已担任相关职务的,依法提出其不再担任相关职务的意见。

(9) 限制登记为事业单位法定代表人。对会计领域违法失信当事人,限制登记为事业单位法定代表人。

(10) 作为招录(聘)为公务员或事业单位工作人员以及业绩考核、干部选任的参考。对会计领域违法失信当事人,将其违法失信记录作为其被招录(聘)为公务员或事业单位工作人员的重要参考;对会计领域违法失信当事人,将其违法失信记录作为业绩考核、干部选拔任用的参考等。

任务五　会计法律责任

一、一般会计法律责任

违反《会计法》规定,有下列行为之一的,由县级以上人民政府财政部门责令限期改正,给予警告、通报批评,对单位可以并处20万元以下的罚款,对其直接负责的主管人员和其他直接责任人员可以处5万元以下的罚款;情节严重的,对单位可以并处20万元以上100万元以下的罚款,对其直接负责的主管人员和其他直接责任人员可以处5万元以上50万元以下的罚款;属于公职人员的,还应当依法给予处分;构成犯罪的,依法追究刑事责任:

(1) 不依法设置会计账簿的。
(2) 私设会计账簿的。
(3) 未按照规定填制、取得原始凭证或者填制、取得的原始凭证不符合规定的。
(4) 以未经审核的会计凭证为依据登记会计账簿或者登记会计账簿不符合规定的。
(5) 随意变更会计处理方法的。
(6) 向不同的会计资料使用者提供的财务会计报告编制依据不一致的。
(7) 未按照规定使用会计记录文字或者记账本位币的。
(8) 未按照规定保管会计资料,致使会计资料毁损、灭失的。
(9) 未按照规定建立并实施单位内部会计监督制度或者拒绝依法实施监督或者不如实提供有关会计资料及有关情况的。
(10) 任用会计人员不符合《会计法》规定的。

会计人员有上述所列行为之一,情节严重的,5年内不得从事会计工作。有关法律对上述所列行为的处罚另有规定的,依照有关法律的规定办理。

二、特殊会计法律责任

1. 伪造、变造会计凭证、会计账簿,编制虚假财务会计报告,隐匿或者故意销毁会计资料的法律责任

伪造、变造会计凭证、会计账簿,编制虚假财务会计报告,隐匿或者故意销毁依法应当保存的会计凭证、会计账簿、财务会计报告的,由县级以上人民政府财政部门责令限期改正,给予警告、通报批评,没收违法所得,违法所得20万元以上的,对单位可以并处违法所得1倍以上10倍以下的罚款,没有违法所得或者违法所得不足20万元的,可以并处20万元以上200万元以下的罚款;对其直接负责的主管人员和其他直接责任人员可以处10万元以上50万元以下的罚款,情节严重的,可以处50万元以上200万元以下的罚款;属于公职人员的,还应当依法给予处分;其中的会计人员,5年内不得从事会计工作;构成犯罪的,依法追究刑事责任。

根据《刑法》第162条之一的规定,隐匿或者故意销毁依法应当保存的会计凭证、会计账簿、财务会计报告,情节严重的,处5年以下有期徒刑或者拘役,并处或者单处2万元以上20万元以下罚金。单位犯该罪的,对单位判处罚金,并对其直接负责的主管人员和其他直接责任人员,依照上述规定处罚。

2. 授意、指使、强令会计机构及人员从事会计违法行为的法律责任

授意、指使、强令会计机构、会计人员及其他人员伪造、变造会计凭证、会计账簿,编制虚假财务会计报告或者隐匿、故意销毁依法应当保存的会计凭证、会计账簿、财务会计报告的,由县级以上人民政府财政部门给予警告、通报批评,可以并处20万元以上100万元以下的罚款;情节严重的,可以并处100万元以上500万元以下的罚款;属于公职人员的,还应当依法给予处分;构成犯罪的,依法追究刑事责任。

3. 单位负责人打击报复会计人员的法律责任

单位负责人对依法履行职责、抵制违反《会计法》规定行为的会计人员以降级、撤职、调离工作岗位、解聘或者开除等方式实行打击报复的,依法给予处分;构成犯罪的,依法追究刑事责任。对受打击报复的会计人员,应当恢复其名誉和原有职务、级别。根据《刑法》规定,公司、企业、事业单位、机关、团体的领导人,对依法履行职责、抵制违反《会计法》行为的会计人员实行打击报复,情节恶劣的,处3年以下有期徒刑或者拘役。

单元思考

企业要长期向好的可持续发展,必须严格遵守《会计法律制度》。企业通过制定一系列行之有效的财务制度和管理办法来加强对会计工作的监督和控制。思考企业的会计人员应该如何提高自身的专业素养和会计职业道德呢?

拓展学习

单元小结

本单元介绍了会计法律制度概述及构成,会计核算的基本要求及内容,会计档案的管理,介绍了会计监督内容,会计机构和会计岗位的设置,会计人员的任职要求,会计工作交接的要求,会计职业道德的主要内容,违反会计法律责任的行为及要承受的法律责任。学生在学习知识的同时,能加强对日常会计核算与监督工作的了解,增强会计职业道德意识,敬畏会计法律制度。

单元测试

一、单选题

1. 下列规范性文件中,属于行政法规的是(   )。
   A. 国务院发布的《企业财务会计报告条例》
   B. 全国人民代表大会通过的《中华人民共和国香港特别行政区基本法》
   C. 全国人民代表大会常务委员会通过的《中华人民共和国票据法》

D. 财政部发布的《企业会计准则——基本准则》

2. 根据会计法律制度的规定,下列各项中,不属于会计专业技术资格的是( )。
   A. 初级资格　　B. 高级资格　　C. 注册会计师　　D. 中级资格

3. 各单位必须根据( )进行会计核算,填制会计凭证,登记会计账簿,编制财务会计报告。
   A. 实际发生的经济业务事项　　B. 连续发生的经济业务事项
   C. 累计发生的经济业务事项　　D. 主要经济业务事项

4. 担任会计主管人员应具备会计师以上专业技术职务资格或从事会计工作不少于( )年。
   A. 1　　B. 2　　C. 3　　D. 5

5. 根据会计法律制度的规定,对于私设账簿的单位,由县级以上人民政府财政部门责令限期改正,给予警告、通报批评,对单位可以并处( )。
   A. 50万元以上的罚款　　B. 50万元以下的罚款
   C. 30万元以上的罚款　　D. 30万元以下的罚款

6. 下列选项中,属于会计工作政府监督范畴的是( )。
   A. 注册会计师依法对委托单位的会计资料进行审计
   B. 税务部门对有关单位的会计资料实行监督检查
   C. 单位和个人检举违反会计法和国家统一会计制度的行为
   D. 单位内部依法开展会计核算和监督

7. 根据会计法律制度的规定,下列各项中,不属于会计档案的是( )。
   A. 原始凭证　　B. 记账凭证　　C. 会计账簿　　D. 年度预算

8. 某公司为获得一项工程合同,拟向工程发包的有关人员支付好处费10万元。公司市场部人员持公司董事长的批示到财务部领取该笔款项时,财务部经理小张认为该项支出不符合有关规定,但考虑到公司主要领导已作了同意的批示,遂支付了此款项。下列关于小王做法的认定中,正确的是( )。
   A. 小王违反了爱岗敬业的会计职业道德
   B. 小王违反了参与管理的会计职业道德
   C. 小王违反了提高技能的会计职业道德
   D. 小王违反了坚持准则的会计职业道德

9. 根据《会计档案管理办法》的规定,下列会计档案应永久保存的是( )。
   A. 记账凭证　　B. 原始凭证
   C. 会计档案保管清册　　D. 半年度财务报告

10. 根据会计法律制度的规定,负责对一般会计人员办理会计工作交接手续进行监交的是( )。
    A. 纪检部门负责人　　B. 会计机构负责人
    C. 档案管理机构负责人　　D. 人事部门负责人

二、多选题

1. 下列各项中,符合会计职业道德"提高技能"基本要求的有( )。
   A. 出纳人员向银行工作人员请教辨别假钞的技术

B. 会计主管与单位其他会计人员交流隐瞒业务收入的做法

C. 会计人员积极参加会计职称培训

D. 总会计师通过自学提高会计职业判断能力、精通经济政策

2. 下列关于规范性法律文件冲突的表述中,正确的有( )。

A. 行政法规之间对同一事项的新的一般规定与旧的特别规定不一致,不能确定如何适用时,由国务院裁决

B. 根据授权制定的法规与法律不一致,不能确定如何适用时,由全国人民代表大会常务委员会裁决

C. 部门规章与地方政府规章之间对同一事项的规定不一致时,由国务院裁决

D. 法律之间对同一事项的新的一般规定与旧的特别规定不一致,不能确定如何适用时,由全国人民代表大会常务委员会裁决

3. 下列会计档案中,最低保管期限为30年的有( )。

A. 银行存款余额调节表 B. 总账

C. 会计档案保管清册 D. 原始凭证

4. 下列各项中,有权依法对有关单位的会计资料实施监督检查的有( )。

A. 审计部门 B. 税务部门 C. 银行监管 D. 证券监管

5. 根据会计法律制度的规定,下列各项中,出纳不得兼任的有( )。

A. 会计档案保管 B. 稽核

C. 收入费用账目的登记工作 D. 债权债务账目的登记工作

6. 根据我国《会计法》的规定,下列各项中,属于出纳人员不得兼任的工作有( )。

A. 稽核 B. 会计档案保管

C. 登记固定资产卡片 D. 办理纳税申报

7. 下列不属于会计岗位的包括( )。

A. 财产物资的收发核算岗位 B. 单位内部审计岗位

C. 医院药品药库记账员 D. 商场收银员

8. 根据我国《会计法》的规定,下列各项中,应当追究当事人法律责任的行为有( )。

A. 故意销毁依法应当保存的会计档案 B. 提供虚假财务会计报告

C. 隐匿依法应当保存的会计凭证 D. 在法定会计账簿之外私设会计账簿

9. 国家机关、国有企业、事业单位任用会计人员应当实行回避制度,回避制度中的直系亲属包括( )。

A. 夫妻关系 B. 直系血亲关系

C. 三代以内旁系血亲 D. 近姻亲关系

10. 单位内部会计监督的主体是各单位的( )。

A. 审计机构 B. 会计机构 C. 会计人员 D. 审计人员

三、判断题

1. 在中国境内的外商独资企业可以不使用中文作为会计记录的文字。 ( )

2. 一个单位的出纳不得填制任何会计账簿。 ( )

3. 会计行政法规是由国务院制定或发布。 ( )

4. 各单位销毁会计档案,应当由单位的档案机构和会计机构共同派员监销。（　）
5. 会计"坚持准则"的职业道德,要求会计人员在工作中要如实反映,保持应有的独立性。（　）
6. 会计职业道德的主要内容包括爱岗敬业、诚实守信、廉洁自律、客观公正、参与管理、保持独立等。（　）
7. 为了核算准确,单位可以设置"两套账""账外账"。（　）
8. 保管期满但未结清的债权债务原始凭证,也应该销毁。（　）
9. 财政部门是政府监督的实施主体。（　）
10. 我国所有企业必须以人民币为记账本位币。（　）

四、案例分析题

1. 2024年9月,某市财政局派出检查组对市属某国有钢铁厂的会计工作进行检查,发现会计张某申请调离该厂,厂人事部门在其没有办清会计工作交接手续的情况下,即为其办理调动手续。判断上述行为是否符合法律规定,并说明理由。

2. 因财务人员较少,乙企业未设立会计档案机构,李某要求出纳兼管会计档案。由于记账凭证太多,李某要求财会人员将保存满30年的会计凭证销毁。
   (1) 出纳能否兼管会计档案?
   (2) 根据《会计档案管理办法》,会计凭证应保留多少年才能销毁?

3. 西洋有限公司王经理任职期间经营业绩不理想,眼看任职期满难以完成利润考核指标。王经理找到唐主管会计,授意唐主管会计改善经营业绩。唐心想:王经理上任后对自己委以重任,应该帮他渡过这一关。为此,唐主管会计将明年销售合同提早"发货",提早开具销售发票,并确认收入。有了这笔"提前收入"的支撑,便超额完成了利润考核指标。根据会计法规回答下列问题:
   (1) 西洋有限公司唐主管会计提早确认收入的做法是否正确?为什么?
   (2) 西洋有限公司唐主管会计应承担什么法律责任?应由哪个部门执法?
   (3) 西洋有限公司王经理应承担什么法律责任?应由哪个部门执法?

4. 甲企业投产的一部设备在生产产品的同时又生产可利用的废料,经理授意销售科长将废料售给一个体户,每次收入的现金由经理另立银行账户统一保管,作为奖金定期取出发给管理人员,财务科长认为这是为管理人员办好事,所以也未要求将这项收入纳入会计核算。指出上述事项违反了会计法规的规定?

5. 光华公司是一家股份公司,2024年10月20日,公司从外地购买了一批货物,收到发票后,经办人员刘某发现发票金额与实际支付金额不相符,于是将发票金额改为实际金额并盖章。刘某的处理合适吗?为什么?

6. 某公司财务部门预测本年度公司将亏损800万元。公司总经理责成总会计师必须千方百计实现当年盈利目标,并说"实在不行,可以对会计报表做一些技术处理"。总会计师按照总经理的意图编制了当年的会计报表。总会计师的行为违背了会计职业道德中的哪些要求?

7. 2024年9月,A工厂档案科会同财务科编制会计档案销毁清册。经厂长签字后,按规定进行了监销。经查实,销毁的会计档案中有一些是保管期满但未结清的债权债务原始凭证。上述行为是否符合法律规定?为什么?

8. 2024年8月,甲企业是一家国有企业,新领导班子上任后,作出了精简内设机构等决定,将会计科撤并到企业管理办公室(简称企管办),同时任命企管办主任王某兼任会计主管人员。会计科撤并到企管办后,会计工作分工如下:原会计科会计继续担任会计;原企管办工作人员、王某的女儿担任出纳工作。该企业撤并会计机构、任命会计主管人员、会计工作岗位分工是否有违反法律规定之处?分别说明理由。

9. 2024年2月,某市财政部门对该市一所市属学校2023年的财务收支情况进行例行检查。财政部门对该市一所市属学校的财务收支情况的例行检查属于何种类型的会计监督?除此以外,还有哪些类型的会计监督?

10. 2024年8月,A公司因公司经理出差在外,财务部经理指定公司出纳赵某代理李某所管的固定资产明细账及收入、支出、费用明细账的记账登记工作。上述行为是否符合会计法律规定?为什么?

单元 三 中小企业法律制度

知识导航

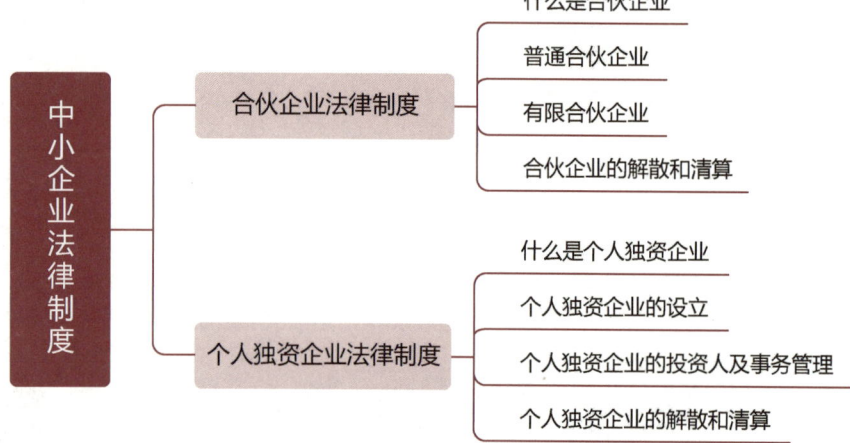

学习目标

1. 了解有限合伙企业的特殊规定
2. 了解个人独资企业的设立
3. 掌握普通合伙企业的合伙人财产份额转让规定
4. 掌握合伙企业的解散和清算
5. 具备契约精神，树立合作共赢意识

单元导入

中国式合伙制度

小米科技有限责任公司（简称小米科技）的创始人雷军凭借一首"Are You Ok"火遍全网，如今成为"流量王"，带领小米科技仅仅用了8年的时间就成为世界500强公司，为什么这么快就可以达到这样的高度？是因为小米科技实施了创业合伙人制度。2010年4月6日，小米科技正式成立前夕，雷军和其他13个人在北京市

思政故事

海淀区银谷大厦807室共同喝了一碗小米粥,这标志着小米的正式起步。其中包括除了雷军以外的三名联合创始人林斌、阿黎和KK,以及包括孙鹏在内的其他早期员工。小米科技的合伙人制度是一种独特的创新,被誉为新的"中国式合伙"制度。这种制度的特点是将企业的股东们转化为真正的事业合伙人,通过这种方式将公司的事业转化为全体员工的事业。小米的合伙人制度分为创业合伙人、事业合伙人、资本合伙人和生态合伙人,形成了企业合伙人股东的多元化机制。这种制度结合了企业在不同发展阶段时核心团队的需求和特征,同时也给予员工一定的选择权,因此得到了员工的认可。目前,小米科技在全球科技行业中占据优势地位,通过其创新的商业模式和战略布局,小米科技在全球市场上持续展现出强大的竞争力和增长潜力。这种以制度创新驱动技术创新的发展模式,为中国科技企业的全球化发展提供了鲜活样本。

任务一 合伙企业法律制度

一、什么是合伙企业

合伙是指两个以上的人为着共同目的,互相约定共同出资、共同经营、共享收益、共担风险的自愿联合。

合伙企业是指自然人、法人和其他组织依照《中华人民共和国合伙企业法》(简称《合伙企业法》)在中国境内设立的普通合伙企业和有限合伙企业。

二、普通合伙企业

(一)普通合伙企业的概念

普通合伙企业是指由普通合伙人组成,合伙人对合伙企业债务依法承担无限连带责任的一种合伙企业。普通合伙企业具有以下特点:

第一,由普通合伙人组成。所谓普通合伙人,是指在合伙企业中对合伙企业的债务依法承担无限连带责任的自然人、法人和其他组织。《合伙企业法》规定,国有独资公司、国有企业、上市公司以及公益性的事业单位、社会团体不得成为普通合伙人。

第二,合伙人对合伙企业债务依法承担无限连带责任,法律另有规定的除外。但是,在特殊情况下,合伙人可以不承担无限连带责任。

[小提示]

无限连带责任,是指投资人除承担企业债务分到自己名下的份额外,还需对企业其他投资人名下的债务份额承担连带性义务,即其他投资人名下的债务份额自己有义务代其偿还债务份额。

(二) 普通合伙企业的设立

1. 普通合伙企业的设立条件

根据《合伙企业法》的规定,设立普通合伙企业,应当具备下列条件:

(1) 有两个以上合伙人。合伙人为自然人的,应当具有完全民事行为能力。合伙企业合伙人至少为2人,对于合伙企业合伙人数的最高限额,我国《合伙企业法》未作规定,完全由设立人根据所设企业的具体情况决定。

关于合伙人的资格,《合伙企业法》作了以下限定:① 合伙人可以是自然人,也可以是法人或者其他组织。如何组成,除法律另有规定外不受限制。② 合伙人为自然人的,应当具有完全民事行为能力。无民事行为能力人和限制民事行为能力人不得成为合伙企业的合伙人。③ 国有独资公司、国有企业、上市公司以及公益性的事业单位、社会团体不得成为普通合伙人。

> [小练习 单选题]
>
> 根据《合伙企业法》规定,下列主体中,可以成为普通合伙企业合伙人的是( )。
> A. 天使慈善基金会　　　　B. 甲国有独资公司
> C. 乙公立大学　　　　　　D. 丙个人独资企业

(2) 有书面合伙协议。合伙协议是指由各合伙人通过协商,共同决定相互间的权利义务,达成的具有法律约束力的协议。合伙协议应当依法由全体合伙人协商一致,以书面形式订立。

合伙协议应当载明下列事项:① 合伙企业的名称和主要经营场所的地点。② 合伙目的和合伙经营范围。③ 合伙人的姓名或者名称、住所。④ 合伙人的出资方式、数额和缴付期限。⑤ 利润分配、亏损分担方式。⑥ 合伙事务的执行。⑦ 入伙与退伙。⑧ 争议解决办法。⑨ 合伙企业的解散与清算。⑩ 违约责任。

合伙协议经全体合伙人签名、盖章后生效。合伙人按照合伙协议享有权利,履行义务。修改或者补充合伙协议,应当经全体合伙人一致同意;但是,合伙协议另有约定的除外。

(3) 有合伙人认缴或者实际缴付的出资。合伙协议生效后,合伙人应当按照合伙协议的规定缴纳出资。合伙人可以用货币、实物、知识产权、土地使用权或者其他财产权利出资,也可以用劳务出资。合伙人的劳务出资形式是有别于公司出资形式的重要不同之处。合伙人以实物、知识产权、土地使用权或者其他财产权利出资,需要评估作价的,可以由全体合伙人协商确定,也可以由全体合伙人委托法定评估机构评估。合伙人以劳务出资的,其评估办法由全体合伙人协商确定,并在合伙协议中载明。

合伙人应当按照合伙协议约定的出资方式、数额和缴付期限履行出资义务。以非货币财产出资的,依照法律、行政法规的规定,需要办理财产权转移手续的,应当依法办理。

[小练习 多选题]
普通合伙企业中合伙人可以（　　　　）作为出资方式。
A. 货币　　　B. 著作权　　　C. 房屋　　　D. 劳务

（4）有合伙企业的名称和生产经营场所。普通合伙企业应当在其名称中标明"普通合伙"字样，其中，特殊的普通合伙企业应当在其名称中标明"特殊普通合伙"字样，合伙企业的名称必须和"合伙"联系起来，名称中必须有"合伙"二字。合伙企业名称中的组织形式可以直接使用"合伙企业"字样。

（5）法律、行政法规规定的其他条件。

[想一想]

李明、田军、陆涛是大学同学，毕业后准备创业成立一家普通合伙企业，三人订立了一份合伙协议，部分内容如下：① 李明的出资为现金 1 000 元和劳务作价 5 万元。② 田军的出资为现金 5 万元，于合伙企业成立后半年内交付。③ 陆涛的出资为作价 8 万元的房屋一栋，不办理财产权转移手续，且陆涛保留对该房屋的处分权。④ 合伙企业的经营期限，于合伙企业成立满 1 年时再协商确定。试分析该协议内容是否符合《合伙企业法》的规定？

2. 普通合伙企业的设立登记

合伙企业的设立登记程序如下。

（1）向企业登记机关提出申请。申请人提交下列相关文件：① 全体合伙人签署的登记申请书。② 全体合伙人的身份证明。③ 合伙协议书。④ 全体合伙人对各合伙人认缴或者实际缴付出资的确认书。⑤ 经营场所证明。⑥ 其他法定的证明文件。

此外，法律、行政法规规定设立合伙企业须经批准的，还应当提交有关批准文件。合伙协议约定或者全体合伙人决定，委托一个或者数个合伙人执行合伙事务的，还应当提交全体合伙人的委托书。

（2）企业登记机关核发营业执照。企业登记机关应当自收到申请登记文件之日起 20 日内，作出是否登记的决定。对符合《合伙企业法》规定条件的，予以登记，发给营业执照；对不符合《合伙企业法》规定条件的，不予登记，并应当给予书面答复，说明理由。

合伙企业的营业执照签发日期，为合伙企业的成立日期。合伙企业领取营业执照前，合伙人不得以合伙企业名义从事合伙业务。

合伙企业设立分支机构，应当向分支机构所在地的企业登记机关申请登记，领取营业执照。合伙企业登记事项发生变更的，执行合伙事务的合伙人应当自作出变更决定或者发生变更事由之日起 15 日内，向企业登记机关申请办理变更登记。

普通合伙企业的设立登记流程如图 3-1 所示。

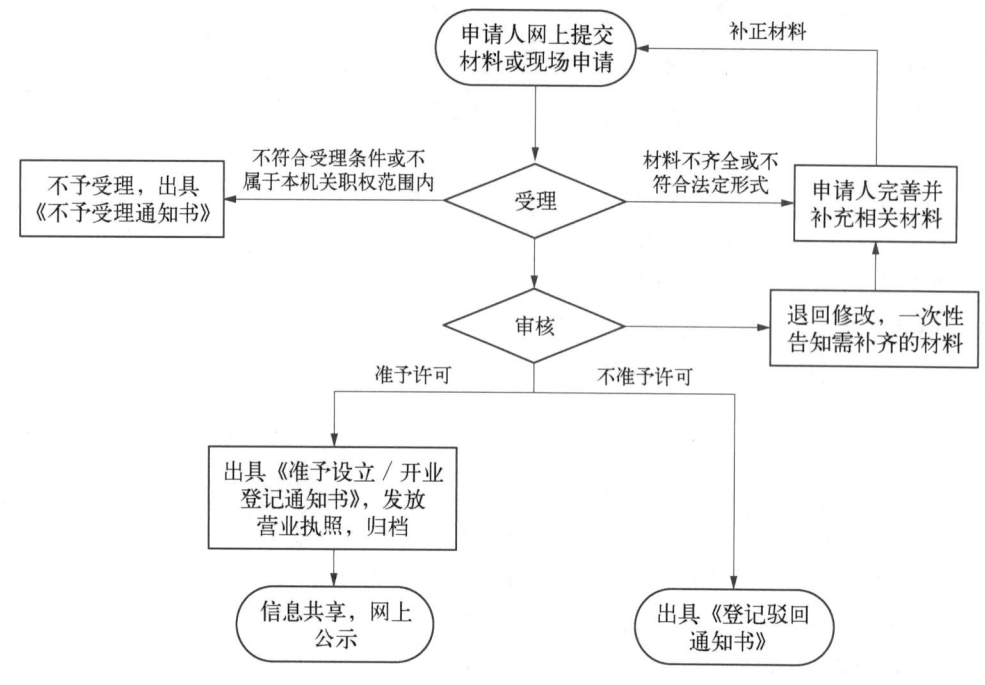

图 3-1 普通合伙企业的设立登记流程

（三）普通合伙企业财产

1. 合伙企业财产的构成

根据《合伙企业法》的规定，合伙人的出资、以合伙企业名义取得的收益和依法取得的其他财产，均为合伙企业的财产。从这一规定可以看出，合伙企业财产由以下三部分构成：

（1）合伙人的出资。《合伙企业法》规定，合伙人可以用货币、实物、知识产权、土地使用权或者其他财产权利出资，也可以用劳务出资。这些出资形成合伙企业的原始财产。需要注意的是，合伙企业的原始财产是全体合伙人"认缴"的财产，而非各合伙人"实际缴纳"的财产。

（2）以合伙企业名义取得的收益。合伙企业的收益在分配给合伙人之前，属于合伙企业的财产。合伙企业的收益主要包括：① 合伙企业的经营收入。② 以合伙企业名义购置的动产和不动产。③ 以合伙企业名义取得的专利权、商标权及其他财产权。

（3）依法取得的其他财产。即根据法律、行政法规的规定合法取得的其他财产，如合法接受的赠与财产等。

2. 合伙人财产份额的转让

合伙人财产份额的转让，是指合伙企业的合伙人向他人转让其在合伙企业中的全部或者部分财产份额的行为。合伙人财产份额的转让将会影响到合伙企业以及各合伙人的切身利益，因此，《合伙企业法》对合伙人财产份额的转让作了以下限制性规定。

（1）除合伙协议另有约定外，合伙人向合伙人以外的人转让其在合伙企业中的全部或者部分财产份额时,须经其他合伙人一致同意。这一规定适用于合伙人财产份额的外部转让,即合伙人把其在合伙企业中的全部或者部分财产份额转让给合伙人以外的第三人的行为。

(2) 合伙人之间转让在合伙企业中的全部或者部分财产份额时,应当通知其他合伙人。这规定适用于合伙人财产份额的内部转让,即合伙人将其在合伙企业中的全部或者部分财产份额转让给其他合伙人的行为。合伙人财产份额的内部转让因不涉及合伙人以外的人参加,合伙企业存续的基础没有发生实质性变更,因此不需要经过其他合伙人一致同意,只需要通知其他合伙人即可产生法律效力。

(3) 合伙人向合伙人以外的人转让其在合伙企业中的财产份额的,在同等条件下,其他合伙人有优先购买权;但是,合伙协议另有约定的除外。

> [小提示]
> 优先购买权,是指在合伙人转让其财产份额时,在多数人接受转让的情况下,其他合伙人基于同等条件可优先于非合伙人购买的权利。优先购买权的发生存在两个前提:一是合伙人财产份额的转让没有约定的转让条件、转让范围限制。即合伙协议没有"另有约定"或另外的限制,否则应依约定或限制办理。二是优先受让的前提是同等条件。同等条件,主要指受让价格条件,当然也包括其他条件。该规定的目的在于维护合伙企业现有合伙人的利益,维护合伙企业在现有基础上的稳定。

> [想一想]
> 2024年5月1日,郑某、丁某、马某分别出资40 000元设立了普通合伙企业。10月10日,郑某拟将自己在合伙企业的财产份额的50%按10 000元转让。郑某通知丁某、马某后,丁某表示愿意以8 000元购买,马某未表态。10月20日,郑某的好友齐某知道后,愿意以10 000元购买该股份,马某得知以后,也愿意以10 000元购买该股份。该合伙企业的合伙协议对合伙人转让财产份额未作特别约定。请思考郑某应该将财产份额转让给谁?

3. 合伙人财产份额的出质

合伙人财产份额的出质,是指合伙人将其在合伙企业中的财产份额作为质押物来担保债权人债权实现的行为。合伙人以其在合伙企业中的财产份额出质的,须经其他合伙人一致同意;因为合伙人一旦将其财产份额设立质押,就有可能发生基于质权人行使质权导致被质押的财产份额发生权利转移的情形,这样必然影响合伙企业和其他合伙人的利益。如果未经其他合伙人一致同意,其行为无效,由此给善意第三人造成损失的,由行为人依法承担赔偿责任。

(四) 普通合伙企业事务执行和管理

1. 合伙事务执行的形式

合伙人执行合伙企业事务有两种形式。

1)由全体合伙人共同执行合伙企业事务

这是合伙企业事务执行的基本形式,也是最常使用的一种形式。在采取这种形式的合伙企业中,按照合伙协议的约定,各个合伙人都直接参与经营,处理合伙企业的事务,对外代表合伙企业。

2)委托一名或数名合伙人执行合伙企业事务

这是由合伙协议约定或者全体合伙人决定委托一名或者数名合伙人执行合伙企业事务,对外代表合伙企业。未接受委托执行合伙企业事务的其他合伙人,不再执行合伙企业的事务。

根据《合伙企业法》的规定,合伙企业的下列事务必须经全体合伙人一致同意:

(1)处分合伙企业的不动产。

(2)改变合伙企业名称。

(3)转让或者处分合伙企业的知识产权和其他财产权利。

(4)向企业登记机关申请办理变更登记手续。

(5)以合伙企业名义为他人提供担保。

(6)聘任合伙人以外的人担任合伙企业的经营管理人员。

(7)依照合伙协议约定的有关事项。

全体合伙人对合伙企业有关事项做出决议时,除《合伙企业法》另有规定或者合伙协议中另有约定外,一般实行一人一票的表决办法。

[想一想]

甲、乙、丙三人成立一普通合伙企业,共同委托甲做负责人并管理合伙企业的日常事务。甲在执行企业事务时,由于事情比较多,叫来了自己的弟弟帮忙,一起管理企业事务。请问甲的行为是否符合法律规定?

2. 合伙人在执行合伙事务中的权利和义务

1)合伙人在执行合伙事务中的权利

根据《合伙企业法》规定,合伙人在执行合伙事务中的权利主要包括以下内容:

(1)合伙人平等享有合伙事务执行权。

(2)执行合伙事务的合伙人对外代表合伙企业。

(3)不参加执行事务的合伙人有权监督执行事务的合伙人,检查其执行合伙企业事务的情况。

(4)各合伙人有权查阅合伙企业的账簿和其他有关文件。

(5)合伙人有提出异议权和撤销委托执行事务权。

在合伙人分别执行合伙事务的情况下,执行合伙事务的合伙人的行为所产生的亏损和责任要由全体合伙人承担。因此,《合伙企业法》规定,经合伙协议约定或者经全体合伙人决定,合伙人分别执行合伙企业事务时,合伙人可以对其他合伙人执行的事务提出异议。提出异议时,应暂停该项事务的执行。如果发生争议,可由全体合伙人依照《合伙企业法》关于合伙人对合伙企业有关事项决议程序的规定决定。被委托执行合伙事务的合伙人不按照合伙协议或者全体合伙人的决定执行事务的,其他合伙人可以决定撤销该委托。

2) 合伙人在执行合伙事务中的义务

根据《合伙企业法》的规定,合伙人在执行合伙事务中的义务主要包括以下内容:

(1) 由一名或者数名合伙人执行合伙企业事务的,应当依照约定向其他不参与执行事务的合伙人报告事务执行情况以及合伙企业的经营状况和财务状况。

(2) 合伙人不得自营或者同他人合作经营与本合伙企业相竞争的业务。

(3) 除合伙协议另有约定或者经全体合伙人同意外,合伙人不得同本企业进行交易。

(4) 合伙人不得从事损害本合伙企业利益的活动。

3. 合伙企业的损益分配

1) 合伙损益分配原则

合伙损益是指合伙企业的利润或亏损。对合伙损益分配原则,《合伙企业法》作了规定,主要内容为:

(1) 合伙企业的利润分配、亏损分担,按照合伙协议的约定办理;合伙协议未约定或者约定不明确的,由合伙人协商决定;协商不成的,由合伙人按照实缴出资比例分配、分担;无法确定出资比例的,由合伙人平均分配、分担。

(2) 合伙协议不得约定将全部利润分配给部分合伙人或者由部分合伙人承担全部亏损。

2) 合伙损益分配具体形式

合伙企业年度或者一定时期的利润分配或者亏损分担的具体方案,由全体合伙人协商决定或者按照合伙协议约定的办法决定。

[小练习 多选题]

甲、乙、丙设立一普通合伙企业,合伙协议约定损益的分配和分担比例为4∶3∶3。该企业欠丁10万元,企业财产已经无力清偿。下列选项中正确的有(　　　　)。

A. 丁可以要求甲、乙、丙分别清偿2万元、1.5万元、1.5万元
B. 丁可以要求甲、乙分别清偿2万元、3万元
C. 丁可以要求甲清偿5万元
D. 若甲自己清偿5万元,可以向乙丙分别追偿1.5万元

4. 聘任合伙人以外人员参与经营管理

经全体合伙人同意,合伙企业可以聘任合伙人以外的人担任合伙企业的经营管理人员。被聘任的合伙企业的经营管理人员应当在合伙企业授权范围内履行职责。超越合伙企业授权范围从事经营活动的,或者因故意或者重大过失,给合伙企业造成损失的,依法承担赔偿责任。

5. 合伙企业的对外代表

根据《合伙企业法》的规定,执行合伙企业事务的合伙人,对外代表合伙企业。

（五）普通合伙企业的入伙与退伙

1. 入伙

入伙是指在合伙企业存续期间，合伙人以外的第三人加入合伙，取得合伙人资格。新合伙人入伙时，应当经全体合伙人同意，并依法订立书面入伙协议。订立入伙协议时，原合伙人应当向新合伙人告知原合伙企业的经营状况和财务状况。入伙的新合伙人与原合伙人享有同等权利，承担同等责任。入伙协议另有约定的，从其约定。入伙的新合伙人对入伙前合伙企业的债务承担连带责任。

2. 退伙

退伙是指合伙人退出合伙企业，从而丧失合伙人资格。合伙人退伙有以下两种方式：

1）自愿退伙

自愿退伙指合伙人基于自愿的意思表示而退伙，又可以分为协议退伙和通知退伙两种情况。

（1）协议退伙。合伙协议约定了合伙期限的，在合伙企业存续期间，有下列情形之一的，合伙人可以退伙：合伙协议约定的退伙事由出现；经全体合伙人一致同意；发生合伙人难以继续参加合伙的事由；其他合伙人严重违反合伙协议约定的义务。

（2）通知退伙。合伙协议未约定合伙期限的，合伙人在不给合伙企业事务执行造成不利影响的情况下，可以退伙，但应该提前30日通知其他合伙人。

> [小提示]
> 通知退伙是合伙协议未约定合伙期限，协议退伙是合伙协议约定了合伙期限，在存续期内出现退伙事由。

2）法定退伙

法定退伙指合伙人因出现法律规定的事由而退伙。法定退伙也分为当然退伙和除名退伙两类。

（1）当然退伙。当然退伙是指合伙人死亡、丧失民事行为能力或被人民法院强制执行在合伙企业中的全部财产份额等情况。当然退伙以法定事由实际发生之日为退伙生效日。

> [小提示]
> 合伙人被依法认定为无民事行为能力人或者限制民事行为能力人的，经其他合伙人一致同意，可以依法转为有限合伙人，普通合伙企业依法转为有限合伙企业。其他合伙人未能一致同意的，该民事行为能力或者限制民事行为能力的合伙人退伙。

（2）除名退伙。除名退伙是指经其他合伙人一致同意，可以决议将其除名：① 未履行出资义务。② 因故意或者重大过失给合伙企业造成损失。③ 执行合伙企业事务时有不正当行为。④ 违背合伙协议约定的其他事由。

对合伙人的除名决议应当书面通知被除名人，被除名人对除名决议有异议的，可以在接到除名通知之日起 30 日内，向人民法院起诉。

合伙人退伙以后，并不能解除对于合伙企业既往债务的连带责任。根据《合伙企业法》的规定，退伙人对其退伙前已发生的合伙企业债务，与其他合伙人承担连带责任。

> [小练习 多选题]
>
> 根据合伙企业法律制度的规定，下列各项中，属于普通合伙企业合伙人当然退伙的情形有（　　　　）。
> A. 因重大过失给合伙企业造成损失　　B. 法人合伙人被吊销营业执照
> C. 个人丧失偿债能力　　　　　　　　D. 自然人合伙人被宣告死亡

（六）特殊的普通合伙企业

1. 特殊的普通合伙企业的概念

特殊的普通合伙企业，是指以专业知识和专门技能为客户提供有偿服务的专业服务机构。特殊的普通合伙企业名称中应当标明"特殊普通合伙"字样。例如会计师事务所、律师事务所、评估师事务所、建筑师事务所等。

2. 特殊的普通合伙企业的责任承担

一个合伙人或者数个合伙人在执业活动中因故意或者重大过失造成合伙企业债务的，应当承担无限责任或者无限连带责任，其他合伙人以其在合伙企业中的财产份额为限承担责任。合伙人在执业活动中非因故意或者重大过失造成的合伙企业债务以及合伙企业的其他债务，由全体合伙人承担无限连带责任。

3. 特殊的普通合伙企业的责任追偿

合伙人执业活动中因故意或者重大过失造成的合伙企业债务，以合伙企业财产对外承担责任后，该合伙人应当按照合伙协议的约定对给合伙企业造成的损失承担赔偿责任。

4. 特殊的普通合伙企业的执业风险防范

特殊的普通合伙企业应当建立执业风险基金，办理职业保险。

执业风险基金主要是指为了化解经营风险，特殊的普通合伙企业从其经营收益中提取相应比例的资金留存或者根据相关规定上缴至指定机构所形成的资金。执业风险基金用于偿付合伙人执业活动造成的债务。执业风险基金应当单独立户管理。

办理职业保险，即办理职业责任保险，是指承保各种专业技术人员因工作上的过失或者疏忽大意所造成的合同一方或者他人的人身伤害或者财产损失的经济赔偿责任的保险。

> [读一读]
>
> **从"小白"到会计师事务所合伙人的追梦之路**
>
> "在还没入行之前，我就了解到，注册会计师行业是非常专业的行业，可以充分利用自己的专业知识服务客户、解决问题，有清晰的职业规划路径和明确的职业发展目标去努力奋斗。"第21届全国青年岗位能手、天职国际会计师事务所合伙人、沈阳分所所长申旭在接受《中国会计报》记者采访时说。

申旭 2012 年加入天职国际会计师事务所,从事过财务、审计,也做过管理咨询等相关工作。工作很难很累,但是他并没有放弃提升自己,考取了注册会计师。短短几年,就从"小白"成长为一名有丰富的审计项目管理、财务及税务筹划、企业并购经验的职业人。他服务的企业中,有多家大型的中央企业和国企集团、超过 20 家已上市公司和拟上市企业。

申旭的个人成长受益于注册会计师行业的快速发展。他立足本职工作,遵守职业道德,勇于接受挑战,从一名"无知无畏"的行业新兵逐步成长为"谨言慎行"的行业中坚力量。专业是立身之本。申旭凭借过硬的专业本领,以实际行动为企业投资和融资、上市及合规等提供专业的服务意见,在不断磨炼中既踩实了自己职业生涯的每一个台阶,也为国家实体经济发展贡献了自己的力量。

来源:中国注册会计师协会《中国会计报》:《以党建为引以专业立身——记第 21 届全国青年岗位能手申旭》

三、有限合伙企业

(一)有限合伙企业的概念

有限合伙企业,是指由有限合伙人和普通合伙人共同组成,普通合伙人对合伙企业债务承担无限连带责任,有限合伙人以其认缴的出资额为限对合伙企业债务承担责任的合伙组织。

(二)有限合伙企业的法律适用

有限合伙企业与普通合伙企业之间既有相同点,也有差异处,其中两者的差别主要表现在合伙企业的内部构造上。普通合伙企业的成员均为普通合伙人(特殊的普通合伙企业除外),而有限合伙企业的成员则被划分为两部分,即有限合伙人和普通合伙人。

(三)有限合伙企业设立的特殊规定

1. 有限合伙企业的合伙人

有限合伙企业由 2 个以上 50 个以下合伙人设立,法律另有规定的除外。有限合伙企业至少应当有 1 个普通合伙人。

> [小提示]
>
> 按照规定,自然人、法人和其他组织可以依照法律规定设立有限合伙企业,但国有独资公司、国有企业、上市公司以及公益性的事业单位、社会团体不得成为有限合伙企业的普通合伙人,但可以成为有限合伙人。

2. 有限合伙企业名称和生产经营场所

有限合伙企业名称中应当标明"有限合伙"字样。按照企业名称登记管理的有关规定,企业名称中应当含有企业的组织形式。为便于社会公众以及交易相对人对有限合伙企业的了解,有限合伙企业名称中应当标明"有限合伙"的字样,而不能标明"普通合伙""特殊普通合伙""有限公司""有限责任公司"等字样。有限合伙企业要有生产经营场所,以便开展生产经营活动。

3. 有限合伙企业协议

有限合伙企业协议是有限合伙企业生产经营的重要法律文件。有限合伙企业协议除符合普通合伙企业合伙协议的规定外,还应当载明下列事项:

(1) 普通合伙人和有限合伙人的姓名或者名称、住所。
(2) 执行事务合伙人应具备的条件和选择程序。
(3) 执行事务合伙人权限与违约处理办法。
(4) 执行事务合伙人的除名条件和更换程序。
(5) 有限合伙人入伙、退伙的条件、程序以及相关责任。
(6) 有限合伙人和普通合伙人相互转变程序。

4. 有限合伙人出资形式

有限合伙人可以用货币、实物、知识产权、土地使用权或者其他财产权利作价出资。有限合伙人不得以劳务出资。

5. 有限合伙人出资义务

有限合伙人应当按照合伙协议的约定按期足额缴纳出资,未按期足额缴纳的,应当承担补缴义务,并对其他合伙人承担违约责任。

6. 有限合伙企业登记事项

有限合伙企业登记事项中应当载明有限合伙人的姓名或者名称及认缴的出资数额。

7. 法律、行政法规规定的其他条件

有限合伙企业登记事项中应当载明法律、行政法规规定的其他相关条件。

[想一想]
> 甲是一国有企业,乙是一合伙企业,丙是一自然人,现在拟共同投资设立一合伙企业。请思考根据《合伙企业法》的规定,他们是选择设普通合伙企业还是设有限合伙企业呢?说说理由。

(四) 有限合伙企业事务执行的特殊规定

1. 有限合伙企业事务执行人

《合伙企业法》规定,有限合伙企业由普通合伙人执行合伙事务。合伙事务执行人除享有一般合伙人相同的权利外,还有接受其他合伙人的监督和检查、谨慎执行合伙事务的义务,若因自己过错造成合伙财产损失的,应向合伙企业或其他合伙人负赔偿责任。

2. 禁止有限合伙人执行合伙事务

有限合伙人不执行合伙事务,不得对外代表有限合伙企业。但有限合伙人的下列行为,不视为执行合伙事务:

(1) 参与决定普通合伙人入伙、退伙。
(2) 对企业的经营管理提出建议。

(3) 参与选择承办有限合伙企业审计业务的会计师事务所。
(4) 获取经审计的有限合伙企业财务会计报告。
(5) 对涉及自身利益的情况,查阅有限合伙企业财务会计账簿等财务资料。
(6) 在有限合伙企业中的利益受到侵害时,向有责任的合伙人主张权利或者提起诉讼。
(7) 执行事务合伙人怠于行使权利时,督促其行使权利或者为了本企业的利益以自己的名义提起诉讼。
(8) 依法为本企业提供担保。

3. 有限合伙企业利润分配

有限合伙企业不得将全部利润分配给部分合伙人;但是合伙协议另有约定的除外。

4. 有限合伙人权利

(1) 有限合伙人可以同本企业进行交易。但是,合伙协议另有约定的除外。
(2) 有限合伙人可以经营与本企业相竞争的业务。《合伙企业法》规定,有限合伙人可以自营或者同他人合作经营与本有限合伙企业相竞争的业务;但是,合伙协议另有约定的除外。

[小提示]

有限合伙人不参与有限合伙企业事务的执行,对有限合伙企业的对外交易行为,不能直接或间接控制,其与本有限合伙企业进行交易时,一般不会损害有限合伙企业的利益。

(五) 有限合伙人财产份额出质与转让的特殊规定

1. 有限合伙人财产份额出质

有限合伙人可以将其在有限合伙企业中的财产份额出质,合伙协议另有约定的除外。所谓有限合伙人将其在有限合伙企业中的财产份额出质,是指有限合伙人以其在合伙企业中的财产份额对外进行权利质押。

2. 有限合伙人财产份额转让

有限合伙人可以按照合伙协议的约定向合伙人以外的人转让其在有限合伙企业中的财产份额,但应当提前30日通知其他合伙人。

[想一想]

普通合伙人和有限合伙人在进行财产份额出质及财产份额转让时的规定有什么不同?为什么?

(六) 有限合伙人债务清偿的特殊规定

《合伙企业法》规定,有限合伙人的自有财产不足清偿其与合伙企业无关的债务的,该合伙人可以以其从有限合伙企业中分取的收益用于清偿;债权人也可以依法请求人民法院强制执行该合伙人在有限合伙企业中的财产份额用于清偿。人民法院强制执行的有限合伙人的财产份额时,应当通知全体合伙人。在同等条件下,其他合伙人有优先购买权。

> [想一想]
> 李某、王某、林某和郑某于2022年12月共同出资设立甲有限合伙企业,合伙协议约定:李某为普通合伙人,王某、林某、郑某为有限合伙人;李某执行合伙事务。合伙协议对有限合伙人的权利未做限制性约定。2024年1月,王某未经其他合伙人同意,将其在甲企业中的财产份额出质给乙商业银行,借款30万元。试问王某在甲企业中的财产份额出质给乙商业银行是否合法?2024年3月,李某发现林某投资了一家企业,从事与甲企业同类的业务,挤占了甲企业的市场份额。李某要求林某不得从事与甲企业相竞争的业务,遭到了林某的拒绝。李某要求林某不得从事与甲企业相竞争的业务是否合法?

(七) 有限合伙企业入伙与退伙的特殊规定

1. 入伙

《合伙企业法》规定,新入伙的有限合伙人对入伙前有限合伙企业的债务,以其认缴的出资额为限承担责任。而在普通合伙企业中,新入伙的合伙人对入伙前合伙企业的债务承担连带责任。

2. 退伙

1) 有限合伙人当然退伙

《合伙企业法》规定,有限合伙人出现下列情形之一时当然退伙:

(1) 作为合伙人的自然人死亡或者被依法宣告死亡。

(2) 作为合伙人的法人或者其他组织依法被吊销营业执照、责令关闭、撤销,或者被宣告破产。

(3) 法律规定或者合伙企业约定合伙人必须具有相关资格而丧失该资格。

(4) 合伙人在合伙企业中的全部财产份额被人民法院强制执行。

2) 有限合伙人丧失民事行为能力的处理

《合伙企业法》规定,作为有限合伙人的自然人在有限合伙企业存续期间丧失民事行为能力的,其他合伙人不得因此请求其退伙。

> [小提示]
> 有限合伙人对合伙企业不执行事务,因此当其丧失民事行为能力时,不影响有限合伙企业的正常生产经营活动,因此,有限合伙人丧失民事行为能力,其他合伙人不能要求其退伙。

3) 有限合伙人继承人的权利

作为有限合伙人的自然人死亡、被依法宣告死亡或者作为有限合伙人的法人以及其他组织终止时,其继承人或者权利承受人可以依法取得该有限合伙人在有限合伙企业中的资格。

4）有限合伙企业退伙后的责任承担

有限合伙人退伙后，对基于其退伙前的原因发生的有限合伙企业债务，以其退伙时从有限合伙企业中取回的财产承担责任。

[读一读]

揭秘"茶颜悦色"股权架构调整

茶颜悦色作为是"新中式茶饮"的代表，是长沙这个美食之都的一张商业名片。它目前的发展分为三个阶段。第一阶段：初创期。2017年9月5日，茶颜悦色的主体公司长沙茶悦生活餐饮管理有限公司（简称茶颜悦色或公司）成立，注册资本为50万元，创始股东仅有吕良、孙孝菊2人，其中吕良出资49.5万元，持股99%；孙孝菊出资0.5万元，持股1%。第二阶段：发展期。2017年12月，公司迎来了第一次股改，注册资本由50万元，增加到200万元，将自然人控股变更为有限合伙人持股平台，吸纳了亲朋好友作为持股平台的新股东，公司股东由吕良、孙孝菊变更为长沙幽兰管理咨询合伙企业（有限合伙）、长沙等等管理咨询合伙企业（有限合伙）、长沙菊英良品牌策划有限公司。第三轮：成长期。公司引入天使轮融资和A轮融资。2021年1月7日，公司正式更名为湖南茶悦文化产业发展集团有限公司，为进一步发展壮大做好准备。

茶颜悦色起初仅为自然人控股的有限责任公司，如果随着多轮融资的开展，股权必定会被稀释，创始人对公司的控制权必然会受到比较大的影响。因此，茶颜悦色为创始人搭建有限合伙平台，创始人通过直接控制有限合伙企业，以及相互关联的有限合伙平台之间建立一致行动人关系，进而间接控制茶颜悦色。初期，公司是自然人作为公司股东，分红后需要承担企业所得税和个人所得税的双重税负，而如设置合伙企业，其无需缴纳企业所得税，因此，第二阶段搭建有限合伙平台，减少税负支出。

来源：搜狐网《从奶茶连锁茶颜悦色股权变迁，看企业从初创到上市的顶层架构设计！》

四、合伙企业的解散和清算

（一）合伙企业的解散

合伙企业的解散是指各合伙人解除合伙协议，合伙企业终止活动。根据《合伙企业法》的规定，合伙企业有下列情形之一的，应当解散：合伙期限届满，合伙人决定不再经营；合伙协议约定的解散事由出现；全体合伙人决定解散；合伙人已不具备法定人数满30天；合伙协议约定的合伙目的已经实现或者无法实现；依法被吊销营业执照、责令关闭或者被撤销；法律、行政法规规定的其他原因。

（二）合伙企业的清算

合伙企业解散后应当进行清算。《合伙企业法》对合伙企业清算作了以下几方面的规定。

1. 确定清算人

合伙企业解散,应当由清算人进行清算。清算人由全体合伙人担任;经全体合伙人过半数同意,可以自合伙企业解散事由出现后 15 日内指定一个或者数个合伙人,或者委托第三人担任清算人。自合伙企业解散事由出现之日起 15 日内未确定清算人的,合伙人或者其他利害关系人可以申请人民法院指定清算人。

2. 清算人职责

清算人在清算期间执行下列事务:

(1) 清理合伙企业财产,分别编制资产负债表和财产清单。

(2) 处理与清算有关的合伙企业未了结事务。

(3) 清缴所欠税款。

(4) 清理债权、债务。

(5) 处理合伙企业清偿债务后的剩余财产。

(6) 代表合伙企业参加诉讼或者仲裁活动。

3. 通知和公告债权人

清算人自被确定之日起 10 日内将合伙企业解散事项通知债权人,并于 60 日内在报纸上公告。债权人应当自接到通知书之日起 30 日内,未接到通知书的自公告之日起 45 日内,向清算人申报债权。债权人申报债权,应当说明债权的有关事项并提供证明材料。清算人应当对债权进行登记。清算期间,合伙企业存续,但不得开展与清算无关的经营活动。

4. 财产清偿顺序

合伙企业财产在支付清算费用和职工工资、社会保险费用、法定补偿金以及缴纳所欠税款、清偿债务后的剩余财产,依照《合伙企业法》关于利润分配和亏损分担进行分配。

合伙企业财产清偿问题主要包括以下三方面的内容:

(1) 合伙企业的财产首先用于支付合伙企业的清算费用。清算费用包括:① 管理合伙企业财产的费用,如仓储费、保管费、保险费等。② 处分合伙企业财产的费用,如聘任工作人员的费用等。③ 清算过程中的其他费用,如通告债权人的费用;调查债权的费用、咨询费用、诉讼费用等。

(2) 合伙企业的财产支付合伙企业的清算费用后的清偿顺序如下:合伙企业职工工资、社会保险费用和法定补偿金;缴纳所欠税款;清偿债务。其中,法定补偿金主要是指法律、行政法规和规章所规定的应当支付给职工的补偿金,如《劳动合同法》规定的解除劳动合同的经济补偿等。

(3) 分配财产。合伙企业财产依法清偿后仍有剩余时,对剩余财产依照《合伙企业法》的规定进行分配,即按照合伙协议的约定办理;合伙协议未约定或者约定不明确的,由合伙人协商决定;协商不成,由合伙人按照实缴出资比例分配;无法确定出资比例的,由合伙人平均分配。

5. 清算结束后的处理

清算结束,清算人应当编制清算报告,经全体合伙人签名、盖章后,在 15 日内向企业登记机关报送清算报告,申请办理合伙企业注销登记。经企业登记机关注销登记,合伙企业终止。普通合伙企业和有限合伙企业的注销登记办理流程分别如图 3-2 和图 3-3 所示。合伙企业注销后,原普通合伙人对合伙企业存续期间的债务仍应承担无限连带责任。

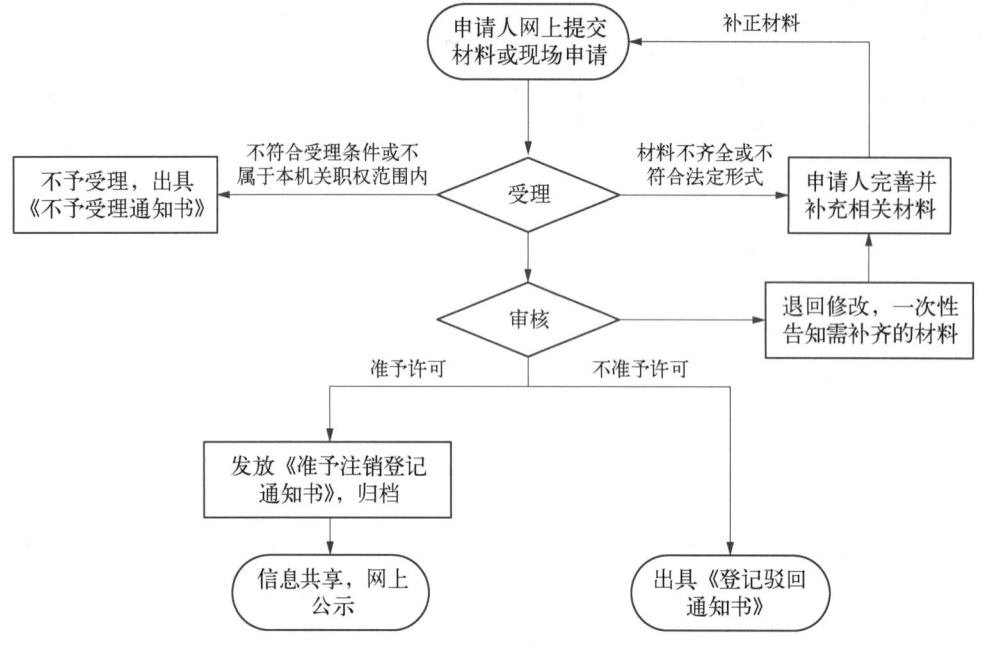

图 3-2 普通合伙企业注销登记办理流程

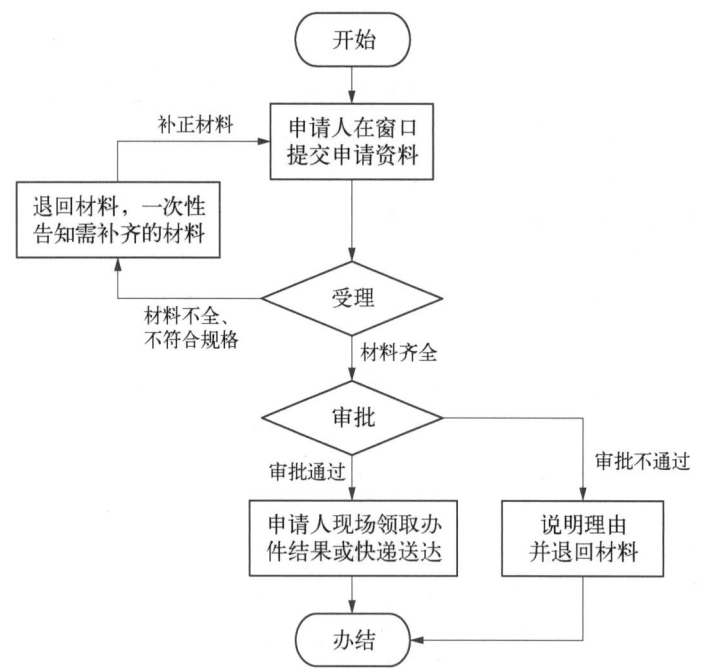

图 3-3 有限合伙企业注销登记办理流程

合伙企业不能清偿到期债务的,债权人可以依法向人民法院提出破产清算申请,也可以要求普通合伙人清偿。合伙企业依法被宣告破产的,普通合伙人对合伙企业债务仍应承担无限连带责任。

任务二　个人独资企业法律制度

一、什么是个人独资企业

个人独资企业是指依照《中华人民共和国个人独资企业法》(简称《个人独资企业法》)在中国境内设立,由一个自然人投资,财产为投资个人所有,投资人以其个人财产对企业债务承担无限责任的经营实体。

二、个人独资企业的设立

(一) 个人独资企业的设立条件

《个人独资企业法》规定,设立个人独资企业应当具备下列条件:

(1) 投资人为一个自然人。作为投资人的自然人,应满足的条件是:① 具有中国国籍。② 具有完全民事行为能力。③ 不属于法律、行政法规禁止从事营利性活动的人。例如,国家公务员、党政机关领导干部、法官、检察官等,不得作为投资人申请设立个人独资企业。

> [想一想]
> 李彬刚从某国企辞职,经济独立于父母。2024 年 3 月,李彬准备创业,成立一家个人独资企业,李彬在当地工商行政管理机关进行注册。后来,由于经营不善,企业连年亏损。想一想,李彬是否可以设立个人独资企业?

(2) 有合法的企业名称。个人独资企业的名称应当符合国家关于企业名称登记管理的有关规定,企业名称应与其责任形式及从事的营业相符合,名称中不得使用"有限""有限责任"或者"公司"字样。

(3) 有投资人申报的出资。设立个人独资企业可以用货币出资,也可以用实物、土地使用权、知识产权或者其他财产权利出资。采取实物、土地使用权、知识产权或者其他财产权利出资的,应将其折算成货币数额。投资人申报的出资额应当与企业的生产经营规模相适应。投资人可以个人财产出资,也可以家庭共有财产作为个人出资。以家庭共有财产作为个人出资的,投资人应当在设立(变更)登记书上予以注明。

(4) 有固定的生产经营场所和必要的生产经营条件。生产经营场所包括企业的住所和与生产经营相适应的处所。住所是企业的主要办事机构所在地,是企业的法定地址。从事临时经营、季节性经营、流动经营和没有固定门面的经营摆摊,不得登记为个人独资企业。

(5) 有必要的从业人员。个人独资企业要有与其生产经营范围、规模相适应的从业人员。

> [小练习 多选题]
> 根据《个人独资企业法》的规定,下列事项中,不属于个人独资企业设立的必备条件的有(　　)。

A. 投资人需具备有完全民事行为能力　B. 投资人只能是自然人
C. 须有企业章程　　　　　　　　　　D. 有符合规定的法定最低注册资本

(二) 个人独资企业的设立程序

1. 提出申请

申请设立个人独资企业,应当由投资人或者其委托的代理人向个人独资企业所在地的工商登记机关提交设立申请书、投资人身份证明、生产经营场所使用证明文件等。委托代理人申请设立登记时,应当出具投资人的委托书和代理人的合法证明。

个人独资企业设立申请书应当载明下列事项:

(1) 企业的名称和住所。
(2) 投资人的姓名和居所。
(3) 投资人的出资额和出资方式。
(4) 经营范围。

2. 市场主体登记

登记机关应当在收到设立申请文件之日起 15 日内,对符合法律规定条件的,予以登记,发给营业执照;对不符合法律规定条件的,不予登记,并应当给与书面答复,说明理由。

个人独资企业的营业执照签发日期,为个人独资企业成立日期。在领取个人独资企业营业执照前,投资人不得以个人独资企业名义从事经营活动。

3. 分支机构登记

个人独资企业设立分支机构,应当由投资人或者由委托的代理人向分支机构所在地的登记机关申请登记,领取营业执照。分支机构经核准登记后,应将登记情况报该分支机构隶属的个人独资企业的登记机关备案。分支机构的民事责任由设立该分支机构的个人独资企业承担。

4. 变更登记

个人独资企业存续期间登记事项发生变更的,应当在作出变更、决定之日起的 15 日内依法向登记机关办理变更登记。

[读一读]

开"工作室"而不是开"公司"

当下,越来越多的人创业选择开设自己的工作室,这是为什么呢? 因为大部分"工作室"登记为个人独资企业,不属于"公司"。"公司"要缴纳企业所得税,税率为25%。除此以外,公司股东分红还要缴税,股东如果是公司,缴纳25%企业所得税;股东如果是个人,缴纳20%个人所得税(从上市公司获得分红,个人所得税税率为10%)。而"个人独资企业"只要缴纳个人所得税,根据利润不同,税率为5%~35%不等。"核定征收"大大降低了应税利润额,核定后综合税率为3%~5%,甚至更低。在合法、合理的条件下,个人独资企业可以节省税收。

三、个人独资企业的投资人及事务管理

(一) 投资人的权利和责任

个人独资企业投资人对本企业的财产依法享有所有权,其有关权利可以依法进行转让或继承。

个人独资企业投资人在申请企业设立登记时明确以其家庭共有财产作为个人出资的,应当依法以家庭共有财产对企业债务承担无限责任。

(二) 个人独资企业的权利和义务

1. 个人独资企业的权利

(1) 个人独资企业可以依法申请贷款、取得土地使用权,并享有法律行政法规规定的其他权利。

(2) 个人独资企业有权拒绝摊派。任何单位和个人不得违反法律、法规,以任何方式强制个人独资企业提供财力、物力、人力。

2. 个人独资企业的义务

(1) 个人独资企业应依法设置会计账簿,进行会计核算。

(2) 个人独资企业招用职工应依法签订劳动合同;保障职工的劳动安全;按时、足额发放职工工资;按规定参加社会保险,为职工缴纳保险。

(三) 个人独资企业的事务管理

个人独资企业投资人可以自行管理企业事务,也可以委托或者聘用其他具有民事行为能力的人负责企业的事务管理。投资人委托或者聘用他人管理个人独资企业事务,应当与受托人或者被聘用的人签订书面合同。

(四) 个人独资企业与个体工商户的区别

1. 出资人不同

个人独资企业的出资人只能是一个自然人;个体工商户既可以由一个自然人出资设立,也可以由家庭共同出资设立。

2. 承担责任的财产范围不同

个人独资企业的出资人在一般情况下仅以其个人财产对企业债务承担无限责任,只是在企业设立登记时明确以家庭共有财产作为个人出资的才依法以家庭共有财产对企业债务承担无限责任;根据《民法典》第56条规定,个体工商户的债务如属个人经营的,以个人财产承担;家庭经营的,则以家庭财产承担;无法区分的,以家庭财产承担。

3. 适用的法律不同

个人独资企业依照《个人独资企业法》设立,个体工商户依照《民法典》《个体工商户条例》的规定设立。

4. 法律地位不同

个人独资企业是经营实体,是一种企业组织形态;个体工商户则不采用企业形式。区分二者的关键在于是否进行了独资企业登记,并领取独资企业营业执照。

[小提示]

个人独资企业、个体户、一人有限公司区别如表3-1所示。

表3-1 个人独资企业、个体户、一人有限公司区别

项目	个人独资企业	个体户	一人有限公司
法律身份	非独立法人资格	非独立法人资格	独立法人资格
承担责任	个人承担无限连带责任	个人(家庭)承担无限连带责任	股东承担有限责任
公司所得	个人所得税	个人所得税	企业所得税
资产归属	个人所有	个人所有	公司所有

(五) 个体工商户登记注册流程

向有登记权限的登记机关申请个体工商户设立登记,提交《个体工商户登记(备案)申请书》。个体工商户登记注册流程如图3-4所示。

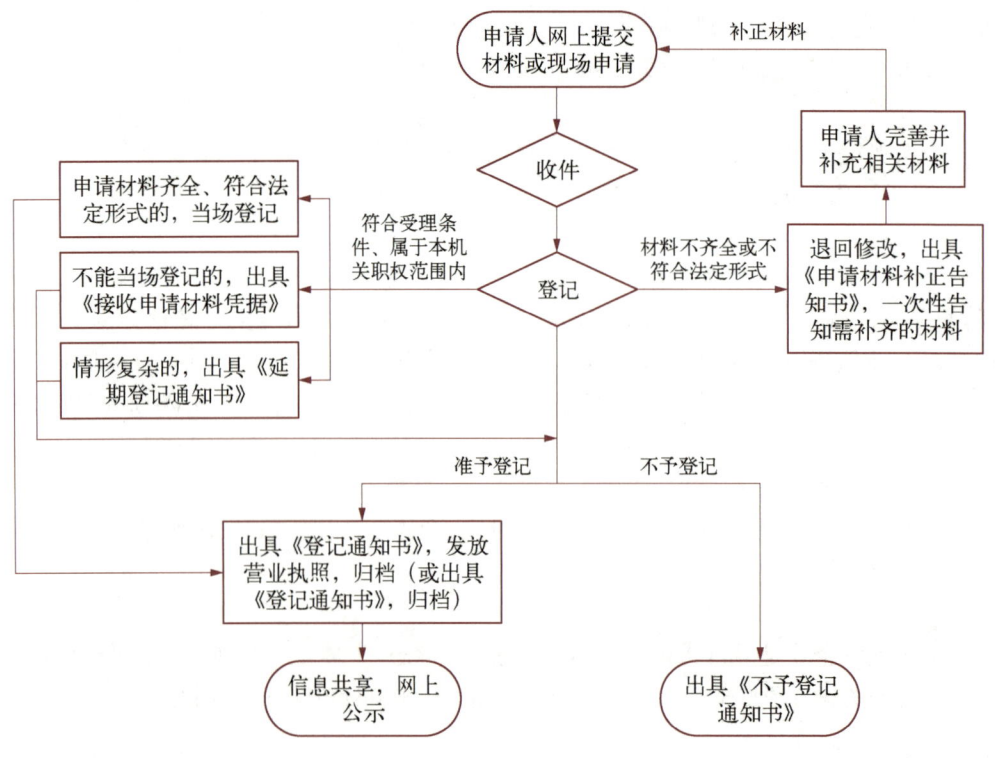

图3-4 个体工商户登记注册流程

[读一读]

网红主播偷逃税被罚

2021年11月22日,国家税务总局浙江省税务局发布新闻确认,某网红主播涉嫌偷逃税款,被追缴税款、加收滞纳金及罚款6555万元。杭州市税务局稽查局有关负责人就该偷逃税案件回复记者确认:该网红主播通过在上海、广西、江西等地设立个人独资企业,虚构业务将其取得的个人工资薪金和劳务报酬所得转变为个人独资企业的经营所得,按照5%~35%的超额累进税率计缴个税,偷逃税。通过设立多个个人独资企业,可以把实质上的一笔收入拆分到几个企业,这样每个企业的收入总额和应纳税所得额就减少了,可以争取适用税收优惠。

无论是核定征收还是小微企业普惠性税收减免政策,其初衷都是为了让小微企业纳税人享受政策红利得到更好的发展,而不是作为高收入群体的避税天堂,大家都要对法律法规有所敬畏。

四、个人独资企业的解散和清算

(一) 个人独资企业的解散

个人独资企业应当解散的情形有:投资人决定解散;投资人死亡或者被宣告死亡,无继承人或者继承人决定放弃继承;被依法吊销营业执照;法律、行政法规规定的其他情形。

个人独资企业解散,由投资人自行清算或者由债权人申请人民法院指定清算人进行清算。投资人自行清算的,应当在清算前15日内书面通知债权人,无法通知的,应当予以公告。债权人应当在接到通知之日起30日内,未接到通知的应当在公告之日起60日内,向投资人申报其债权。

个人独资企业解散后,原投资人对个人独资企业存续期间的债务仍应承担偿还责任,但债权人在五年内未向债务人提出偿债请求的,该责任消灭。

(二) 个人独资企业的清算

个人独资企业解散,由投资人自行清算或者债权人申请人民法院指定清算人进行清算。

投资人自行清算的,应当在清算前15日内书面通知债权人,无法通知的,应当予以公告。债权人应当在接到通知之日起30日内,未接到通知的应当在公告之日起60日内,向投资人申报其债权。清算期间,个人独资企业不得开展与清算目的无关的经营活动。在按前条规定清偿债务前,投资人不得转移、隐匿财产。

个人独资企业解散的,财产应当先清偿所欠职工工资和社会保险费用;然后清偿所欠税款;最后清偿其他债务。

[想一想]

2024年2月2日,王某出资10万元设立C个人独资企业,同时聘请张某负责企业事务管理。2024年1月,C企业出现严重亏损,不能到期清偿到期的李某的债务。王某决定解散C企业。5月30日,人民法院指定黄某作为清算人。经查,C企业和王某的资产及债务情况如下:①C企业的银行存款50 000元,剩余货物折价20 000元。②王某其他可执行的财产价值20 000元。③C企业欠缴税款5 000元,欠张某工资6 000元,欠社会保险费2 000元,欠李某65 000元。请问王某应该如何进行财产清查?

单元思考

企业是市场经济活动的主要参与者,其本质是一种资源配置的机制。在社会主义市场经济体制下,各种企业并存共同构成社会主义市场经济的微观基础。合伙企业和个人独资企业是中小企业的主要组织形式,不具有法人资格。合伙企业要求每个合伙人遵守合伙协议,当合伙企业面临风险或困难时,合伙人之间互相支持,共同承担。这种契约精神正是合伙企业稳定运营和持续发展的基石。为了达到企业效益最大化,如何培养合伙人的契约精神?合伙企业要如何利用自身优势来发展壮大?合伙企业与公司相比有什么优势与不足呢?

拓展学习

单元小结

本单元介绍了合伙企业和个人独资企业的设立条件、设立程序、事务管理的规定、解散与清算,合伙企业的财产、合伙企业的债务及入伙退伙的规定。学生在学习完成后,能够理解并区分合伙和独资两种常见的企业形式,进一步认识"合伙"的权利和责任,具备契约精神,树立合作共赢的意识。

单元测试

一、单选题

1. 根据合伙企业法律制度的规定,下列主体中,可以成为合伙企业普通合伙人的是( )。
   A. 甲国有独资公司　　　　　　B. 乙上市公司
   C. 丙公立大学　　　　　　　　D. 丁普通合伙企业

2. 根据合伙企业法律制度的规定,下列各项中,属于合伙企业应当向登记机关备案的是( )。
   A. 合伙类型　　　　　　　　　B. 合伙期限
   C. 主要经营场所　　　　　　　D. 执行事务合伙人

3. 根据合伙企业法律制度的规定,下列各项中,不属于合伙企业应当解散的情形是( )。
   A. 合伙人因决策失误给合伙企业造成重大损失

B. 合伙企业被依法吊销营业执照

C. 合伙企业的合伙人已不具备法定人数满30天

D. 合伙协议约定的合伙目的无法实现

4. 某普通合伙企业决定解散，经清算人确认：企业欠职工工资和社会保险费用10 000元，欠国家税款8 000元，另外发生清算费用3 000元。下列几种清偿顺序中，符合合伙企业法律制度规定的是（ ）。

　　A. 先支付职工工资和社会保险费用，再缴纳税款，然后支付清算费用

　　B. 先缴纳税款，再支付职工工资和社会保险费用，然后支付清算费用

　　C. 先支付清算费用，再缴纳税款，然后支付职工工资和社会保险费用

　　D. 先支付清算费用，再支付职工工资和社会保险费用，然后缴纳税款

5. 根据《合伙企业法》，特殊的普通合伙企业是指（ ）。

　　A. 由有限合伙人与普通合伙人共同组建的合伙企业

　　B. 以专门知识和专门技能为客户提供有偿服务的合伙企业

　　C. 以营利为目的、以自己的名义独立承担民事责任的组织

　　D. 有限合伙企业的特殊形态

6. 下列关于个人独资企业出资、权限和事务管理的说法中，正确的是（ ）。

　　A. 个人独资企业的名称中可以使用"有限"字样

　　B. 个人独资企业出资人可以自行管理个人独资企业事务

　　C. 个人独资企业出资人可以以劳务出资

　　D. 个人独资企业出资人对受聘人员职权的限制，可以对抗第三人

7. 根据《个人独资企业法》规定，下列有关个人独资企业的说法中，正确的是（ ）。

　　A. 投资人对个人独资企业财产所享有的财产权利可以依法转让

　　B. 投资人不能委托他人管理个人独资企业

　　C. 个人独资企业具有法人资格

　　D. 投资人对所聘用人员职权的限制，可以对抗第三人

8. 下列关于个人独资企业特征及其设立的说法中，正确的是（ ）。

　　A. 个人独资企业的企业财产归投资者个人所有

　　B. 个人独资企业应按照《民法典》《个体工商户条例》的相关规定设立

　　C. 个人独资企业的投资人只能是法人

　　D. 家庭可以申请设立个人独资企业

9. 甲是应届毕业大学生，为响应国家"千人创业，万人创新"号召，准备创办一家个人独资企业从事软件开发，经甲查阅相关资料后，甲对个人独资企业法律规定有了一定了解，下列关于甲对个人独资企业法律规定的理解错误的是（ ）。

　　A. 个人独资企业投资人只能是一个自然人

　　B. 个人独资企业财产归投资人个人所有

　　C. 个人独资企业投资人须自行管理企业事务

　　D. 个人独资企业投资人对企业债务承担无限责任

10. 下列关于个人独资企业成立时间的说法中，正确的是（ ）。

　　A. 收到《营业执照》为企业成立之日

B.《营业执照》签发之日为企业成立日

C. 提交申请设立文件之日为企业成立日

D. 出资到位之日为企业成立日

二、多选题

1. 陈某、李某和甲股份有限公司签订合伙协议,拟设立一家普通合伙企业。根据合伙企业法律制度的规定,下列关于该普通合伙企业设立的表述中,正确的有(　　)。

   A. 陈某以一套房屋出资,应当办理房屋所有权转移登记

   B. 全体合伙人可以委托法定评估机构评估甲股份有限公司出资的知识产权

   C. 该普通合伙企业自李某向登记机关提交登记资料之日起成立

   D. 该普通合伙企业应当在其名称中标明"普通合伙"字样

2. 某根据合伙企业法律制度的规定,下列关于普通合伙企业设立的表述中,正确的有(　　)。

   A. 合伙协议经过全体合伙人签名、盖章后,还需要向登记机关备案方可生效

   B. 合伙人可以用劳务出资,其评估办法由全体合伙人协商确定,并在合伙协议中载明

   C. 公益性的事业单位不得成为普通合伙人

   D. 合伙企业在领取营业执照之前,合伙人不得以合伙企业名义从事合伙业务

3. 根据合伙企业法律制度的规定,有限合伙人的下列行为,不视为执行合伙事务的有(　　)。

   A. 参与决定普通合伙人入伙事宜

   B. 参与选择承办有限合伙企业审计业务的会计师事务所

   C. 就有限合伙企业中的特定事项对外代表本合伙企业

   D. 对合伙企业的经营管理提出建议

4. 下列有关有限合伙人财产份额转让及出质的表述中,符合《合伙企业法》规定的有(　　)。

   A. 有限合伙人可以将其在合伙企业中的财产份额出质,合伙协议另有约定的除外

   B. 有限合伙人可以按照合伙协议的约定向合伙人以外的人转让其在合伙企业中的财产份额,但应当提前30日通知其他合伙人

   C. 有限合伙人可以向合伙人以外的转让其在合伙企业中的财产份额,但必须取得其他合伙人的一致同意

   D. 有限合伙人对外转让其在合伙企业中的财产份额时,合伙企业的其他合伙人有优先购买权

5. 根据合伙企业法律制度的规定,下列关于特殊的普通合伙企业执业风险防范措施的表述中,正确的有(　　)。

   A. 企业可以选择建立执业风险基金或者办理职业保险

   B. 执业风险基金用于偿付合伙人执业活动造成的债务

   C. 执业风险基金应当单独立户管理

   D. 企业应当从其经营收益中提取相应比例资金作为执业风险基金

6. 根据合伙企业法律制度的规定,除有限合伙企业合伙协议另有约定外,下列行为

中,有限合伙人可以实施的有(　　　)。
A. 将其在有限合伙企业中的财产份额出质
B. 对外代表有限合伙企业
C. 同本有限合伙企业进行交易
D. 同他人合作经营与本有限合伙企业相竞争的业务

7. 根据合伙企业法律制度的规定,下列各项中,属于合伙企业应当解散的情形有(　　　)。
A. 合伙人已不具备法定人数满30天　　B. 合伙期限届满,合伙人决定不再经营
C. 合伙协议约定的解散事由出现　　　D. 合伙企业被责令停业整顿

8. 根据合伙企业法律制度的规定,下列关于普通合伙企业合伙人出资的表述中,正确的有(　　　)。
A. 出资必须一次性实缴
B. 可以土地使用权出资
C. 以劳务出资的,其评估办法由全体合伙人协商确定
D. 以实物出资需要评估作价的,可由全体合伙人协商确定

9. 根据《个人独资企业法》规定,导致个人独资企业应当解散的情形有(　　　)。
A. 被依法吊销营业执照　　　　B. 投资人死亡且无继承人
C. 投资人决定解散　　　　　　D. 投资人丧失行为能力

10. 根据个人独资企业法律制度规定,关于个人独资企业,下列说法中,正确的有(　　　)。
A. 个人独资企业投资人对本企业财产依法享有所有权,其有关权利可以依法进行转让或继承
B. 个人独资企业投资人在申请企业设立登记时明确以其家庭共有财产作为个人出资的,应当依法以家庭共有财产对企业债务承担无限责任
C. 个人独资企业应该由投资人自行管理企业事务
D. 个人独资企业出资人可以劳务出资

三、判断题

1. 我国现行法律不允许法人成为合伙企业的投资人。(　　　)
2. 因为合伙人对合伙企业财产享有的是按份所有权,所以合伙人对合伙企业的债务对内对外承担的都是按份责任。(　　　)
3. 合伙人与有限责任公司的股东一样,承担的是有限责任。(　　　)
4. 合伙协议可以进行修改,但是必须经过全体合伙人协商同意。(　　　)
5. 经全体合伙人同意,合伙企业可以聘请合伙人以外的人担任合伙企业的经营管理人员。(　　　)
6. 个人独资企业不具有法人资格,有独立承担民事责任的能力。(　　　)
7. 合伙企业存续期间,任何合伙人都不得转让其在合伙中的财产份额。(　　　)
8. 合伙协议未约定合伙亏损或者利润分配比例的,由各合伙人按照出资比例分配和分担。(　　　)
9. 合伙人全部缴清出资,为合伙企业成立的日期。(　　　)

10. 个人独资企业的投资人不得以家庭财产作为企业出资。（ ）

四、案例分析

1. 2024年5月，刘明从某公司辞职以后，准备将自己所有资产，即现金100万元，房产60万元，用于创立一家个人独资企业，刘明准备自任董事长兼总经理，并聘用相应的管理人员和经营人员。请问：刘明具备创立个人独资企业的条件吗？

2. 赵某、钱某、孙某、李某共同出资设立甲普通合伙企业（简称甲企业）。合伙协议约定：
   (1) 赵某、孙某、李某以货币各出资10万元，钱某以房屋作价出资10万元。
   (2) 合伙人向合伙人以外的人转让其在甲企业中的全部或者部分财产份额时，须经半数以上合伙人同意。
   (3) 合伙人以其在甲企业中的财产份额出质的，须经2/3以上的合伙人同意。
   甲企业成立后，接受郑某委托加工承揽一批产品，郑某未向甲企业支付5万元加工费。由于钱某在购买出资房屋时曾向郑某借款3万元一直未偿还，甲企业向郑某请求支付5万元加工费时，郑某认为钱某尚欠其借款3万元，故主张抵销3万元，只付甲企业2万元。
   要求根据上述内容，分别回答下列问题：
   (1) 合伙协议(2)中的约定是否合法？简要说明理由。
   (2) 合伙协议(3)中的约定是否合法？简要说明理由。
   (3) 郑某主张抵销的理由是否成立？简要说明理由。

3. 李梅是经营手工艺品制作的个体户，因为她雕刻技艺精湛，制作的手工艺品不仅精美绝伦，而且设计独特，深受大家喜爱。随着订单量的不断增加，她又新购入了10台木雕机器，并聘请了8位资深雕刻师。请问李梅的店是什么类型的企业？说明理由。

4. 2022年7月，张彬彬下岗以后待业在家，同年10月在当地注册成立了一家个人独资企业。由于经营不善，企业连年亏损。2024年11月，王某决定解散企业。王某公司资产价值1万元，欠贺某货款50万元。张彬彬因没有结婚，一直与父母住在一起，父母名下有一套价值30万元的房子。

根据上述内容,分别回答下列问题:
(1) 张彬彬是否可以设立个人独资企业?
(2) 贺某是否可以主张以张彬彬父母的房产用于清偿债务?

5. 甲、乙、丙三人商定共同出资设立一家普通合伙企业,并签订了书面合伙协议。合伙协议约定甲、乙以现金的形式各出资20万元,丙以劳务出资。合伙企业成立后,乙欲退伙,将其在合伙企业中的全部财产份额转让给丁。甲、乙、丁继续经营,并商定由甲执行合伙企业事务。请问:
(1) 丙能否以劳务出资?
(2) 乙将其在合伙企业的财产份额全部转让给丁应符合哪些要求?

6. 2023年1月,胡大力出资20万元成立一家汽车维修厂,设立登记为个人独资企业。2024年3月,胡大力委托其表弟张鑫管理该店,自己整日沉迷网络游戏。2024年11月,债权人相继找上门来,请求胡大力归还欠款。由于胡大力不善管理,该店财产所剩无几。胡大力宣称自己没有能力偿还。债权人告上法庭,请求用胡大力的家庭共有财产抵偿债款。经法院查明,胡大力在设立登记时并没有明确是以家庭共有财产出资的。请问:
(1) 胡大力能否委托其表弟经营管理其个人独资企业,为什么?
(2) 对该企业所欠债款,法院应否支持债权人用胡大力的家庭共有财产抵偿债款的请求?为什么?

7. 2023年10月,李某、王某共同投资设立了甲有限合伙企业(简称甲企业),李某为普通合伙人,出资10万元;王某为有限合伙人,出资15万元。2024年6月,张某、孟某加入甲企业,其中张某为普通合伙人,孟某为有限合伙人,二人各出资30万元。同年12月,甲企业无力清偿欠乙银行的60万元债务。请问:
(1) 乙银行可以要求孟某承担全部60万元债务吗?
(2) 乙银行可以要求张某承担全部60万元债务吗?

8. 2022年3月,黄某投资6万元设立个人独资A企业。2024年12月,黄某决定解散企业。解散清算结果如下：A企业全部资产价值6万元；欠贺某的工资6万元；欠银行贷款8万元。黄某的家庭个人财产10万元,可执行的个人财产是7万元。请问：

(1) 黄某对超过企业资产部分的债务是否承担偿还责任？为什么？

(2) 黄某如果用个人财产偿还债务,其个人财产是多少？

(3) 按照法律的规定,黄某应该如何进行债务的清偿？

9. 2024年1月,张琳由于企业经营不善,资金短缺,决定向唐龙借款20万元。由于数额较大,唐龙提出必须找公司担保,担保期限为半年。张琳找到了其表弟王某,王某是一家合伙企业负责人,出于私心,未经另外5名合伙人的同意,偷偷在借条"担保人"一栏加盖了公章。2024年7月,担保到期后,张琳无力偿还债务,唐龙遂向担保人追索。请问：未经全体合伙人同意而担保是否有效？

10. 王先生退休后于2024年4月,以50万元加入甲有限合伙企业,成为有限合伙人。甲有限合伙企业先前欠乙公司100万元货款尚未结清。后该企业的另一名有限合伙人退出,王先生便成为唯一的有限合伙人。2024年7月,王先生不幸发生车祸,虽经抢救保住性命,但已成为植物人。请问：

(1) 乙公司可以要求王先生偿还全部100万元货款吗？

(2) 如果王先生丧失偿债能力,该合伙企业有权要求其退伙吗？

(3) 因王先生已成为植物人,该合伙企业有权要求其退伙吗？

单元四 公司法律制度

知识导航

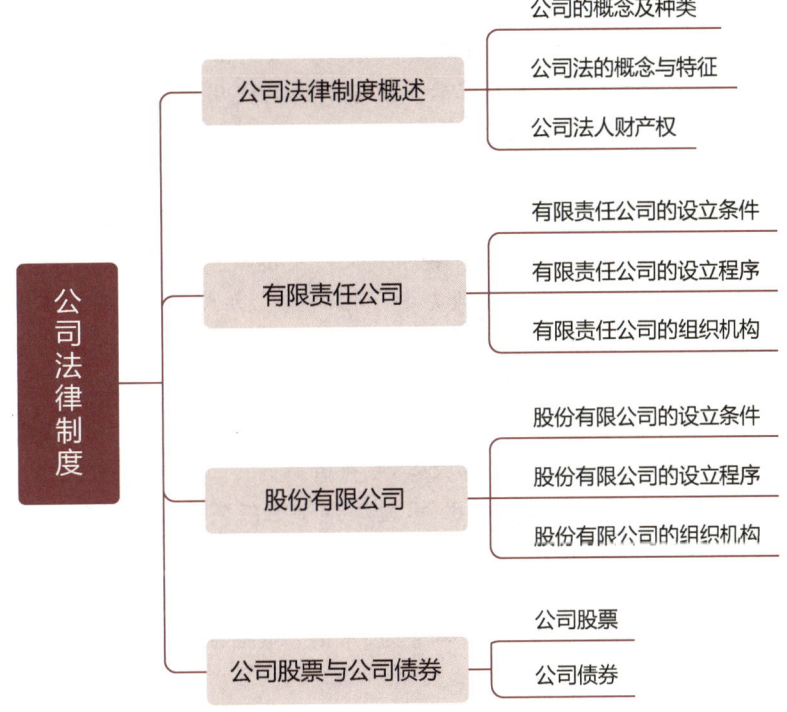

学习目标

1. 了解公司法律制度的相关知识
2. 掌握有限责任公司的设立条件、程序及组织机构
3. 掌握股份有限公司的设立条件、程序及组织机构
4. 理解公司股票、债券的种类及发行、转让的规定
5. 养成自觉尊法守法的意识,具备团队合作精神

思政故事

> **单元导入**
>
> ### 盐津铺子：从小作坊到零食上市巨头的蜕变之路
>
> 在食品行业的灿烂星空中，盐津铺子食品股份有限公司（简称盐津铺子）无疑是一颗耀眼的明星。然而，谁能想到，如今的零食巨头，曾经只是一个毫不起眼的小作坊。
>
> 盐津铺子的故事始于腾飞食品厂，一个生产凉果蜜饯的小作坊。彼时，腾飞食品厂的生产设备陈旧不堪，技术标准的缺失让产品质量参差不齐。转折发生在2005年，盐津铺子食品有限公司正式成立，管理层凭借出色的运营能力和独到的战略眼光，开启了一场大刀阔斧的革新。
>
> 确保产品质量成为盐津铺子的首要任务。公司不惜重金引进先进设备和工艺流程，彻底告别了过去的陈旧与落后。在添加剂的使用上，严格遵循国家标准，每一个细节都不容有失。按照ISO9000的标准建设工厂生产环境，从源头上保证产品的安全与卫生。产品出厂前，更是严格按照食品检测标准进行检测，只有验收合格的产品才能走向市场。这种对质量的执着追求，让盐津铺子的产品在市场上站稳了脚跟。建立销售渠道是盐津铺子的又一关键举措。公司精准地选择了商超模式，与主流商超展开合作。这种去中介化的销售方式，不仅有利于品牌的展示，更随着商超的不断扩张，让盐津铺子的产品走进了千家万户，品牌市场占有率不断攀升。树立品牌形象也是盐津铺子发展的重要一环。通过优质的产品和良好的服务，盐津铺子在消费者心中树立了良好的品牌形象。每一个产品都承载着盐津铺子的品牌理念，让消费者吃得放心，吃得开心。
>
> 经过十多年的不懈努力，到2016年，盐津铺子已经实现了质的飞跃。从当初七八个人的小作坊，发展成为拥有2 400多名员工、产值近7个亿元的大型食品厂。2017年2月8日，更是盐津铺子发展史上的一个重要里程碑。这一天，盐津铺子在深交所中小板挂牌上市，被媒体誉为"中国零食自主制造第一股"。

任务一　公司法律制度概述

一、公司的概念及种类

（一）公司的概念

公司是指依法设立，以营利为目的的企业法人，是适应市场经济社会化大生产需要而形成的一种企业组织形式，具有如下特征。

1. **依法设立**

一方面，公司的章程、资本、组织机构、活动原则等必须合法；另一方面，公司设立必须经过法定程序，进行登记。

2. 以营利为目的

公司设立以经营并获取利润为目的,且股东出资设立公司的目的也是为了营利,即从公司经营中取得利润。

3. 以股东投资为基础设立

公司设立必须具备的法定条件之一是达到法定的注册资本,而注册资本来源于股东的投资,没有股东的投资行为就不能设立公司。

4. 具有独立法人资格

公司具有独立法人资格,体现在公司拥有独立的法人财产,有独立的组织机构并能够独立承担民事责任。

(二) 公司的种类

1. 按公司资本结构和股东对公司债务承担责任的方式分类

(1) 有限责任公司是指股东以其认缴的出资额为限对公司承担责任,公司以其全部财产对公司的债务承担责任的公司。

(2) 股份有限公司是指将公司全部资本分为等额股份,股东以其认购的股份为限对公司承担责任,公司以其全部财产对公司的债务承担责任的公司。

(3) 无限责任公司是指由两个以上的股东组成,全体股东对公司的债务承担无限连带责任的公司。公司债权人可以要求所有股东,也可以要求公司个别股东清偿公司债务。清偿债务者,有权向其他股东追偿。

(4) 两合公司是指公司的股东分为两个部分,一部分股东对公司债务承担无限连带责任,另一部分股东对公司债务仅以其认缴的出资额为限承担有限责任。

[小提示]

我国《公司法》规定的公司形式仅为有限责任公司和股份有限公司。

2. 按公司的信用基础分类

(1) 资合公司是指以公司资本作为信用基础的公司,仅以资本的实力取信于人,股东个人的财产、能力或者信誉与公司无关,如股份有限公司。

(2) 人合公司是指以股东个人的财力、能力和信誉作为信用基础的公司,如无限责任公司。

(3) 资合兼人合的公司是指同时以公司资本和股东个人信用作为公司信用基础的公司,如有限责任公司。

3. 按公司组织关系分类

(1) 母公司和子公司。不同公司之间基于股权而存在控制与依附关系时,持有其他公司股权而处于控制地位的是母公司,股权被持有而处于依附地位的是子公司。母子公司都具有法人资格,依法独立承担民事责任。

(2) 总公司与分公司。公司可以设立分公司,分公司以公司的名义进行经营活动,可以领取营业执照,但不具有法人资格,没有独立的公司名称、章程,没有独立的财产,其民事责任由公司承担。相对分公司而言的公司称为总公司。

[小练习 单选题]
有关子公司和分公司,下列表述中,不正确的有(　　)。
A. 子公司和分公司均有法人资格
B. 子公司和分公司均有独立的公司名称、章程,独立的财产
C. 子公司和分公司均不得领取营业执照
D. 子公司和分公司均能独立承担经营活动中产生的民事责任

二、公司法的概念与特征

(一) 公司法的概念

广义的公司法是指规范公司的设立、组织活动和解散以及其他与公司组织有关的对内对外关系的法律规范的总称。狭义的公司法仅指冠以《公司法》之名的一部法律。

(二) 公司法的特征

1. 公司法兼具组织法和活动法的双重性质,以组织法为主

公司法中公司的设立、变更与终止,公司的章程、权利能力和行为能力,公司的组织机构和法律地位等规范,都体现了组织法的性质。而公司法中规定的各种活动,也主要是与公司组织有关的活动,如公司股东会的表决程序。

2. 公司法兼具实体法和程序法的双重性质,以实体法为主

公司法首先规定参与公司活动的各种主体的资格条件、权利义务以及法律责任等,还规定了保障权利实现、追究法律责任的程序。

3. 公司法兼具强制法和任意法的双重性质,以强制法为主

公司是利益相关者组成的团体。公司突破了个人之间的相互作用,加深了社会成员的联系程度。公司法要考虑整个社会交易秩序的维护,这正是公司法具有强制性与严格性的原因。

4. 公司法兼具国内法和涉外法的双重性质,以国内法为主

公司法是本国发展经济的重要法律,又是国际经济贸易交往中必须考虑的重要法律。

三、公司法人财产权

公司的财产虽然源于股东的投资,但股东一旦将财产投入公司,便丧失对该财产直接支配的权利,公司依法对该财产行使占有、使用、收益、处分的权利,公司享有法人财产权。公司成立后,股东不得抽逃投资,不得占用、转移和支配公司的法人财产。

为了维持公司资本充足,保障公司债权人的利益,《公司法》对公司行使法人财产权作出如下限制性规定。

(一) 公司向其他企业投资或者为他人提供担保的限制

公司向其他企业投资或者为他人提供担保,依照公司章程的规定,由董事会或者股东会决议;且不能超过公司章程对投资或者担保的总额及单项投资或者担保的数额限额。

(二) 公司为公司股东或者实际控制人提供担保的限制

公司为公司股东或者实际控制人提供担保的,必须经股东会决议,接受担保的股东或者受实际控制人支配的股东,不得参加表决。该项表决由出席会议的其他股东所持表决权的过半数通过。

(三) 公司原则上不得成为承担连带责任的出资人

公司可以向其他企业投资;但是,除法律另有规定外,不得成为对所投资企业的债务承担连带责任的出资人。

> **[小练习 单选题]**
>
> 张三、李四、王五三位股东发起方式设立 A 股份有限公司,公司经营一段时间后,张三向银行贷款 100 万元,拟由 A 公司为其提供担保,关于该担保事项,下列说法正确的是( )。
>
> A. 按照公司章程的规定由董事会或者股东会进行决议
> B. 由董事会作出决议
> C. 无须经过会议讨论,张三股东可以安排公司经理办理担保事项
> D. 必须经股东会或者股东会决议

> **[小练习 单选题]**
>
> A 公司是由甲出资 20 万元、乙出资 50 万元、丙出资 30 万元、丁出资 80 万元共同设立的有限责任公司,丁申请 A 公司为其银行贷款作担保,为此,A 公司召开股东会,甲、乙、丙、丁均出席会议,甲、丙表示同意,乙明确表示不同意。根据《公司法》的规定,下列关于会议决议的表述中,正确的是( )。
>
> A. 该决议必须经甲、乙、丙、丁四个股东全部通过,因乙不同意而不能通过
> B. 该决议必须经甲、乙、丙三个股东全部通过,因乙不同意而不能通过
> C. 该决议必须经全体股东所持表决权的过半数通过,因甲、丙、丁所持表决权占 72%,因此通过
> D. 该决议必须经甲、乙、丙股东所持表决权的过半数通过,因甲、丙所持表决权仅占 50%,因此不通过

任务二 有限责任公司

一、有限责任公司的设立条件

(一) 股东符合法定人数

《公司法》规定,有限责任公司由 50 个以下股东出资设立,股东既可以是自然人,也

可以是法人或者非法人主体。

（二）有符合公司章程规定的全体股东认缴的出资额

1. 注册资本

注册资本是指在公司登记机关登记的全体股东认缴的出资额。《公司法》没有规定一般公司的最低注册资本限额。法律、行政法规以及国务院决定对有限责任公司注册资本实缴金额、注册资本最低限额另有规定的，从其规定。

2. 股东出资方式

股东可以用货币，以及实物、知识产权、土地使用权、股权、债权等可以用货币估价并可以依法转让的非货币财产作价出资；但是，法律、行政法规规定不得作为出资的财产除外。

> [小提示]
> 土地所有权不能出资，非法的财产（如毒品）不能出资。劳务、信用、自然人姓名、商誉、特许经营权不能用货币估价，因此不能出资。设定担保的财产不是清洁无负担的财产，因此也不能出资。

（三）股东共同制定公司章程

公司章程是记载公司组织、活动基本准则的公开性法律文件。设立有限责任公司必须由股东共同依法制定公司章程。股东应当在公司章程上签名、盖章。公司章程对公司、股东、董事、监事、高级管理人员具有约束力。

根据《公司法》的规定，有限责任公司章程应当载明下列事项。

（1）公司名称和住所。
（2）公司经营范围。
（3）公司注册资本。
（4）股东的姓名或者名称。
（5）股东的出资额、出资方式和出资日期。
（6）公司的机构及其产生办法、职权、议事规则。
（7）公司法定代表人的产生、变更办法。
（8）股东会议认为需要规定的其他事项。

> [小提示]
> 高级管理人员是指公司的经理、副经理、财务负责人、上市公司董事会秘书和公司章程规定的其他人员。

（四）有公司名称，建立符合有限责任公司要求的组织机构

公司的名称是公司的标志。公司应当设立符合有限责任公司要求的组织机构，即股东会、董事会或者执行董事、监事会或者监事等。

（五）有公司住所

设立公司必须有住所。没有住所的公司，不得设立。公司以其主要办事机构所在

地为住所。

[小练习 多选题]

根据《公司法》的规定,公司章程对特定的人员或机构具有约束力。下列各项中,属于该特定人员或机构的有(　　)。
A. 公司财务负责人　　　　B. 上市公司董事会秘书
C. 公司股东　　　　　　　D. 公司实际控制人

二、有限责任公司的设立程序

(一) 发起人发起

有限责任公司只能采用发起设立。发起人有数人时,应签订发起人协议或作成发起人会议决议。

(二) 订立公司章程

股东设立有限责任公司,必须先订立公司章程,将要设立公司的基本情况以及各方面的权利义务加以明确规定。公司章程是公司最基本的法律文件。它是公司组织处理内外关系和经营活动的基本规则。

(三) 必要的行政审批

我国《公司法》规定:"法律、行政法规规定设立公司必须报经批准的,应当在公司登记前依法办理批准手续。"

(四) 股东缴纳出资

1. 一般规定

股东应当按期足额缴纳公司章程中规定的各自所认缴的出资额。股东以货币出资的,应当将货币出资足额存入为设立有限责任公司而在银行开设的账户;以非货币财产出资的,应当依法办理其财产权的转移手续。全体股东认缴的出资额由股东按照公司章程的规定自公司成立之日起5年内缴足。

股东未按期足额缴纳出资的,除应当向公司足额缴纳外,还应当对给公司造成的损失承担赔偿责任。

公司不能清偿到期债务的,公司或者已到期债权的债权人有权要求已认缴出资但未届出资期限的股东提前缴纳出资。

[读一读]

股东恶意延长出资期限时出资义务加速到期

2021年1月,被告淄博某化工公司与原告太原某贸易公司签订《锅炉用煤采购合同》,约定淄博某化工公司向太原某贸易公司采购锅炉用煤,太原某贸易公司根据淄博某化工公司确定的时间将货物运送至约定地点。太原某贸易公司已按照合同约定履行了合同义务,货款共计345 136元。根据合同约定,淄博某化工公司应在收到货物后10日内支付货款,但淄博某化工公司仅支付20万元,剩余145 136元未支付。淄博某化工合伙企业、祝某作为淄博某化工公司的股东,根据公司章程规定,应在2022年3月31日前缴纳出资。现认缴期限已届满,淄博某化工合伙企业、祝某未全面履行出资义务。根据《最高人民法院关于适用〈中华人民共和国公司法〉若干问题的规定(三)》第十三条第二款之规定,应当在未出资本息范围内对淄博某化工公司的债务承担补充赔偿责任。原告起诉后,淄博某化工公司2022年7月20日召开临时股东会议,同意股东认缴出资时间变更为2027年3月31日,并修改公司章程。2022年7月26日相关审批部门予以核准变更登记。双方对欠付货款金额及违约责任均无异议。淄博某化工合伙企业、祝某辩称其作为淄博某化工公司的股东,认缴出资期限至2027年3月31日,认缴期限尚未届满,依法享有期限利益,不应在本案中承担任何责任。

裁判结果:山东省淄博市临淄区人民法院作出民事判决:一、被告淄博某化工公司于本判决生效后10日内支付原告太原某贸易公司货款145 136元;二、被告淄博某化工公司支付原告太原某贸易公司经济损失(以145 136元为基数,自2021年2月9日起按照同期全国银行间同业拆借中心公布的一年期贷款市场报价利率上浮40%计算至实际给付之日止),与第一项同时付清;三、被告淄博某化工合伙企业、被告祝某某在未出资本息范围内对上述第一、第二项债务不能清偿的部分承担补充赔偿责任。

裁判理由:本案主要涉及股东恶意延长出资期限时出资义务加速到期的认定。鉴于公司债权人在公司组织中的天然弱势地位、其权利救济难度较大以及股东权利应该受到必要限制,在特定条件下,法律支持股东出资义务加速到期。股东有权通过股东会对公司重要事项作出变更,但其变更事项应限于公司为适应正常经营作出的善意变更,不包括股东滥用权利通过股东会决议作出有损于债权人利益的恶意变更。本案中,淄博某化工公司决议延长出资的时间为原告太原某贸易公司起诉后,其延期出资的额度为全部认缴资本,其主观恶意明显,由法院在审理中直接判令股东承担补充赔偿责任,更能保护债权人合法利益、维护市场正常经济秩序。

来源:辽宁省开原市人民法院《股东恶意延长出资期限时是否导致出资义务加速到期?》

2. 非货币财产出资的实际价额显著低于章程所定价额的规定

有限责任公司成立后,发现作为设立公司出资的非货币财产的实际价额显著低于公司章程所定价额的,应当由交付该出资的股东补足其差额,公司设立时的其他股东承担连带责任。

3. 以违法犯罪所得货币出资的规定

以贪污、受贿、侵占、挪用等违法犯罪所得的货币出资后取得股权的,对违法犯罪行为予以追究、处罚时,应当采取拍卖或者变卖的方式处置其股权。

4. 股东抽逃出资的规定

有限责任公司成立后,股东不得抽逃出资。但在实践中,股东常常采取各种手段抽逃出资，导致公司资本不实。为了保障公司资本之维持，维护公司债权人利益，《公司法》作了具体规定，以下行为可以认定为股东抽逃出资。

（1）制作虚假财务会计报表虚增利润进行分配。
（2）通过虚构债权债务关系将其出资转出。
（3）利用关联交易将出资转出。
（4）其他未经法定程序将出资抽回的行为。

《公司法》还规定了股东抽逃出资后的民事责任，即该股东要向公司返还出资本息，协助抽逃出资的其他股东、董事、高级管理人员或者实际控制人承担连带责任。

[想一想]

甲、乙、丙共同出资设立一有限责任公司。公司章程规定丙以房产出资30万元。公司成立后又吸收丁入股。后查明，丙作为出资的房产仅值20万元，丙现有可执行的个人财产6万元。丁公司要求丙以现有可执行财产补交差额，不足部分由甲、乙补足。丁公司的处理要求是否符合《公司法》的规定？

（五）申请设立登记

股东认足公司章程规定的出资后，由全体股东指定的代表或者共同委托的代理人向公司登记机关报送公司登记申请书、公司章程等文件，申请设立登记。

（六）登记发照

公司登记机关对设立登记申请进行审查，对符合法律、法规规定条件的，予以核准登记，发给公司营业执照；对不符合法律、法规规定条件的，不予登记。公司经核准登记后，领取公司企业法人营业执照，公司企业法人营业执照签发日期为公司成立日期。

有限责任公司成立后，应当向股东签发出资证明书并置备股东名册。

三、有限责任公司的组织机构

（一）股东会

1. 股东会的职权

有限责任公司股东会由全体股东组成。股东会是公司的权力机构，依法行使下列职权。

（1）决定公司的经营方针和投资计划。
（2）选举和更换非由职工代表担任的董事、监事，决定有关董事、监事的报酬事项。
（3）审议批准董事会的报告。
（4）审议批准监事会或者监事的报告。
（5）审议批准公司的年度财务预算方案、决算方案。
（6）审议批准公司的利润分配方案和弥补亏损方案。
（7）对公司增加或者减少注册资本作出决议。
（8）对发行公司债券作出决议。
（9）对公司合并、分立、变更公司形式、解散和清算等事项作出决议。
（10）修改公司章程。

(11) 公司章程规定的其他职权。

2. 股东会的形式

股东会会议分为定期会议和临时会议。定期会议应当按照公司章程的规定按时召开。有如下情况，应召开临时会议。

(1) 代表 1/10 以上表决权的股东提议召开。

(2) 1/3 以上的董事提议召开。

(3) 监事会或者不设监事会的公司的监事提议召开的。

3. 股东会的召开

首次股东会会议由出资最多的股东召集和主持，依法行使职权。以后的股东会会议按如下规定。

(1) 公司设立董事会的，由董事会召集，董事长主持；董事长不能履行职务或者不履行职务的，由副董事长主持；副董事长不能履行职务或者不履行职务的，由半数以上董事共同推举 1 名董事主持。

(2) 公司不设董事会的，股东会会议由执行董事召集和主持。

(3) 董事会或者执行董事不能履行或者不履行召集股东会会议职责的，由监事会或者不设监事会的公司的监事召集和主持。

(4) 监事会或者监事不召集和主持的，代表 1/10 以上表决权的股东可以自行召集和主持。

> [小提示]
> 所谓不能履行职务，是指因生病、出差在外等客观原因导致其无法履行职务的情形。所谓不履行职务，是指不存在无法履行职务的客观原因，但以其他理由或者根本就没有理由而不履行职务的情形。

召开股东会会议，应当于会议召开 15 日前通知全体股东；但是，公司章程另有规定或者全体股东另有约定的除外。股东会应当对所议事项的决定作成会议记录，出席会议的股东应当在会议记录上签名。

4. 股东会的决议

股东会会议由股东按照出资比例行使表决权；但是，公司章程另有规定的除外。股东会决议分为普通决议和特别决议。普通决议的议事方式和表决程序，除《公司法》有规定的外，由公司章程规定。特别决议，即修改公司章程、增加或者减少注册资本的决议，以及公司合并、分立、解散或者变更公司形式的决议，必须经代表 2/3 以上表决权的股东通过。

> [小练习 多选题]
> 根据《公司法》的规定，有限责任公司股东会会议对下列事项作出的决议中，必须经代表 2/3 以上表决权的股东通过的有（　　）。
> A. 修改公司章程　　　　　　B. 减少注册资本
> C. 更换公司董事　　　　　　D. 变更公司形式

> [想一想]
> 小赵、小钱、小孙、小李为某有限责任公司股东,分别持有公司5%、20%、35%、40%的股权。公司章程未对股东行使表决权及股东会决议方式作出规定。请思考:四名股东中有哪几位可以提议召开股东会临时会议?如果要作出增加公司注册资本的决议,至少哪两个股东表示同意?

(二) 董事会、经理

董事会是公司股东会的执行机构,对股东会负责。

1. 董事会的组成

董事会(依法不设董事会的除外)成员为3人至13人。两个以上的国有企业或者其他两个以上的国有投资主体投资设立的有限责任公司,其董事会成员中应当有公司职工代表;其他有限责任公司董事会成员中也可以有公司职工代表。董事会中的职工代表由公司职工通过职工代表大会、职工大会或者其他形式民主选举产生。

董事会设董事长1人,可以设副董事长。董事长、副董事长的产生办法由公司章程规定。董事任期由公司章程规定,但每届任期不得超过3年。董事任期届满,连选可以连任。

股东人数较少或者规模较小的有限责任公司,可以设一名董事,不设董事会。董事可以兼任公司经理。董事的职权由公司章程规定。

2. 董事会的职权

董事会对股东会负责,行使下列职权。

(1) 召集股东会会议,并向股东会报告工作。
(2) 执行股东会的决议。
(3) 决定公司的经营计划和投资方案。
(4) 制订公司的年度财务预算方案、决算方案。
(5) 制订公司的利润分配方案和弥补亏损方案。
(6) 制订公司增加或者减少注册资本以及发行公司债券的方案。
(7) 制订公司合并、分立、变更公司形式、解散的方案。
(8) 决定公司内部管理机构的设置。
(9) 决定聘任或者解聘公司经理及其报酬事项,并根据经理的提名决定聘任或者解聘公司副经理、财务负责人及其报酬事项。
(10) 制定公司的基本管理制度。
(11) 公司章程规定的其他职权。

> [想一想]
> 为什么股东会决定公司的经营方针和投资计划,董事会决定公司的经营计划和投资方案?

3. 董事会的召开

董事会会议由董事长召集和主持;董事长不能履行职务或者不履行职务的,由副董事长召集和主持;副董事长不能履行职务或者不履行职务的,由半数以上董事共同推举

1名董事召集和主持。

4. 董事会的决议

董事会的议事方式和表决程序,除《公司法》有规定的外,由公司章程规定。董事会应当对所议事项的决定作成会议记录,出席会议的董事应当在会议记录上签名。董事会决议的表决,实行一人一票。

5. 经理

有限责任公司可以设经理,由董事会决定聘任或者解聘。经理对董事会负责,行使下列职权。

(1) 主持公司的生产经营管理工作,组织实施董事会决议。

(2) 组织实施公司年度经营计划和投资方案。

(3) 拟订公司内部管理机构设置方案。

(4) 拟订公司的基本管理制度。

(5) 制订公司的具体规章。

(6) 提请聘任或者解聘公司副经理、财务负责人。

(7) 决定聘任或者解聘除应由董事会决定聘任或者解聘以外的负责管理人员。

(8) 董事会授予的其他职权。

公司章程对经理职权另有规定的,从其规定。经理列席董事会会议。

(三) 监事会

监事会是公司的监督机构。

1. 监事会的组成

有限责任公司设立监事会,其成员不得少于3人。股东人数较少或者规模较小的有限责任公司,可以设1名监事,不设监事会。经全体股东一致同意,也可以不设监事。

监事会应当包括股东代表和适当比例的公司职工代表,其中,职工代表的比例不得低于1/3,具体比例由公司章程规定。监事会中的职工代表由公司职工通过职工代表大会、职工大会或者其他形式民主选举产生。

监事会设主席1人,由全体监事过半数选举产生。监事会主席召集和主持监事会会议;监事会主席不能履行职务或者不履行职务的,由半数以上监事共同推举1名监事召集和主持监事会会议。董事、高级管理人员不得兼任监事。监事的任期每届为3年。监事任期届满,连选可以连任。

2. 监事会的职权

监事会、不设监事会的公司的监事行使下列职权。

(1) 检查公司财务。

(2) 对董事、高级管理人员执行公司职务的行为进行监督,对违反法律、行政法规、公司章程或者股东会决议的董事、高级管理人员提出罢免的建议。

(3) 当董事、高级管理人员的行为损害公司的利益时,要求董事、高级管理人员予以纠正。

(4) 提议召开临时股东会会议,在董事会不履行规定的召集和主持股东会会议职责时召集和主持股东会会议。

(5) 向股东会会议提出提案。

(6) 依照《公司法》的规定,对董事、高级管理人员提起诉讼。
(7) 公司章程规定的其他职权。

3. 监事会的决议

监事会每年度至少召开一次会议,监事可以提议召开临时监事会会议。监事会的议事方式和表决程序,除《公司法》有规定的外,由公司章程规定。

监事会决议应当经半数以上监事通过。监事会应当对所议事项的决定作成会议记录,出席会议的监事应当在会议记录上签名。

[小练习 单选题]

张三和李四共同出资设立了湘湘有限责任公司(简称湘湘公司),注册资金15万元。下列说法,不正确的是(   )。
A. 湘湘公司不设董事会,由张三担任董事
B. 湘湘公司不设监事会,由李四担任监事
C. 湘湘公司决定由董事张三兼任经理
D. 湘湘公司决定由董事张三兼任监事

任务三　股份有限公司

一、股份有限公司的设立条件

(一) 发起人符合法定人数

发起人是指依法筹办创立股份有限公司事务的人。发起人既可以是自然人,也可以是法人;既可以是中国公民,也可以是外国公民。设立股份有限公司,应当有1人以上200人以下为发起人,其中,须有半数以上的发起人在中国境内有住所。

(二) 有符合公司章程规定的全体发起人认购的股本总额或者募集的实收股本总额

股份有限公司的注册资本为在公司登记机关登记的已发行股份的股本总额。在发起人认购的股份缴足前,不得向他人募集股份。以发起设立方式设立股份有限公司的,发起人应当认足公司章程规定的公司设立时应发行的股份。以募集设立方式设立股份有限公司的,发起人认购的股份不得少于公司章程规定的公司设立时应发行股份总数的35%;但是,法律、行政法规另有规定的,从其规定。发起人应当在公司成立前按照其认购的股份全额缴纳股款。

(三) 发起人承担公司筹办事务

发起人应当签订发起人协议,明确各自在公司设立过程中的权利和义务。

(四) 发起人制定公司章程

设立股份有限公司,应当由发起人共同制定公司章程。股份有限公司章程应当载明下列事项:

(1) 公司名称和住所。
(2) 公司经营范围。
(3) 公司设立方式。
(4) 公司注册资本、已发行的股份数和设立时发行的股份数，面额股的每股金额。
(5) 发行类别股的，每一类别股的股份数及其权利和义务。
(6) 发起人的姓名或者名称、认购的股份数、出资方式。
(7) 董事会的组成、职权和议事规则。
(8) 公司法定代表人的产生、变更办法。
(9) 监事会的组成、职权和议事规则。
(10) 公司利润分配办法。
(11) 公司的解散事由与清算办法。
(12) 公司的通知和公告办法。
(13) 股东会认为需要规定的其他事项。

(五) 有公司名称，建立符合股份有限公司要求的组织机构
略。

(六) 有公司住所
略。

> [小练习 多选题]
>
> 下列关于股份有限公司的设立，不符合《公司法》规定的有（　　　　）。
> A. 发起人可以用货币或实物出资
> B. 发起人共有10人，其中4人在中国境内有住所
> C. 某发起人以劳务出资，作价30万元
> D. 作为出资的非货币财产应当评估作价

二、股份有限公司的设立程序

(一) 发起设立方式设立股份有限公司的程序

1. 认购股份

发起人书面认足公司章程规定其认购的股份。

2. 缴纳出资

以发起设立方式设立股份有限公司的，发起人应当书面认足公司章程规定其认购的股份，并按照公司章程规定缴纳出资。以非货币财产出资的，应当依法办理其财产权的转移手续。发起人不按照规定缴纳出资的，应当按照发起人协议的约定承担违约责任。

3. 选举董事会和监事会

发起人首次缴纳出资后，应当选举董事会和监事会，建立公司的组织机构。

4. 申请设立登记

发起人在选举董事会和监事会后，董事会应当向公司登记机关报送公司章程、验资

证明以及法律、行政法规规定的其他文件,申请设立登记。一旦公司登记机关依法予以登记,发给公司营业执照,公司即宣告成立。

(二) 募集设立方式设立股份有限公司的程序

1. 发起人认购股份

发起人认购的股份不得少于公司股份总数的35%;但是法律、行政法规另有规定的,从其规定。在发起人认购的股份缴足前,不得向他人募集股份。

2. 向社会公开募集股份

发起人向社会公开募集股份,必须公告招股说明书,并制作认股书。认股书由认股人填写认购股数、金额、住所,并签名、盖章。

发起人向社会公开募集股份,应当由依法设立的证券公司承销,签订承销协议。

发起人向社会公开募集股份,应当同银行签订代收股款协议。

3. 召开成立大会

发起人应当自公司设立时应发行股份的股款缴足之日起30日内召开公司成立大会。发起人应当在成立大会召开15日前将会议日期通知各认股人或者予以公告。成立大会应当有持有表决权过半数的认股人出席,方可举行。

创立大会行使下列职权:审议发起人关于公司筹办情况的报告;通过公司章程;选举董事、监事会;对公司的设立费用进行审核;对发起人非货币财产出资的作价进行审核;发生不可抗力或者经营条件发生重大变化直接影响公司设立的,可以作出不设立公司的决议。成立大会对上述所列事项作出决议,必须经出席会议的认股人所持表决权过半数通过。

4. 申请设立登记

董事会应于创立大会结束后30日内,向公司登记机关申请设立登记。公司登记机关依法核准登记后,应当发给公司企业法人营业执照。

[小提示]

股份有限公司成立后,发起人未按照公司章程的规定缴足出资的,应当补缴;其他发起人承担连带责任。股份有限公司成立后,发现作为设立公司出资的非货币财产的实际价额显著低于公司章程所定价额的,应当由交付该出资的发起人补足其差额;其他发起人承担连带责任。

[小练习 多选题]

下列关于以募集方式设立的股份有限公司股份募集的表述中,符合《公司法》规定的有( )。

A. 发起人向社会公开募集股份,必须报经国务院证券监督管理机构核准
B. 发起人向社会公开募集股份,必须公告招股说明书,并制作认股书
C. 发起人向社会公开募集股份,应当由依法设立的证券公司承销,签订承销协议
D. 发起人向社会公开募集股份,应当同银行签订代收股款协议

> [想一想]
> 小甲和小乙拟募集设立一股份有限公司并已获准向社会募股,他们与某银行签订了承销股份和代收股款的协议,由该银行代售股份和代收股款,并在招股说明书上告知公司章程由认股人在创立大会上共同制订,同时告知股款募足后将在60日内召开创立大会。请分析他们实施的行为是否违法?

三、股份有限公司的组织机构

股份有限公司的组织机构由股东会、董事会、经理、监事会等组成。

(一) 股东会

1. 股东会的性质和组成

股东会是公司的权力机构,依法行使职权。股份有限公司的股东会由全体股东组成,公司的任何一个股东,无论其所持股份有多少,都是股东会的成员。

2. 股东会的职权

股份有限公司股东会的职权与有限责任公司股东会的职权基本相同。

上市公司股东会的职权还有一些特殊的规定:审议公司在一年内购买、出售重大资产超过公司最近一期经审计总资产30%的事项。

> [小提示]
> 股东会审议批准的担保行为包括:① 本公司及本公司控股子公司的对外担保总额,达到或超过最近一期经审计净资产的50%以后提供的任何担保。② 公司的对外担保总额,达到或超过最近一期经审计总资产的30%以后提供的任何担保。③ 为资产负债率超过70%的担保对象提供的担保。④ 单笔担保额超过最近一期经审计净资产10%的担保。⑤ 对股东、实际控制人及其关联方提供的担保。

3. 股东会的形式

股东会分为年会和临时股东会两种。股东会应当每年召开1次年会。上市公司的年度股东会应当于上一会计年度结束后的6个月内举行。有下列情形之一的,应当在2个月内召开临时股东会。

(1) 董事人数不足《公司法》规定人数或者公司章程所定人数的2/3时。
(2) 公司未弥补的亏损达股本总额1/3时。
(3) 单独或者合计持有公司10%以上股份的股东请求时。
(4) 董事会认为必要时。
(5) 监事会提议召开时。
(6) 公司章程规定的其他情形。

> [小练习 多选题]
> 甲公司是一家以募集方式设立的股份有限公司,其注册资本为人民币6 000万

元。董事会有7名成员。最大股东李某持有公司12%的股份。根据《公司法》的规定,下列各项中,属于甲公司应当在两个月内召开临时股东会的情形有(　　)。

A. 监事陈某提议召开　　　　B. 公司未弥补亏损达人民币2 100万元
C. 董事人数减至4人　　　　D. 最大股东李某请求召开

4. 股东会的召开

股东会会议由董事会召集,董事长主持;董事长不能履行职务或者不履行职务的,由副董事长主持;副董事长不能履行职务或者不履行职务的,由半数以上董事共同推举1名董事主持。

董事会不能履行或者不履行召集股东会会议职责的,监事会应当及时召集和主持;监事会不召集和主持的,连续90日以上单独或者合计持有公司10%以上股份的股东可以自行召集和主持。

5. 股东会的决议

股东出席股东会会议,所持每一股份有一表决权。股东可以委托代理人出席股东会会议,代理人应当向公司提交股东授权委托书,并在授权范围内行使表决权。公司持有的本公司股份没有表决权。

股东会作出决议,必须经出席会议的股东所持表决权过半数通过。但是,股东会作出修改公司章程、增加或者减少注册资本的决议,以及公司合并、分立、解散或者变更公司形式的决议,必须经出席会议的股东所持表决权的2/3以上通过。

股东会应当对所议事项的决定作成会议记录,主持人、出席会议的董事应当在会议记录上签名。会议记录应当与出席股东的签名册及代理出席的委托书一并保存。

股东会选举董事、监事,可以依照公司章程的规定或者股东会的决议,实行累积投票制。

> [小提示]
>
> 累积投票制是指股东会选举董事或者监事时,每一股份拥有与应选董事或者监事人数相同的表决权,股东拥有的表决权可以集中使用。例如,假设某公司有两位股东A和B。公司共发行了200股股份,A股东拥有150股,B股东持有50股,按照通常表决规则,A因为持股过半数,就可以选出公司所有董事。但如果采取累积投票制,假设该公司选举4位董事,则A拥有600票(150×4),B拥有200票(50×4)。A为了选出尽可能多的董事,必须将投票分散,比如对甲乙丙分别投200票;而B可以将投票集中,比如对丁投200票。这样,B有可能选出自己支持的董事。这种投票方法对于发扬中小股东民主决策、集中广大中小股东投票权具有积极意义。

[读一读]

董明珠连任格力电器董事长,55亿元分红方案顺利通过

格力电器董事会换届事宜尘埃落定,根据格力电器发布的第十二届董事会第一次会议决议公告,董明珠成功连任董事长,任期三年。与此同时,公司此前披露的规模达55.37亿元的2021年中期分红方案也顺利通过股东大会审议。

在格力电器的发展历程中,董明珠扮演着至关重要的角色。自2001年起,她便执掌格力电器,凭借卓越的领导能力和独到的商业眼光,带领格力电器在激烈的市场竞争中脱颖而出。多年来,格力电器在空调产销量、销售收入、市场占有率等关键指标上长期位居全国首位,成为中国家电行业的领军企业。此次董明珠再度连任,不仅是对她过往成绩的高度认可,也让市场对格力电器未来的发展充满期待。

格力电器的分红政策也备受投资者关注。此次通过的2021年中期分红方案,充分彰显了公司对股东利益的重视。暂以2022年2月11日享有利润分配权的股份总额55.37亿股为基数,向全体股东每10股派发现金股利10元(含税),共计派发现金股利55.37亿元。回顾格力电器的分红历史,自1996年上市以来,公司已实施现金分红22次,累计分红金额高达800亿元。而根据《未来三年股东回报规划(2022—2024年)》,格力电器将在2022—2024年每年进行两次利润分配,即年度利润分配及中期利润分配。在公司现金流满足正常经营和长期发展的前提下,每年累计现金分红总额不低于当年净利润的50%。较高的股息率不仅为投资者带来了实实在在的收益,也彰显了公司对自身长期经营的坚定信心。

(二) 董事会、经理

1. 董事会的性质和组成

董事会是股东会的执行机构,对股东会负责。

董事会设董事长1人,可以设副董事长。董事长和副董事长由董事会以全体董事的过半数选举产生。规模较小或者股东人数较少的股份有限公司,可以不设董事会,设一名董事,行使《公司法》规定的董事会的职权。该董事可以兼任公司经理。

董事任期由公司章程规定,但每届任期不得超过3年。董事任期届满,连选可以连任。

2. 董事会的职权

股份有限公司董事会的职权与有限责任公司董事会的职权基本相同。

3. 董事会的召开

董事长召集和主持董事会会议,检查董事会决议的实施情况。副董事长协助董事长工作,董事长不能履行职务或者不履行职务的,由副董事长履行职务;副董事长不能履行职务或者不履行职务的,由半数以上董事共同推举1名董事履行职务。董事会每年度至少召开2次会议,每次会议应当于会议召开10日前通知全体董事和监事。

4. 董事会的决议

董事会会议应有过半数的董事出席方可举行。董事会作出决议,必须经全体董事的过半数通过。董事会决议的表决,实行一人一票,即每个董事只能享有一票表决权。董事会会议,应由董事本人出席;董事因故不能出席,可以书面委托其他董事代为出席,委托书中应载明授权范围。董事会应当对会议所议事项的决定作成会议记录,出席会议的董事应当在会议记录上签名。

董事应当对董事会的决议承担责任。董事会的决议违反法律、行政法规或者公司章程、股东会决议，致使公司遭受严重损失的，参与决议的董事对公司负赔偿责任。但经证明在表决时曾表明异议并记载于会议记录的，该董事可以免除责任。

[小提示]

只有具备了下列三个条件，董事才对公司负赔偿责任：一是董事会的决议违反了法律、行政法规或者公司章程、股东会决议；二是董事会的决议致使公司遭受严重损失；三是该董事参与了董事会的决议并对某项决议表示了同意。

5. 经理

股份有限公司设经理，由董事会决定聘任或者解聘。股份有限公司经理的职权与有限责任公司经理的职权基本相同。公司董事会可以决定由董事会成员兼任公司经理。

[想一想]

某股份有限公司于2024年8月28日召开董事会会议，该次会议召开情况及讨论的有关问题如下：公司董事会由5名董事组成，本次会议董事李某因故未出席。根据总经理提名，出席本次会议的董事讨论并一致同意，聘任顾某为公司财务负责人，并决定给予顾某年薪10万元；董事会会议还讨论通过了公司内部机构设置的方案，表决时，董事张某反对，其他董事表示同意。该次董事会会议记录，由出席董事会会议的全体董事和列席会议的监事签名后存档。

(1) 董事会通过的聘任公司财务负责人和公司内部机构设置方案两项决议是否符合规定？请分别说明理由。

(2) 指出董事会会议记录签名和存档中不规范之处，并说明理由。

(三) 监事会

股份有限公司依法应当设立监事会，监事会为公司的监督机构。规模较小或者股东人数较少的股份有限公司，可以不设监事会，设一名监事，行使本法规定的监事会的职权。

1. 监事会的组成

(1) 人数规定。监事会成员不得少于3人。

(2) 职工代表的规定。监事会应当包括股东代表和适当比例的公司职工代表，其中职工代表的比例不得低于1/3，具体比例由公司章程规定。监事会中的职工代表由公司职工通过职工代表大会、职工大会或者其他形式民主选举产生。

(3) 监事会设主席1人，可以设副主席。监事会主席和副主席由全体监事过半数选举产生。监事会主席召集和主持监事会会议；监事会主席不能履行职务或者不履行职务的，由监事会副主席召集和主持监事会会议，监事会副主席不能履行职务或者不履行职务的，由半数以上监事共同推举1名监事召集和主持监事会会议。

(4) 监事任期。监事的任期每届为 3 年。监事任期届满，连选可以连任。
(5) 担任监事的限制。董事、高级管理人员不得兼任监事。

2. 监事会的职权
股份有限公司监事会的职权与有限责任公司监事会的职权基本相同。

3. 监事会的召开
监事会主席召集和主持监事会会议；监事会主席不能履行职务或者不履行职务的，由监事会副主席召集和主持监事会会议；监事会副主席不能履行职务或者不履行职务的，由半数以上监事共同推举 1 名监事召集和主持监事会会议。

监事会每 6 个月至少召开 1 次会议。监事可以提议召开临时监事会会议。监事会的议事方式和表决程序，除《公司法》有规定的外，由公司章程规定。监事会应当对所议事项的决定作成会议记录，出席会议的监事应当在会议记录上签名。

> [小练习 单选题]
>
> 下列有关股份有限公司监事会组成的表述中，符合公司法律制度规定的是（   ）。
> A. 监事会成员必须全部由股东大会选举产生
> B. 监事会中必须有职工代表
> C. 未担任公司行政管理职务的公司董事可以兼任监事
> D. 监事会成员任期为 3 年，不得连选连任

任务四　公司股票与公司债券

一、公司股票

(一) 股份和股票的概念

1. 股份
股份是指将股份有限公司的注册资本按相同的金额或比例划分为相等的份额，股份是公司资本的最小划分单位。
(1) 所有股东持有的股份加起来所代表的资本数额即为公司的资本总额。
(2) 每股金额相等，所表现出的股东权利和义务是相等的。

2. 股票
股票是指公司签发的证明股东所持股份的凭证，是股份的表现形式。股票具有以下性质：
(1) 股票是有价证券。股票记载着股票种类、票面金额及代表的股份数，反映着股票的持有人对公司的权利。
(2) 股票是证权证券。任何人只要合法占有股票，其就可以依法向公司行使权利。
(3) 股票是要式证券。股票应当采取纸面形式或者国务院证券监督管理机构规定

的其他形式。

(4) 股票是流通证券。股票可以在证券交易市场依法进行交易。

(二) 股票的种类

1. 根据股东权利、义务的不同分为普通股和优先股

普通股是指享有普通权利、承担普通义务的股份,是股份的最基本形式。依照规定,普通股股东享有决策参与权、利润分配权、优先认股权和剩余资产分配权。

优先股是指享有优先权的股份。公司对优先股的股利须按约定的股利率支付,有特别约定时,当年可供分配股利的利润不足以按约定的股利率支付优先股利的,还可由以后年度可供分配股利的利润补足。在公司进行清算时,优先股股东先于普通股股东取得公司剩余财产。但是,优先股股东不参与公司决策,不参与公司红利分配。

> [小提示]
>
> 优先股股东不参与公司决策,但是有分类表决权,优先股股东有权就以下事项与普通股股东分类表决,其所持每一优先股有一表决权,但公司持有的本公司优先股没有表决权:① 修改公司章程中与优先股相关的内容。② 一次或累计减少公司注册资本超过10%。③ 公司合并、分立、解散或变更公司形式。④ 发行优先股。⑤ 公司章程规定的其他情形。上述事项的决议,除须经出席会议的普通股股东(含表决权恢复的优先股股东)所持表决权的 2/3 以上通过之外,还须经出席会议的优先股股东(不含表决权恢复的优先股股东)所持表决权的 2/3 以上通过。

2. 按照投资主体性质的不同分为国有股、发起人股和社会公众股

国有股包括国家股和国有法人股,国家股是指有权代表国家投资的政府部门或机构以国有资产投入公司形成的股份或依法定程序取得的股份。国有法人股是指具有法人资格的国有企业、事业及其他单位以其依法占用的法人资产向独立于自己的股份公司出资形成或依法定程序取得的股份。发起人股是指股份公司的发起人认购的股份。社会公众股是指个人和机构以合法财产购买并可依法流通的股份。

3. 按照票面上是否记载股东的姓名或名称,分为记名股票和无记名股票

记名股票是指在票面上记载股东姓名或名称的股票。公司向发起人、法人发行的股票,应当为记名股票。无记名股票是指在票面上不记载股东姓名或名称的股票。

4. 其他分类

按照发行对象不同,可以将股票分为 A 股、B 股、H 股等。按股东有无表决权,将股票分为表决权股和无表决权股。

(三) 发行原则

1. 公平、公正的原则

(1) 同一次发行中的同一种股份应当具有同等的权利,享有同等的利益,同类股份必须同股同权、同股同利。

(2) 在同次股份发行中,相同种类的股份,每股的发行条件和发行价格应当相同。

(3) 不允许任何人通过内幕交易、价格操纵、价格欺诈等不正当行为获得超过其他人的利益。

2. 同股同价原则

同股同价,是指同次发行的同种类股票,每股的发行条件和价格应当是相同的,任何单位或者个人所认购的股份,每股应当支付相同价额,对于同一种类的股票不允许针对不同的投资主体规定不同的发行条件和发行价格。

(四) 股票的发行价格

股票发行价格可以按票面金额(平价),也可以超过票面金额(溢价),但不得低于票面金额。因为,低于票面金额发行股票,会使股票发行募集的资金低于公司相应的注册资本数额。

(五) 公司发行新股

发行新股是指股份有限公司成立后再向社会募集股份的法律行为。股份有限公司发行新股是股份有限公司向社会募集股份,增加公司注册资本的行为。公司发行新股,股东大会应当对下列事项作出决议。

(1) 新股种类及数额。
(2) 新股发行价格。
(3) 新股发行的起止日期。
(4) 向原有股东发行新股的种类及数额。

> [小练习 单选题]
>
> 下列关于股份有限公司股票发行的表述符合《公司法》规定的是( )。
> A. 公司历次发行股票的价格都必须相同
> B. 公司发行的股票面额必须为每股 1 元
> C. 公司发行的股票必须为无记名股票
> D. 公司股票的发行价格不得低于票面金额

(六) 股份转让

股份转让,是指股份有限公司的股份持有人依法自愿将自己所拥有的股份转让给他人,使他人取得股份成为股东或增加股份数额的法律行为。

1. 股份转让的法律规定

1) 股份转让的地点

股份转让应当在依法设立的证券交易场所进行或者按照国务院规定的其他方式进行。

2) 股份转让的方式

记名股票,由股东以背书方式或者法律、行政法规规定的其他方式转让,转让后由公司将受让人的姓名或者名称及住所记载于股东名册。股东会召开前 20 日内或者公司决定分配股利的基准日前 5 日内,不得进行股东名册的变更登记。但是,法律对上市公司股东名册变更登记另有规定的,从其规定。无记名股票的转让,由股东将该股票交付给受让人后即发生转让的效力。

2. 股份转让的限制

1) 对发起人转让股份的限制

发起人持有的本公司股份,自公司成立之日起 1 年内不得转让。公司公开发行股份前已发行的股份,自公司股票在证券交易所上市交易之日起 1 年内不得转让。

2) 对公司董事、监事、高级管理人员转让股份的限制

公司董事、监事、高级管理人员在任职期间每年转让的股份不得超过其所持有本公司股份总数的 25%;所持本公司股份自公司股票上市交易之日起 1 年内不得转让。离职后半年内,不得转让其所持有的本公司股份。

[小提示]

公司不得收购本公司股份,下列情形除外:① 减少公司注册资本。② 与持有本公司股份的其他公司合并。③ 将股份用于员工持股计划或者股权激励。④ 股东因对股东大会作出的公司合并、分立决议持异议,要求公司收购其股份。⑤ 将股份用于转换上市公司发行的可转换为股票的公司债券。⑥ 上市公司为维护公司价值及股东权益所必需。

[读一读]

从新中国第一只股票到红庙子,探寻成都股民的"繁花"年代

随着电视剧《繁花》的热播,那段风起云涌的股市岁月再度被人们提及,勾起无数老股民对往昔的深深追忆。说起新中国股票的历史,大众印象里或许是 1984 年 11 月发行的那第一只股票。电视剧《繁花》中,人物阿宝曾有旁白提到,"1984 年 11 月,国家发行了新中国的第一只股票。到了 1987 年上半年,全上海只发行了四只股票。"然而,鲜为人知的是,新中国公开发行的第一支股票其实诞生在成都,且时间远早于 1984 年。1980 年 7 月,经成都市人民政府批准,成都市工业展销信托股份公司按面值向全民和集体所有制单位发行蜀都股票,集资修建蜀都大厦,为展销成都市工业品提供交易场所。这一创举,不仅是新中国成立以来有记载的第一家以募集方式设立的股份,更是 1949 年后我国第一例"股份制"样本,在我国金融发展史上留下浓墨重彩的一笔。

《繁花》里那句"股市是一座围城,买进卖出是外面的人想进去,里面的人想出来",唤起了无数股民的共鸣。剧中阿宝回忆当时证券交易所尚未成立,股票买卖只能在西康路 101 号的柜台进行。其实,中国自发的最早、最大、最活跃的民间证券交易市场是成都的红庙子。红庙子,一条看似不起眼的老街,背后却藏着一段波澜壮阔的股市传奇。清朝康熙年间,这里修建了一座名为"准提庵"的庙子,因其外墙皆为红色,在清朝光绪年间,这条街被命名为红庙子街。谁能想到,这条老街日后会诞生成都的第一个股票交易市场以及第一批股民。20 世纪 90 年代初,四川大批国企、非国企公司掀起股份制改造浪潮,向社会发行股票、股权证、企业债券,为红庙子成为全国最大的"一级半"证券交易市场奠定了基础。1991 年 12 月 26 日,成都第一家证券行——四川金融市场证券交易中心在红庙子街挂牌营业,自此,红庙子的暴富神话拉开序幕。四川省第一家上市公司——四川盐业化工股份有限公司的股票最初就在红庙子摆摊发行,此后,成都市的股票、股权证和企业债券等证券持有者纷纷自发来到红庙子进行交易。1993 年,乐山电力正式

> 在上交所上市,其每股发行面值仅一元钱,在红庙子却被炒到 13 元每股,上市当天,乐山电力盘中最高涨到 50 元每股。那一天,不知多少人在红庙子实现了一夜暴富的梦想。红庙子自此一夜成名,人气一路飙升,最多时可达约十万人。在这里,无论是怀揣梦想的普通市民,还是嗅觉敏锐的投资者,都在这场股票热潮中寻找着自己的机会。红庙子当之无愧地成为中国史上自发最早、最大、最活跃的民间证券交易市场,见证了成都股民们激情燃烧的"繁花"年代,它不仅是成都股民的集体记忆,更是中国证券市场发展进程中的一个独特坐标,承载着那个特殊时代的经济变革与人们对财富的追逐。

二、公司债券

(一) 公司债券的概念和特征

1. 公司债券的概念

公司债券是指公司依照法定程序发行、约定在一定期限还本付息的有价证券。

2. 公司债券的特征

(1) 公司债券的持有人是公司的债权人,对于公司享有民法上规定的债权人的所有权利,而股票的持有人则是公司的股东,享有《公司法》所规定的股东权利。

(2) 公司债券的持有人,无论公司是否有盈利对公司享有按照约定给付利息的请求权,而股票持有人,则必须在公司有盈利时才能依法获得股利分配。

(3) 公司债券到了约定期限,公司必须偿还债券本金,而股票持有人仅在公司解散时方可请求分配剩余财产。

(4) 公司债券的持有人享有优先于股票持有人获得清偿的权利,而股票持有人必须在公司全部债务清偿之后,方可就公司剩余财产请求分配。

(5) 公司债券的利率一般是固定不变的,风险较小,而股票股利分配的高低,与公司经营好坏密切相关,故常有变动,风险较大。

(二) 公司债券的种类

1. 记名公司债券和无记名公司债券

记名公司债券是指在公司债券上记载债权人姓名或者名称的债券;无记名公司债券是指在公司债券上不记载债权人姓名或者名称的债券。两者转让的要求不同,记名公司债券的转让,转让人须在债券上背书;而无记名公司债券的转让,转让人交付债券即发生转让的法律效力。

2. 可转换公司债券和不可转换公司债券

可转换公司债券是指可以转换成公司股票的公司债券。这种公司债券在发行时规定了转换为公司股票的条件与办法。当条件具备时,债券持有人拥有将公司债券转换为公司股票的选择权。不可转换公司债券是指不能转换为公司股票的公司债券。凡在发行债券时未作出转换约定的,均为不可转换公司债券。

(三) 公司债券的发行

1. 公司债券发行的条件

公司发行公司债券应当符合《证券法》和《公司债券发行与交易管理办法》规定的发

行条件与程序。

2. 公司债券募集办法

公司发行债券,应当公告公司债券募集办法。公司债券募集办法中应当载明下列主要事项:

(1) 公司名称。
(2) 债券募集资金的用途。
(3) 债券总额和债券的票面金额。
(4) 债券利率的确定方式。
(5) 还本付息的期限和方式。
(6) 债券担保情况。
(7) 债券的发行价格、发行的起止日期。
(8) 公司净资产额。
(9) 已发行的尚未到期的公司债券总额。
(10) 公司债券的承销机构。

3. 置备公司债券存根簿

公司债券,可以为记名债券,也可以为无记名债券。公司发行公司债券应当置备公司债券存根簿。发行记名公司债券的,应当在公司债券存根簿上载明相关事项。发行可转换为股票的公司债券的,应当在债券上标明可转换公司债券字样,并在公司债券存根簿上载明可转换公司债券的数额。

(四) 公司债券的转让

《公司法》规定,公司债券可以转让,转让价格由转让人与受让人约定。

单元思考

公司是最为重要的市场主体和基本的市场经济微观基础,公司的结构是否健全、公司的行为是否规范,直接涉及其自身发展,影响到股东、职工和债权人的合法权益以及社会经济秩序的稳定。该如何保障公司经营过程中各方的合法权益,维护经济秩序呢?

单元小结

拓展学习

本单元介绍了公司、公司法、公司法人财产权的基础知识,介绍了有限责任公司和股份有限公司的设立条件、设立程序及组织机构,以及公司股票、债券的分类、发行及转让的规定。学生在学习完成后,能根据公司法律制度的规定指出、分析企业在设立过程中出现的与法律规定不吻合的现象,养成严谨、认真的学习态度,锻炼严密的逻辑思维能力。

单 元 测 试

一、单选题

1. 赵某、钱某、孙某和李某拟共同投资设立甲有限责任公司,拟定的公司章程中载明了股东的出资形式如下,其中不符合公司法律制度规定的是(　　)。

A. 赵某以其所有的商标权出资　　　B. 钱某以其所有的小汽车出资

C. 孙某以其取得的某项特许经营权出资　D. 李某以其所有的非专利技术出资

2. 甲、乙、丙共同出资设立一家有限责任公司。甲以房屋作价100万元出资。公司成立2年后,丁入股该公司。后查明,甲出资的房屋价值仅为60万元。有关甲出资不足的责任承担,下列说法中,正确的是(　　)。

A. 应当由甲补缴出资差额,乙、丙、丁承担连带责任

B. 应当由甲补缴出资差额,乙、丙承担连带责任

C. 应当由甲补缴出资差额,无法补足的,减少相应的公司注册资本

D. 应当由甲补缴出资差额,乙、丙承担补充责任

3. 某有限责任公司共有股东3人,该公司必须设置(　　)。

A. 董事会　　　B. 股东会　　　C. 监事会　　　D. 经理

4. 甲、乙、丙、丁为A有限责任公司(简称A公司)的股东,出资比例为4:3:2:1,公司章程对表决权行使及股东会议事规则无特别规定。A公司股东会的下列决议可以通过的是(　　)。

A. A公司吸收合并B有限责任公司的决议,甲、乙同意,丙、丁反对

B. A公司增加注册资本的决议,甲同意,乙、丙、丁反对

C. A公司修改公司章程的决议,甲、丙同意,乙、丁反对

D. A公司为甲向银行借款提供担保的决议,甲、乙同意,丙、丁反对

5. 下列各项中,属于有限责任公司董事会法定职权的是(　　)。

A. 对公司增加或减少注册资本作出决议

B. 决定公司内部管理机构的设置

C. 对发行公司债券作出决议

D. 审议批准公司的利润分配方案和弥补亏损方案

6. 有关子公司和分公司,下列表述中,正确的是(　　)。

A. 子公司和分公司均有法人资格

B. 子公司和分公司均有独立的公司名称、章程,独立的财产

C. 子公司和分公司均可领取营业执照

D. 子公司和分公司均能独立承担经营活动中产生的民事责任

7. 甲、乙、丙拟设立A有限责任公司,于2024年6月9日共同制定了公司章程,并于2024年7月14日向公司登记机关提出设立申请。公司登记机关于2024年7月26日签发营业执照,甲、乙、丙于2024年8月2日共同取回了营业执照并举行了隆重的开业庆典。以下关于A公司成立说法正确的是(　　)。

A. A有限责任公司自2024年6月9日起成立

B. A有限责任公司自2024年7月14日起成立

C. A有限责任公司自2024年7月26日起成立

D. A有限责任公司自2024年8月2日起成立

8. 下列有关有限责任公司章程的表述中,不合法的有(　　)。

A. 公司章程对股东没有约束力

B. 制定公司章程是设立有限责任公司的必经程序

C. 公司经营范围属于公司章程的必备事项

D. 公司章程必须由全体股东共同制定并签名、盖章

9. 下列有关股票发行价格的表述中,正确的是(　　)。

A. 股票发行价格只能与票面金额相同

B. 股票发行价格可以与票面金额相同,也可以低于票面金额,但不得超过票面金额

C. 股票发行价格可以与票面金额相同,也可以超过票面金额,但不得低于票面金额

D. 股票发行价格必须超过票面金额

10. 下列有关优先股与普通股股东权利的表述中,正确的是(　　)。

A. 优先股股东不参与公司决策,但可以参与公司红利分配

B. 公司清算时普通股股东先于优先股股东取得公司剩余财产

C. 优先股股东和普通股股东都可以参与公司决策

D. 对优先股的股利须按约定的股利率支付

二、多选题

1. 甲公司在外地设立了乙分公司,下列各项中,有关乙分公司的说法正确的有(　　)。

A. 乙分公司不得领取营业执照
B. 甲公司和乙分公司是两个独立的法人
C. 乙分公司没有独立的财产
D. 乙分公司没有独立的公司名称

2. 下列各项中,属于有限责任公司章程应当载明的事项有(　　)。

A. 公司名称和住所
B. 公司注册资本
C. 公司法定代表人
D. 股东的出资方式

3. 下列有关有限责任公司股东缴纳出资的表述中,正确的有(　　)。

A. 股东以非货币财产出资的,应当依法办理其财产权的转移手续

B. 股东以货币出资的,应当按期将货币出资足额存入公司在银行开立的相关账户

C. 持有出资证明书的股东,可以依出资证明书主张行使股东权利

D. 公司应当将股东的姓名或名称向公司登记机关登记,未经登记的,不得对抗第三人

4. 甲商贸有限责任公司董事会正在讨论设置总经理的有关事项,各董事的下列观点中,符合规定的有(　　)。

A. 董事A认为,公司可以不设总经理

B. 董事B认为,总经理应当由股东会选聘

C. 董事C认为,总经理应当负责制定公司的基本管理制度

D. 董事D认为,总经理有列席董事会会议的义务

5. 下列有关股份有限公司发起设立的表述中,正确的有(　　)。

A. 须有半数以上的发起人在中国境内有住所

B. 应当有1人以上200人以下为发起人

C. 注册资本为在公司登记机关登记的实收股本总额

D. 发起人只能是中国公民

6. 股份有限公司股东会所作的下列决议中,必须经出席会议的股东所持有表决权的

2/3以上通过的有(　　)。

A. 批准公司年度财务预算方案的决议

B. 公司合并、分立、解散的决议

C. 变更公司形式的决议

D. 增加或者减少注册资本的决议

7. 根据公司法律制度的规定,下列情形中,上市公司可以收购本公司股份的有(　　)。

A. 上市公司为维护公司价值及股东权益所必需

B. 将股份用于转换上市公司发行的可转换为股票的公司债券

C. 与持有本公司股份的其他公司合并

D. 减少公司注册资本

8. 根据公司法律制度的规定,股份有限公司发行新股,股东会应当对特定事项作出决议。下列各项表述正确的有(　　)。

A. 新股发行的起止日期　　　　B. 新股种类及数额

C. 承销的证券公司　　　　　　D. 新股发行价格

9. 下列有关股份有限公司股份转让的表述中,不正确的有(　　)。

A. 股东将无记名股票交付给受让人后即发生转让的效力

B. 公司在任何情况下都不得收购本公司股票

C. 上市公司董事会秘书不得买卖本公司股票

D. 公司可以接受本公司股票作为质押权的标的

10. 发行无记名公司债券的,应当在公司债券存根簿上载明的有(　　)。

A. 债券总额、利率　　　　　　B. 偿还期限和方式

C. 发行日期、债券的编号　　　D. 债券持有人的姓名或者名称及住所

三、判断题

1. 分公司不具有法人资格,但有独立的财产,可以其财产独立承担法律责任。(　　)

2. 赵某以违法犯罪所得的货币100万元出资并取得公司股权。对赵某犯罪行为处罚时,应当从公司账户中扣收赵某的100万元出资款以补偿受害人损失。(　　)

3. 有限责任公司的董事会有权决定公司的经营计划和投资方案。(　　)

4. 甲商贸有限责任公司的公司章程中规定,公司设监事会,由5名监事组成,且应当有半数以上监事为职工代表。该公司章程的规定符合公司法律制度的规定。(　　)

5. 甲、乙、丙共同投资设立一家有限责任公司甲以房屋作价100万元出资,并自公司设立时办理了产权转移手续,但直至公司成立半年后才将房屋实际交付给公司使用,乙、丙有权主张甲在实际交付房屋之前不享有相应股东权利。(　　)

6. 监事会设主席1人,可以设副主席。监事会主席和副主席由董事会以全体董事的过半数选举产生。(　　)

7. 股东会召开前20日内或者公司决定分配股利的基准日前5日内,不得进行股东名册的变更登记,但法律对上市公司股东名册变更登记另有规定的,从其规定。(　　)

8. 公司的财产来自股东的投资,股东虽然将财产投入公司,但是仍对该财产有直接支

配的权利。( )
9. 以公司资本结构和股东对公司债务承担责任的方式为标准,公司分为资合公司、人合公司、资合兼人合的公司。( )
10. 发行可转换为股票的公司债券的,公司应当按照其转换办法向债券持有人换发股票,债券持有人此时只有将债权转换成股票的权利。( )

四、案例分析题

案例1:2024年4月,赵某、张某、李某三人设立甲有限责任公司(简称甲公司)。公司章程规定:赵某以现金100万元出资,在公司成立时一次足额缴纳;张某以专利技术作价100万元出资,在公司成立时转移专利技术;李某以现金100万元出资,在公司成立半年和一年时分两次等额缴纳。公司章程对股东出资事项未作其他规定。赵某、张某在甲公司成立时按时履行了出资义务;甲公司成立半年时,李某以家庭出现经济困难为由,未按时缴纳出资。2024年12月,赵某、张某要求李某按照公司章程规定履行出资义务并承担违约责任,李某拒绝。2025年1月,甲公司按照公司章程规定召开股东会,决议李某在未按照公司章程规定履行出资义务前,不得行使利润分配请求权。甲公司股东会作出的决议是否符合法律规定?简要说明理由。

案例2:桃园有限责任公司(简称桃园公司)成立于2017年,主要从事卫生洁具生产、销售业务。2024年以来,公司经营状况不佳,股东张某怀疑公司近年的经营数据不实,向公司书面提出查阅账簿的请求,公司以张某持股比例过低为由予以拒绝。桃园公司以张某持股比例过低为由拒绝其查阅账簿请求是否合法?简要说明理由。

案例3:甲公司欲作为发起人募集设立一股份有限公司,其拟定的基本构想包括以下内容:① 为了吸引外资,开拓国际市场,7个发起人中有4个住所地在境外的发起人,这为公司的国际化打下良好的基础。② 公司的注册资本是8 000万元,其中7个发起人认购2 500万元,由于公司所选项目有非常好的发展前景,其余的5 500万元向社会公开募集。③ 成立大会可以根据需要,结合市场情况由发起人决定召开的时间。④ 如果公司不能设立,发起人和缴足股款的认股人会共同承担相应的法律责任。请分析甲公司拟定的基本构想中哪些不符合法律规定?

案例4：某广告有限责任公司由三个股东共同出资设立。张甲出资50万元，张乙出资45万元，张丙出资5万元。张甲为公司法定代表人。2021年6月，广告公司与印刷厂签订印刷合同，合同约定，由印刷厂为广告公司印刷某杂志。印刷厂印刷的杂志共计35万元，但广告公司仅支付10万元，尚欠25万元。2023年5月，张甲给印刷厂出具还款保证书，保证所欠款将于2023年12月底付清，但广告公司到期仍未付款，且印刷厂在追债的过程中，发现广告公司已无财产可以偿还。2024年8月，印刷厂将张甲、张乙、张丙告上法庭，要求他们偿还印刷款。法院驳回了印刷厂的诉讼请求。印刷厂再次将广告公司和张甲为被告起诉到法院。请分析印刷厂依法是否有权要求广告公司的股东或者法定代表人偿还印刷款？为什么？

案例5：赤壁股份有限公司（简称赤壁公司）召开董事会，7名董事全部出席了会议，本次董事会作出了以公司名义为股东刘某的个人住房贷款提供连带责任保证的决议（包括刘某在内的4票表决权通过），赤壁公司董事会的决议是否合法？简要说明理由。

案例6：林某和薛某共同投资设立潇湘有限责任公司，公司成立后不久，林某发现薛某作价100万元出资的专利技术因技术更新贬值为40万元，要求潇湘公司请求薛某补足。不考虑其他因素，薛某是否应当对其专利技术出资的贬值承担补足责任？简要说明理由。

案例7：丙公司为奖励公司杰出员工王某，经公司过半数董事出席的董事会决议收购了本公司1万股股票，但是在转让给王某前，王某辞职，丙公司遂决定由公司自己长期持有这1万股股票。请分析丙公司是否有权收购本公司的股份？为什么？丙公司在收购本公司股份的行为中有哪些不符合法律规定之处？

案例8：甲公司、乙公司和朱某5年前作为发起人募集设立了长江股份有限公司（简称长江公司）。年初长江公司董事会成员之间发生矛盾，公司章程规定的9名董事有4名辞职，公司管理混乱，董事会于4名董事辞职3个月后决定召开临时股东会增选4名董事，并在临时股东会会议召开12日前董事会通知了甲公司、乙公司和朱某，并公告了会议召开的时间、地点和审议事项。请分析，长江公司召开临时股东会的程序有哪些不符合法律规定之处？

案例9：甲公司、乙公司和丁公司作为发起人募集设立了黄河股份有限公司（简称黄河公司），黄河公司共有200万股股份，甲公司持有黄河公司40万股股份，乙公司持有黄河公司20万股股份，丁公司持有丙公司10万股股份，其余股份以无记名股票的形式募集。黄河公司章程中规定实行累积投票制。甲公司、乙公司、丁公司在选举4名董事的表决中各拥有多少表决权？

案例10：某股份有限公司于2024年8月28日召开董事会会议，公司董事会由7名董事组成，出席该次会议的董事有王某、张某、李某、陈某4人。董事何某、孙某、肖某3人因事不能出席会议，其中，孙某电话委托董事王某代为出席会议并表决，肖某委托董事会秘书杨某代为出席会议并表决。出席该次董事会会议的董事人数是否符合规定？董事孙某、肖某委托他人出席该次董事会会议是否有效？请分别说明理由。

单元五 合同法律制度

知识导航

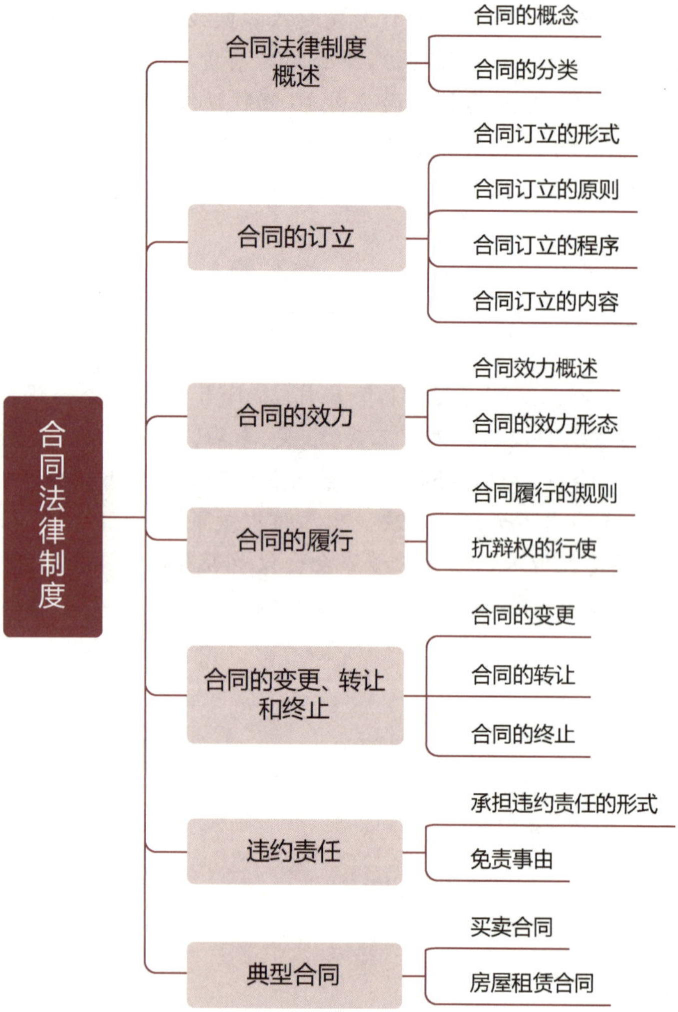

```
                    ┌─ 合同法律制度概述 ─┬─ 合同的概念
                    │                    └─ 合同的分类
                    │
                    │                    ┌─ 合同订立的形式
                    │                    ├─ 合同订立的原则
                    ├─ 合同的订立 ───────┤
                    │                    ├─ 合同订立的程序
                    │                    └─ 合同订立的内容
                    │
合同法律制度 ───────┤─ 合同的效力 ───────┬─ 合同效力概述
                    │                    └─ 合同的效力形态
                    │
                    │                    ┌─ 合同履行的规则
                    ├─ 合同的履行 ───────┤
                    │                    └─ 抗辩权的行使
                    │
                    │                       ┌─ 合同的变更
                    ├─ 合同的变更、转让 ────┤
                    │  和终止                ├─ 合同的转让
                    │                       └─ 合同的终止
                    │
                    │                    ┌─ 承担违约责任的形式
                    ├─ 违约责任 ─────────┤
                    │                    └─ 免责事由
                    │
                    │                    ┌─ 买卖合同
                    └─ 典型合同 ─────────┤
                                         └─ 房屋租赁合同
```

学习目标

1. 了解合同法律制度的基本构成、合同的概念、分类及合同的效力

2. 掌握合同订立的形式、原则、程序、合同的格式条款

3. 理解合同的效力：合同生效的基本要件、有效合同、无效合同、可撤销合同、效力待定合同；理解合同履行的规则及抗辩权行使的适应情形

4. 了解合同的变更、转让、终止的法律规定；掌握合同违约责任的主要形式；了解合同的免责条款的法律规定

5. 理解商品购销合同、房屋租赁合同相关内容

6. 树立契约意识，提升诚信服务、德法兼修的职业素养

 **单元导入**

电子合同的优势及挑战

随着互联网等技术的发展和电子商务的兴起，电子合同正作为一种新型的合同形式走进了人们的视野。电子合同具有环保、快捷、方便、节约成本，信息可溯源、可验证等优点。因此，随着全球化的推进，各国之间的交流与合作日益频繁，电子合同的应用场景将不断扩展，未来，随着 AI、区块链等技术的深化应用，电子合同将更加智能化、自动化，成为数字经济中不可或缺的基础设施，随着电子合同的广泛应用，各国家和地区也纷纷出台了相关的法律法规来保障电子合同的合法性，为电子合同的法律地位提供了保障。但电子合同的使用依赖稳定网络和设备，各国法规差异需合规适配，用户对安全性和效力的信任度待提升，中小企业面临技术实施与维护门槛，需平衡成本与安全性等问题。这些都是未来面临的重要挑战及需要解决的问题。

思政故事

任务一　合同法律制度概述

我国合同法律制度主要规定在《民法典》合同编，根据《民法典》第 463 条的规定，合同编调整因合同产生的民事关系。

合同编分为三分编，分别为通则、典型合同和准合同。

一、合同的概念

《民法典》第 464 条规定：合同是民事主体之间设立、变更、终止民事法律关系的协议。婚姻、收养、监护等有关身份关系的协议，适用有关该身份关系的法律规定；没有规定的，可以根据其性质参照适用本编规定。

依法成立的合同，受法律保护；依法成立的合同仅对当事人具有法律约束力，但是法律另有规定的除外。

[读一读]

合同的发展史

合同起源于古代人类社会的交换活动。早期阶段,人们的物品交换,都是基于人与人之间的信任及口头协议。随着社会的不断进步和经济的不断发展,商品交换逐渐频繁,人们开始意识到口头协议的不稳定性和不可靠性,于是产生了书面协议。这便是合同的起源。

我们所知合同最早始于西周时期,西周的合同有"傅别""质剂"和"书契"等形式。唐代合同形式已相对正规化。1999年3月15日,第九届全国人民代表大会第二次会议通过了《中华人民共和国合同法》。2020年5月28日,十三届全国人大三次会议表决通过了《中华人民共和国民法典》,自2021年1月1日起施行,《中华人民共和国合同法》同时废止。

二、合同的分类

随着经济社会的发展,人们的需求各不相同,也使得签订的合同各种各样,合同的分类如表5-1所示。

表5-1 合同的分类

分类标准	种类	注释
以法律是否赋予其名称	有名合同	又称典型合同,如《民法典》中规定的买卖合同、赠与合同、借款合同、租赁合同、融资租赁合同等
	无名合同	又称非典型合同,指法律对其未作特别规定,也未赋予一定名称的合同
按照合同双方是否需交付标的物才能成立为标准	诺成合同	指当事人的意思表示一致即成立的合同,如买卖合同、租赁合同。现实生活中,绝大多数合同为诺成合同
	实践合同	又称要物合同,指除当事人的意思表示一致以外,还须交付标的物或者完成其他给付才能成立的合同,如自然人之间的借贷合同、定金合同
按照法律、法规或者当事人约定是否要求合同具备特定形式和手续为标准	要式合同	指法律或者当事人要求必须具备一定形式和手续的合同
	不要式合同	即法律或者当事人不要求必须具备一定形式和手续的合同
按照双方是否互负给付义务为标准	双务合同	双方当事人互负给付义务的合同,如买卖合同、租赁合同、承揽合同等。我国《民法典》中规定的绝大多数合同都是双务合同
	单务合同	只有一方当事人负给付义务的合同,如赠与合同、无偿保管合同等

续　表

分类标准	种类	注释
以合同相互间的主从关系为标准	主合同	凡不以另一合同的存在为前提即能独立存在的合同为主合同,如借款合同与作为履行债务担保的保证合同之间,借款合同为主合同。
	从合同	必须以另一合同的存在为前提,自身不能独立存在的合同为从合同,如借款合同与作为履行债务担保的保证合同之间,保证合同为从合同。
根据合同的订立是否以订立另一合同为内容	预约合同	约定将来订立相关联的另一合同的合同,当事人约定在将来一定期限内订立合同的认购书、订购书、预订书等,构成预约合同。
	本约合同	履行预约合同而订立的合同。

《民法典》合同编规定的典型合同有19类：买卖合同；供用电、水、气、热力合同；赠与合同；借款合同；保证合同；租赁合同；融资租赁合同；保理合同；承揽合同；建设工程合同；运输合同；技术合同；保管合同；仓储合同；委托合同；物业服务合同；行纪合同；中介合同；合伙合同。

[小练习 单选题]

下列协议中适用合同概念的是（　　）。
A. 甲与乙签订的遗赠抚养协议　　B. 乙与丙签订的监护责任协议
C. 丙与丁签订的离婚协议　　　　D. 丁与戊签订的企业承包协议

任务二　合同的订立

合同的订立是指两个或两个以上当事人,依法就合同的主要条款经过协商一致达成协议的法律行为。合同当事人可以是自然人、法人或者其他组织,但都应当具有与订立合同相应的民事权利能力和民事行为能力。当事人也可以依法委托代理人订立合同。

一、合同订立的形式

《民法典》第469条第1款规定："当事人订立合同,可以采用书面形式、口头形式或者其他形式"。

（一）书面形式

书面形式是指合同书、信件和数据电文（包括电报、电传、传真、电子数据交换和电子邮件）等可以有形地表现所载内容的形式。法律、行政法规规定或者当事人约定采用书面形式的,应当采用书面形式。

(二) 口头形式

口头形式是指合同当事人双方就合同内容面对面或以通信设备交谈达成的协议。因发生纠纷后取证较难,适应于即时结清和不重要的合同。

(三) 其他形式

除了书面形式和口头形式,合同还可以其他形式成立。例如,可根据当事人行为或特定情形推定合同成立的情况,也称默示合同。

二、合同订立的原则

不管当事人签订的是什么类型的合同,都必须要在《民法典》或者一些相关法律的规定下进行,而签订合同就需要遵循一定的签订原则。

(一) 平等原则

平等原则,是指合同双方当事人法律地位一律平等、权利义务对等,双方必须就合同条款充分协商,取得一致,合同才能成立。

(二) 自愿原则

自愿原则,是指合同双方当事人依法享有自愿订立合同的权利,任何单位和个人不得非法干预。当然,自愿也不是绝对的,不是想怎样就怎样,当事人订立合同、履行合同,应当遵守法律、行政法规,尊重社会公德,不得扰乱社会经济秩序,不得损害社会公共利益。

(三) 公平原则

公平原则,是指合同双方当事人之间的权利义务要公平合理,要大体上平衡,强调一方给付与对方给付之间的等值性,合同上的负担和风险的合理分配。具体包括:第一,在订立合同时,要根据公平原则确定双方的权利和义务,不得滥用权利,不得欺诈,不得假借订立合同恶意进行磋商;第二,根据公平原则确定风险的合理分配;第三,根据公平原则确定违约责任。

(四) 诚实信用原则

诚实信用原则,是指合同双方当事人在订立、履行合同,以及合同终止后的全过程中,都要诚实,讲信用,相互协作。

[读一读]

这才是真正的契约精神

乔费尔是位重视契约精神的犹太商人,曾经为了信守承诺履行合同宁可多花6万美元也要把3万把餐具如约交付给购买方。这一事件在商界被传为佳话。

美孚石油公司向犹太人乔费尔订购了3万套餐刀和叉子,并指定9月1日在芝加哥交货。乔费尔联系厂商加紧赶制,但因厂商的失误,当产品最终完工并达标时,离交货时间就只有一天了,乔费尔为了将3万套刀叉按时送达指定交货点,而选择了空运。因此,他多支付了6万美元。同行们大为惊讶,不能理解地问:"多花6万美元就为了3万套破餐具?"乔费尔却非常严肃地回答:"做生意,必须按照合同要求按期交货,哪怕是因为其他人的原因造成了损失,我也没有理由违约。"乔费尔严格履行合同的行为赢得了更多人的尊重,获得了大量订单,最终实现利润的显著增长。

[想一想]

为什么说诚实信用是《民法典》中的帝王条款?

(五)不得损害社会公共利益原则

《民法典》第8条规定:"当事人订立、履行合同,应当遵守法律、行政法规,尊重社会公德,不得扰乱社会经济秩序,损害社会公共利益。"

[小练习 多选题]

下列属于《民法典》合同编关于合同订立基本原则的有( )。
A. 平等原则 B. 自愿原则
C. 公平原则 D. 不得损害社会公共利益原则

三、合同订立的程序

合同的成立必须基于当事人的合意,即意思表示一致。合同订立的过程就是合同双方当事人使其意思表示趋于一致的过程,一般要经过要约、承诺的环节。

(一)要约

要约是一方当事人向对方当事人提出合同条件,希望对方当事人接受的意思表示。发出要约的当事人称为要约人,要约所指向的对方当事人称为受要约人。

1. 要约应具备的条件

(1)要约须由要约人向特定相对人作出意思表示。《民法典》第473条第2款规定:"商业广告和宣传的内容符合要约条件的,构成要约。"

(2)要约的内容必须确定、完整,具有足以使合同成立的必要条款。依具体合同类型的不同,要约可能需包含标的、数量、质量、价款或者报酬等内容,一经受要约人承诺,合同即可成立。

(3)要约须表明经受要约人承诺,要约人即受该意思表示约束。

[小提示]

要约与要约邀请的区别:要约邀请,又称要约引诱,是指行为人向他人作出的希望他人向自己发出要约的意思表示,不属于订立合同的行为,如寄送的价目表、拍卖公告、招标公告、招股说明书、商业广告等为要约邀请。但如果商业广告的内容符合要约的规定,如悬赏广告,则视为要约。要约可以向特定人发出,也可以向非特定人发出。

2. 要约生效时间

以对话方式作出的要约,自相对人知道其内容时生效。

以非对话方式作出的要约,自到达受要约人时生效。《民法典》第 137 条第 2 款规定:"以非对话方式作出的采用数据电文形式的意思表示,相对人指定特定系统接收数据电文的,该数据电文进入该特定系统时生效;未指定特定系统的,相对人知道或者应当知道该数据电文进入其系统时生效。当事人对采用数据电文形式的意思表示的生效时间另有约定的,按照其约定。"

> [小练习 单选题]
>
> 8月1日,周某未与吴某协商,自行通过电子邮件向吴某的 A 电子邮箱发送一份要约;8月2日,周某微信告知吴某此事,吴某回复"收到";8月5日,吴某拟登录电子邮箱查阅,由于该邮箱已经 10 年不使用,吴某遗忘密码未能成功登录;8月8日,吴某凭找回的登录密码登录邮箱阅读了该要约。该要约的生效时间是( )。
> A. 8月1日　　　B. 8月2日　　　C. 8月5日　　　D. 8月8日

3. 要约的效力

要约一经生效,要约人即受到要约的约束,不得随意撤销要约或者对要约加以限制、变更和扩张。受要约人在要约生效时即取得了依其承诺而成立合同的法律地位,所以受要约人可以承诺,也可以不承诺。

4. 要约的撤回、撤销与失效

1) 要约撤回

要约撤回是指要约在发出后、生效前,要约人使要约不发生法律效力的意思表示。

2) 要约撤销

要约撤销是指要约人在要约生效后、受要约人承诺前,使要约丧失法律效力的意思表示。

法律规定了两种不得撤销要约的情形:

(1) 要约人以确定承诺期限或者其他形式明示要约不可撤销。

(2) 受要约人有理由认为要约是不可撤销的,并已经为履行合同做了合理准备工作。

3) 要约失效

要约失效是指要约丧失法律效力,即要约人与受要约人均不再受其约束,要约人不再承担接受承诺的义务,受要约人也不再享有通过承诺使合同得以成立的权利。

(二) 承诺

承诺是受要约人同意要约的意思表示。

1. 承诺应当具备的条件

(1) 承诺必须由受要约人作出。

(2) 承诺必须向要约人作出。

(3) 承诺的内容必须与要约的内容一致。

(4) 承诺必须在承诺期限内作出并到达要约人。

2. 承诺的方式

承诺应当以通知的方式作出,通知的方式可以是口头的,也可以是书面的。

3. 承诺的期限

承诺应当在要约确定的期限内到达要约人。

4. 承诺的生效

承诺通知到达要约人时生效。承诺不需要通知的,根据交易习惯或者要约的要求作出承诺的行为时生效。采用数据电文形式订立合同的,承诺到达的时间同上述要约到达时间的规定相同。

5. 承诺的撤回

承诺可以撤回。承诺的撤回,是指受要约人阻止承诺发生法律效力的意思表示。

[小提示]

《民法典》规定,赠与协议是赠与人无偿转让财产给受赠人,受赠人表示接受的合同。赠与人在财产转移前有权撤销赠与,但公证或具有公益、道德义务的赠与除外。

[想一想]

甲公司以招标方式采购设备,向包括乙公司在内的十余家厂商发出招标书,招标书中包括设备性能、规格、品质、交货日期等。乙公司向甲公司发出了投标书。甲公司在接到乙公司及其他公司的投标书后,通过决标,决定乙公司中标,并向乙公司发出了中标通知书。甲公司发出招标书属什么行为?乙公司向甲公司发出投标书属什么行为?甲公司向乙公司发出中标通知书属什么行为?

四、合同订立的内容

合同订立的内容包括双方当事人的基本信息、合同标的、数量、质量、价款或者报酬、违约责任等条款,这些条款是合同成立的基础,也是双方权利义务的明确表述。

《民法典》第470条规定:"合同的内容由当事人约定,一般包括下列条款:当事人的姓名或者名称和住所、标的、数量、质量、价款或者报酬、履行期限及地点和方式、违约责任、解决争议的方法。"当事人可以参照各类合同的示范文本订立合同。

提供标准化服务的行业,为了重复使用而预先拟定格式条款的合同,称为格式合同。这类格式合同通常向不特定的多数人发出,具有广泛性和持续性。格式合同由于条款事先拟定,可以减少每次交易前的谈判时间,降低成本,普遍适用于提供标准化服务的行业,如邮电、通信、运输、电力、金融等领域。

[小提示]

《民法典》第496条规定:格式条款是当事人为了重复使用而预先拟定,并在订立合同时未与对方协商的条款。

> 采用格式条款订立合同的,提供格式条款的一方应当遵循公平原则确定当事人之间的权利和义务,并采取合理的方式提示对方注意免除或者减轻其责任等与对方有重大利害关系的条款,按照对方的要求,对该条款予以说明。

任务三 合同的效力

一、合同效力概述

合同效力是指已经成立的合同具有法律约束力,合同是否生效,取决于是否符合法律规定的有效条件。《民法典》第 502 条规定:"依法成立的合同,自成立时生效"。

合同的一般生效要件如下:
(1) 当事人具有相应的订立合同的能力。
(2) 意思表示真实。
(3) 不违反法律和社会公共利益。

二、合同的效力形态

合同的效力形态可分为四大类,即有效合同,无效合同,效力待定合同,可变更、可撤销合同。

(一) 有效合同

所谓有效合同,是指依照法律的规定成立并在当事人之间产生法律约束力的合同。从目前现有的法律规定来看,都没有对合同有效规定统一的条件。

1. 有效合同必须具备的要件
(1) 签订合同的主体必须具有相应的民事行为能力。
(2) 合同的内容是签约各方的真实意思表示。

合同的内容不违反法律的强制性规定,不违反公序良俗,不侵犯第三方的合法利益。

2. 合同生效的时间

《民法典》根据合同类型的不同,分别规定了合同不同的生效时间:
(1) 依法成立的合同,原则上自成立时生效。
(2) 法律、行政法规规定应当办理批准、登记等手续生效的,自批准、登记时生效。
(3) 当事人对合同的效力可以附条件或者附期限。

附生效条件的合同,自条件成就时生效。附解除条件的合同,自条件成就时失效。当事人为自己的利益不正当地阻止条件成就的,视为条件已成就;不正当地促成条件成就的,视为条件不成就。附生效期限的合同,自期限届至时生效;附终止期限的合同,自期限届满时失效。

(二) 无效合同

1. 无效合同的概念

无效合同是相对有效合同而言的,它是指合同虽然成立,但因其违反法律、行政法规或公共利益,因此被确认无效。

2. 合同无效的情形

根据《民法典》规定,合同无效的情形主要包括:

(1) 无民事行为能力人订立的合同。

(2) 以虚假意思表示订立的合同。

(3) 违反法律、行政法规中的强制性规范的合同。

(4) 违背公序良俗的合同。

(5) 行为人与相对人恶意串通、损害他人合法权益的合同。

3. 合同无效的后果

根据《民法典》第157条的规定,合同无效的后果包括返还财产、折价补偿以及赔偿损失。

[读一读]

"暗刷流量"合同无效案

许某通过微信向常某某寻求"暗刷的流量资源",双方协商后确认常某某为许某提供网络暗刷服务,许某共向常某某支付三次服务费共计一万余元。常某某认为,根据许某指定的第三方CNZZ后台数据统计,许某还应向常某某支付流量服务费30 743元。许某以流量掺假、常某某提供的网络暗刷服务本身违反法律禁止性规定为由,主张常某某无权要求支付对价,不同意支付上述款项。常某某将许某诉至北京互联网法院,请求判令许某支付服务费30 743元及利息。

北京互联网法院认为,"暗刷流量"的行为违反商业道德底线,使得同业竞争者的诚实劳动价值被减损,破坏正当的市场竞争秩序,侵害了不特定市场竞争者的利益,同时也会欺骗、误导网络用户选择与其预期不相符的网络产品,长此以往,会造成网络市场"劣币驱逐良币"的不良后果,最终减损广大网络用户的利益。常某某与许某之间"暗刷流量"的交易行为侵害广大不特定网络用户的利益,进而损害了社会公共利益、违背公序良俗,其行为应属绝对无效。

来源:中国法院网《"暗刷流量"合同无效案》

(三) 效力待定合同

效力待定合同,是指合同订立后尚未生效,须经同意权人追认方能有效的合同。

主要包括以下两种情形。

1. 限制民事行为能力人超出自己的行为能力范围与他人订立的合同

例如,一个十岁的孩子买了一台九千元的手机,他的购买行为与他的年龄和智力不相适应,除非他的法定监护人同意或追认,否则他的购买行为没有法律效力。

2. 因无权代理订立的合同

例如,吴奶奶的女儿在没有获取吴奶奶授权前提下代替吴奶奶签订了一份房屋买卖合同。这就是一份典型的无权代理订立的合同,吴奶奶的女儿代替签订的买卖合同对吴奶奶不发生效力,由吴奶奶的女儿承担责任。

(四)可变更、可撤销合同

可变更、可撤销合同,是指当事人在订立合同时,因意思表示不真实,法律允许撤销权人通过行使撤销权而使已经生效的合同归于无效的合同。

《民法典》规定,当事人协商一致的情况下,可以变更合同。而合同如果是基于欺诈、重大误解、显失公平等情形签订的,当事人可以申请撤销合同。

(1)基于重大误解实施的民事法律行为,行为人有权请求人民法院或者仲裁机构予以撤销。

(2)一方以欺诈手段,使对方在违背真实意思的情况下实施的民事法律行为,受欺诈方有权请求人民法院或者仲裁机构予以撤销。

(3)一方或者第三人以胁迫手段,使对方在违背真实意思的情况下实施的民事法律行为,受胁迫方有权请求人民法院或者仲裁机构予以撤销。

> [小练习 单选题]
> 当事人受到合同相对方欺诈进而签订合同的,合同效力(　　)。
> A. 无效　　　　B. 有效　　　　C. 可撤销　　　　D. 待定

任务四　合同的履行

合同履行是合同双方当事人对所约定的合同权利和义务的实现。从权利和义务的相对性来说,就是负有履行义务的一方,应全面履行自己的义务,以确保对方权利的实现。

一、合同履行的规则

(一)合同履行的一般要求

(1)合同履行是债务人按照合同约定全面、正确地履行合同义务,从而使债权人之债权得以实现的行为。

(2)债务人不能迟延履行或者提前履行。对于提前履行,《民法典》第530条明确规定:"债权人可以拒绝债务人提前履行债务,但是提前履行不损害债权人利益的除外。债务人提前履行债务给债权人增加的费用,由债务人负担。"

(3)债务人原则上应按债务的内容全部履行,不得部分履行债务。《民法典》第531条规定:"债权人可以拒绝债务人部分履行债务,但是部分履行不损害债权人利益的除外。债务人部分履行债务给债权人增加的费用,由债务人负担。"

(二) 合同内容约定不明确时的履行规则

合同生效后,当事人就质量、价款或者报酬、履行地点等内容没有约定或者约定不明确的,可以协议补充;不能达成补充协议的,按照合同有关条款或者交易习惯确定;仍不能确定的,适用下列规定:

(1) 质量要求不明确的,按照强制性国家标准履行;没有强制性国家标准的,按照推荐性国家标准履行;没有推荐性国家标准的,按照行业标准履行;没有国家标准、行业标准的,按照通常标准或者符合合同目的的特定标准履行。

(2) 价款或者报酬不明确的,按照订立合同时履行地的市场价格履行;依法应当执行政府定价或者政府指导价的,依照规定履行。

(3) 履行地点不明确,给付货币的,在接受货币一方所在地履行;交付不动产的,在不动产所在地履行;其他标的,在履行义务一方所在地履行。

(4) 履行期限不明确的,债务人可以随时履行,债权人也可以随时请求履行,但是应当给对方必要的准备时间。

(5) 履行方式不明确的,按照有利于实现合同目的的方式履行。

(6) 履行费用的负担不明确的,由履行义务一方负担;因债权人原因增加的履行费用,由债权人负担。

[小练习 单选题]

长沙市含光工厂因购买布料与上海市棉麻公司签订一份买卖合同,合同中未约定交货地与付款地,双方就此未达成补充协议,按照合同有关条款或者交易习惯也不能确定。根据合同法律制度的规定,下列关于交货地及付款地的表述中正确的是(   )。

A. 长沙市为交货地　　　　B. 上海市为交货地
C. 长沙市为付款地　　　　D. 上海市为付款地

(三) 涉及第三人的合同履行

1. 向第三人履行的合同

向第三人履行的合同又称利他合同,指双方当事人约定,由债务人向第三人履行债务的合同。债务人未向第三人履行债务或者履行债务不符合约定的,应当向债权人承担违约责任。

2. 由第三人履行的合同

由第三人履行的合同又称第三人负担的合同,指双方当事人约定债务由第三人履行的合同,该债务履行的约定必须征得第三人同意。该合同以债权人、债务人为合同双方当事人,第三人不是合同的当事人。

其法律效力为:

(1) 第三人不履行债务或者履行债务不符合约定的,债务人应当向债权人承担违约责任。

(2) 第三人向债权人履行债务所增加的费用,除合同另有约定外,一般由债务人承担。

[小练习 单选题]

甲、乙签订了一份合同,约定由丙向甲履行债务,但丙履行债务的行为不符合合同的约定,下列有关甲请求承担违约责任的表述中,正确的是(　　)。

A. 请求丙承担　　　　　　　　B. 请求乙承担
C. 请求丙和乙共同承担　　　　D. 请求丙或乙承担

 [读一读]

网络购物遭遇"标价错误",消费者能否继续主张合同履行?

案例经过:张某在某平台店铺下单购买"荣耀"手机一部,实付货款779元。但被告未经原告同意,强行取消订单并退回款项,原告打电话给某平台客服咨询,得知是被告单方取消订单且拒绝履行。张某非常生气并将该店铺告到法庭,理由是:根据《中华人民共和国电子商务法》第49条规定,原被告之间的买卖合同已经成立并生效,被告未经原告同意取消订单的行为已构成违约,故应承担相应的违约责任。同时,根据《中华人民共和国消费者权益保护法》第55条规定:"经营者提供商品或者服务有欺诈行为的,应当按照消费者的要求增加赔偿其受到的损失,增加赔偿的金额为消费者购买商品的价款或者接受服务的费用的三倍;增加赔偿的金额不足五百元的,为五百元。"原告下单的价款为779元,该779元已退还给原告,按照该规定,原告主张该商品价款3倍的赔偿,被告应赔偿原告的损失2 337元;并向原告支付因维权产生的费用300元。

最终法院判决:驳回原告李某的全部诉讼请求。

法院认为:根据《民法典》第142条规定:"有相对人的意思表示的解释,应当按照所使用的词句,结合相关条款、行为的性质和目的、习惯以及诚信原则,确定意思表示的含义。"本案中,原告提交的订单虽显示交易价格为779元,但结合订单商品的市场销售价格、原告付款后被告5分钟之内取消案涉订单并向原告退款的事实,以及案涉订单商品进货情况、近两日内被告销售案涉订单商品的实际情况等,可以认定原告下单时商品显示的779元销售价格并非被告的真实意思,也就是说,被告的真实意思并非以779元的价格销售案涉订单商品。从原告询问平台在线客服的情况可知,原告对订单价格异常已经有所预见。因此,原告虽提交订单成功,但鉴于订单并非被告真实意思表示,故原告要求被告交付案涉订单商品,缺乏双方意思表示一致的基础,本院对此不予支持。

二、抗辩权的行使

抗辩权是指在双务合同中,一方当事人在对方不履行债务或者履行债务不符合约定时,依法对抗对方请求或者否认对方权利主张的权利。《民法典》合同编规定了同时履行抗辩权、后履行抗辩权和不安抗辩权。

(一)同时履行抗辩权

同时履行抗辩权是指无给付先后顺序的双务合同当事人一方在他方当事人未为相应给付前,有拒绝自己给付的抗辩权。《民法典》第525条规定:"当事人互负债务,没有先后履行顺序的,应当同时履行。一方在对方履行之前有权拒绝其履行请求。一方在对方履行债务不符合约定时,有权拒绝其相应的履行请求。"

(二)后履行抗辩权

后履行抗辩权是指合同当事人互负债务,有先后履行顺序,先履行一方未履行的,后履行一方有权拒绝其履行要求。先履行一方履行债务不符合约定的,后履行一方有权拒绝其相应的履行要求。

(三)不安抗辩权

不安抗辩权是指当事人互负债务,有先后履行顺序的,先履行的一方有确切证据证明另一方丧失履行债务能力时,在对方没有履行或者没有提供担保之前,有拒绝自己履行的权利。规定不安抗辩权是为了切实保护先履行一方当事人的合法权益,防止对方借合同进行欺诈,促使对方履行义务。

1. 不安抗辩权适用的情形

(1) 经营状况严重恶化。
(2) 转移财产、抽逃资金,以逃避债务。
(3) 丧失商业信誉。
(4) 有丧失或者可能丧失履行债务能力的其他情形。

先履行合同义务的当事人应当有证据证明对方不能履行合同或者有不能履行合同的可能性;没有确切证据而行使不安抗辩权,造成对方损失的,应当承担违约责任。

2. 不安抗辩权的效力

(1) 中止履行。中止履行即应当先履行债务的当事人中止先为履行。应当先履行债务的当事人行使中止权时,应当及时通知对方,以免给对方造成损失,也便于对方在接到通知后,提供相应的担保,使合同得以履行。如果对方当事人恢复了履行能力或者提供了相应的担保后,先履行一方当事人"不安"的原因消除,应当恢复合同的履行。

(2) 解除合同。中止履行合同后,如果对方在合理期限内未恢复履行能力并且提供适当担保的,视为以自己的行为表明不履行主要债务,中止履行合同的一方可以解除合同,并可以请求对方承担违约责任。

[想一想]

甲、乙签订了一份买卖合同,双方约定由甲向乙提供一批生产用原材料,总货款为100万元,甲最晚于6月底前供货,乙收到货后在10日内付款。5月甲从报纸上得知:乙为逃避债务私自转移财产,被法院依法查封扣押了财产。于是甲通知乙,在乙付款或者提供担保前中止履行合同。想一想甲行使的是什么权利?

任务五　合同的变更、转让和终止

一、合同的变更

合同的变更仅指合同内容的变更,是指合同成立后,合同双方当事人根据客观情况的变化,依照法律规定的条件和程序,经协商一致,对原合同内容进行修改、补充或者完善。

(一) 合同变更的要件

(1) 当事人之间已存在合同关系。
(2) 合同内容发生了变化。
(3) 合同的变化必须遵守法律的规定或者当事人的约定。

(二) 合同变更的情形

1. 依据法律的规定产生

当法律规定的情形出现时,合同内容可能发生变化,如遇有不可抗力导致债务不能履行时,合同可以延期履行。

2. 当事人约定变更合同的情形出现

一是由合同当事人达成变更合同的协议;二是当事人可以在订立合同时即约定,当某种特定情况出现时,当事人有权变更合同。

二、合同的转让

合同的转让是指合同当事人一方将其合同的权利和义务全部或者部分转让给第三人的行为。

(一) 合同权利转让

合同权利转让是指债权人将合同的权利全部或者部分转让给第三人。其中,转让权利的债权人称为让与人,接受权利的第三人称为受让人。

合同权利原则上具有可转让性。但下列情形的合同权利,债权人不得转让:

(1) 根据合同性质不得转让。基于当事人之间信任关系而发生的债权。如委托合同中,受托人基于对委托人的信任,愿意接受委托,债权人不得任意将请求实施委托事务的权利转让给他人。例如,扶养请求权、抚恤金请求权等,不得转让。

(2) 根据当事人约定不得转让。当事人在订立合同时,可以对权利的转让作出特别的约定,禁止债权人将权利转让给第三人。但根据《民法典》第545条第2款的规定,当事人约定非金钱债权不得转让的,不得对抗善意第三人,如果一方当事人违反约定,将合同权利转让给善意第三人,则善意第三人可以取得该项权利。当事人约定金钱债权不得转让的,不得对抗第三人。

(3) 依照法律规定不得转让。

> [小提示]
> 债权人转让权利无须经债务人同意,但应当通知债务人。未经通知,该转让对债务人不发生效力。

(二) 合同义务移转

合同义务转移是指在不改变合同义务的前提下,经债权人同意,债务人将合同的义务全部或者部分转移给第三人。

《民法典》第552条规定:"第三人与债务人约定加入债务并通知债权人,或者第三人向债权人表示愿意加入债务,债权人未在合理期限内明确拒绝的,债权人可以请求第三人在其愿意承担的债务范围内和债务人承担连带债务。"

(1) 合同义务原则上可移转。
(2) 必须存在合同义务移转的协议。
(3) 合同义务转移须经债权人同意。

债务人将合同的义务全部或者部分转移给第三人,应当经债权人同意,否则债务人转移合同义务的行为对债权人不发生效力。

> [小提示]
>
> 下列情形的合同义务不可转移:
> (1) 性质上不可移转的合同义务。某项合同义务若以特别的信任关系或者债务人的特殊技能为基础,需要债务人亲自履行的,则该项合同义务可能因其性质不具有可移转性。例如,由某著名歌星履行的演唱义务,因合同义务的性质而不可移转。
> (2) 当事人约定不可移转的合同义务。
> (3) 法律规定不可移转的合同义务。

(三) 合同权利义务的一并转让

合同关系的一方当事人将权利和义务一并转让时,除了应当征得另一方当事人的同意外,还应当遵守有关转让权利和义务的规定。

三、合同的终止

合同的终止又称为合同权利义务终止,是指依法生效的合同,因具备法定情形和当事人约定的情形,合同债权、债务归于消灭,债权人不再享有合同权利,债务人也不必再履行合同义务,合同当事人双方终止合同关系,合同的效力随之消灭。

《民法典》第557条规定:有下列情形之一的,债权债务终止:
(1) 债务已经履行。
(2) 债务相互抵销。
(3) 债务人依法将标的物提存。
(4) 债权人免除债务。
(5) 债权债务同归于一人。
(6) 法律规定或者当事人约定终止的其他情形。
(7) 合同解除的,该合同的权利义务关系终止。

> [小练习 单选题]
>
> 债权债务同归于一人的,则合同状态是(　　)。
> A. 合同解除　　B. 合同终止　　C. 合同中止　　D. 合同变更

任务六 违约责任

违约责任即违反合同的民事责任,是指合同当事人一方或者双方不履行合同义务或者履行合同义务不符合约定时,依照法律规定或者合同约定所承担的法律责任。

《民法典》第 577 条规定:"当事人一方不履行合同义务或者履行合同义务不符合约定的,应当承担继续履行、采取补救措施或者赔偿损失等违约责任。"

一、承担违约责任的形式

违约责任形式是指违反合同的一方承担民事责任的方式,具体包括五种,承担违约责任的形式如表 5-2 所示。

表 5-2 承担违约责任的形式

承担违约责任形式	含义
继续履行	也称强制履行,指在一方当事人不履行合同义务或履行合同义务不符合约定时,另一方可请求法院强制违约方继续履行合同义务
采取补救措施	当事人一方履行合同义务不符合约定的,应当按照当事人的约定承担违约责任。受损害方可以根据受损害的性质以及损失的大小,合理选择要求对方适当履行,如采取修理、重作、更换、退货、减少价款或者报酬等措施,也可以选择解除合同、中止履行合同等补救措施
赔偿损失	是违约责任中最常见的责任形式。指违约方因不履行合同义务或者履行合同义务不符合约定而给对方造成损失,依法或者根据合同规定所应承担的损害赔偿责任
定金	当事人可以依照担保法约定一方向对方给付定金作为债权的担保。债务人履行债务的,定金应当抵作价款或者收回。给付定金的一方不履行债务或者履行债务不符合约定,无权请求返还定金;收受定金的一方不履行债务或者履行债务不符合约定,应当双倍返还定金。定金的数额由当事人约定;但是,不得超过主合同标的额的 20%,超过部分不产生定金的效力。若实际交付的定金数额多于或者少于约定数额,这将被视为对约定定金数额的变更
支付违约金	又称违约罚款,是指当事人一方违反合同时向对方支付的一定数额的金钱或财物。约定的违约金低于造成的损失的,当事人可以请求人民法院或者仲裁机构予以增加,约定的违约金过分高于造成的损失的,当事人可以请求人民法院或者仲裁机构予以适当减少。违约方支付违约金后,还应当履行债务

[小提示]

《民法典》第 588 条规定:当事人既约定违约金,又约定定金的,一方违约时,对方可以选择适用违约金或者定金条款。定金不足以弥补一方违约造成的损失的,对方可以请求赔偿超过定金数额的损失。

[小练习 单选题]

甲公司向乙公司购买建材,甲公司按合同约定的定金数额支付了60万元(未超过主合同标的的20%),后乙公司违约,法院判决违约方双倍返还定金,乙公司应当向甲公司支付的金额为(　　)。

A. 120万元　　B. 60万元
C. 200万元　　D. 260万元

[读一读]

李某某与成都某某科技有限公司买卖合同纠纷案

李某某在京东商城某某网店购入一台笔记本电脑,某某网店注册商家即为被告成都某某科技有限公司。该网店在宣传网页说明标注"京东促销价为5 099元,原价5 899元,实得价5 099元,活动时间6月18日0点至19日0点直降800+评价返30",李某某于当日下单并付款。后李某某发现该产品在本次活动之前,包括6月17日时出售的价格均为5 499元,而非活动当天宣传的原价5 899元,因此原告认为被告存在虚构原价欺诈消费者的违法行为,遂诉至法院要求退还货款并赔偿三倍损失。

法院经审理认为:在网络消费行为中,只有当一方故意告知对方虚假情况或者故意隐瞒真实情况,诱使对方作出错误意思表示时才能认定为欺诈行为。本案中,首先,双方基于网络平台进行商品交易,网络购物中商品信息公开透明,李某某在京东商城购物时有更多的途径进行比价、选择,其作为网络购物的消费者并不存在获取价格信息上的弱势地位。其次,并无证据能认定某某科技公司在李某某购买案涉商品时存在欺骗、诱导的行为,亦不能认定李某某在购买案涉商品时是基于错误的认识做出错误的意思表示。最后,成都某某科技公司通过京东商城在6月18日的促销活动前已开展了相关的促销活动,该行为属于连续开展促销活动而非价格欺诈。因此,李某某主张成都某某科技公司存在欺诈要求退货款并赔偿损失的请求无事实根据和法律依据,不予支持。

来源:彭湃新闻《"双十一"来袭,看民法典如何定义网络购物合同——省法院发布适用民法典典型案例》

二、免责事由

(一) 法定事由

1. 不可抗力

不可抗力是指不能预见、不能避免且不能克服的客观情况。常见的不可抗力情形主要包括自然灾害、政府行为或者社会异常事件等。

2. 受害人过错

《民法典》第592条第2款规定:"当事人一方违约造成对方损失,对方对损失的发生有过错的,可以减少相应的损失赔偿额。"据此,受害人过错是部分减免违约方责任的法定事由。

(二) 免责条款

免责条款是指合同双方当事人在合同中约定,当出现一定的事由或者条件时,可免除或限制违约方的违约责任的条款。

免责条款是对当事人合意尊重的体现,但以下免责条款无效:

(1) 提供格式条款的一方不合理地免除或者减轻其责任,加重对方责任,限制对方主要权利的。

(2) 约定造成对方人身损害免责或者故意或重大过失造成对方财产损失免责的条款。

任务七 典型合同

一、买卖合同

买卖合同是出卖人转移标的物的所有权于买受人,买受人支付价款的合同。

买卖合同是经济活动中最常见的一种合同形式,企业在购进原材料或各类物资,以及销售产品或服务时,都需要签订买卖合同,而学会如何签订一份买卖合同,是保证经济活动顺利进行、正确履行合同规定的责任义务、保护各方合法权益的关键。

(一) 买卖合同简易模板

买 卖 合 同

甲方(购货方):＿＿＿＿＿＿＿＿＿＿
乙方(销货方):＿＿＿＿＿＿＿＿＿＿

根据《中华人民共和国民法典》合同编及有关法律、法规规定,甲、乙双方本着平等、自愿、公平、互惠互利和诚实守信的原则,就产品供销的有关事宜协商一致订立本合同,以便共同遵守。

一、合同价款及付款方式:

本合同总价款为(¥＿＿＿＿＿＿＿),签订合同后支付人民币剩余款项于30日内支付。

二、产品质量

(1) 乙方保证所提供的产品货真价实,来源合法,无任何法律纠纷和质量问题,如果乙方所提供产品与第三方出现了纠纷,由此引起的一切法律后果均由乙方承担。

(2) 如果甲方在使用上述产品过程中,出现产品质量问题,乙方负责调换,若不能调换,予以退还。

三、违约责任

(1) 甲乙双方均应全面履行本合同约定,一方违约给另一方造成损失的,应当承担赔偿责任。

(2) 乙方未按合同约定供货的,按延迟供货的部分款,每延迟一日承担货款的万分之五违约金,延迟10日以上的,除支付违约金外,甲方有权解除合同。

(3) 甲方未按照合同约定的期限结算的,应按照中国人民银行有关延期付款的规定,延迟1日,需支付结算货款的万分之五的违约金;延迟10日以上的,除支付违约金外,乙方有权解除合同。

(4) 甲方不得无故拒绝接货,否则应当承担由此造成的损失和运输费用。

(5) 合同解除后,双方应当按照本合同的约定进行对账和结算,不得刁难。

四、其他约定事项

(1) _____

(2) _____

(3) _____

本合同一式两份,自双方签字之日起生效。如果出现纠纷,双方均可向有管辖权的人民法院提起诉讼。

甲　　方:_____ 　　　乙　　方:_____
签约代表:_____ 　　　签约代表:_____
开户银行:_____ 　　　开户银行:_____
账　　号:_____ 　　　账　　号:_____
年　　月　　日　　　　　年　　月　　日

(二) 买卖合同的基本内容

根据《民法典》第596条规定:买卖合同的内容一般包括标的物的名称、数量、质量、价款、履行期限、履行地点和方式、包装方式、检验标准和方法、结算方式、合同使用的文字及其效力等条款。

(1) 标的物的名称。

(2) 标的物的数量。

(3) 标的物的质量。出卖人应当按照约定的质量要求交付标的物,如果出卖人提供了有关标的物质量说明的,交付的标的物应当符合该说明的质量要求。

(4) 标的物价款。

(5) 履行期限。履行期限是指合同中约定的,债务人履行债务和债权人接受履行的时间。这是买卖合同双方当事人在协商订立合同过程中需确定的一个重要条款,用来界定合同当事人是否按时履行合同义务或者延迟履行合同义务。履行期限可以表现为一个具体的日期,也可以表现为一段期间。

(6) 履行地点和方式。合同的履行方式应遵守诚信原则和公平、平等原则,一般由合同双方当事人根据合同的性质、目的和交易习惯来协商确定。

(7) 包装方式。

(8) 检验标准和方法。买卖合同的内容应当包括检验标准和方法。这是确保交易双方权益,检验标准一般包括法定标准、约定标准、行业标准或惯例。

(9) 结算方式。结算方式是经济主体之间经济往来的款项收付的程序和方法,常用的结算方式有:现金、支票、银行汇票、银行本票、商业汇票、托收承付等方式。

(10) 合同使用的文字。

(11) 合同效力。合同当事人需具备相应的民事行为能力、意思表示真实、内容合法、形式符合要求，这样的买卖合同才具有法律效力。

（三）买、卖双方签合同准备工作

1. 要明确合同主体

根据《民法典》第621条，当事人违反合同约定，给对方造成损失的，应当赔偿损失。因此，在签订合同的过程中，明确合同主体是非常重要的，有助于避免合同纠纷和损失的发生。应确保合同主体名称要与企业营业执照是一致的，其次是看注册资本，然后是看企业经营范围，最后看企业的工商年检是否通过了工商部门年度检验，最后看公司的办公地点、人员是否固定。

2. 要验资信状况

签订合同前一定要确保对方的资信状况，以免后续有麻烦。资信状况好才能保证合同能有效地履行。

3. 要确认合同内容关键信息

签订合同前一定要与对方确认合同的关键信息，如产品名称、规格及型号、价格、结算方式、付款方式等。一般销售人员在和客户反复接触并基本达成一致后，应学会以明确、有效的方式对谈判成果进行确认，如采用备忘录、录音等形式。

4. 签订合同时还应注意的重要细节

(1) 保留好营业执照复印件、法定代表人身份证明、授权委托书、身份证复印件等可以证明身份的材料。

(2) 盖公章时一定要清晰。

(3) 合同中有修改的地方一定要签字盖章确认。

（四）签合同流程

(1) 项目申请。

(2) 对申请签合同的项目进行考察论证。

(3) 填写合同申请表。

(4) 草拟合同文本，由合同双方起草合同条款。

(5) 合同洽谈，由合同交易双方共同就合同条款商议、确认。

(6) 打印签署。双方在合同上签字盖章（电子买卖合同，双方在线阅读合同内容，通过电子签名功能签署，确认无误后完成签署）。

(7) 传递保存。通过邮寄、快递等方式送达另一方，保存纸质版作为证据（电子买卖合同，自动加密发送，确保信息安全）。

(8) 归档。保存所有签署后的合同副本（电子买卖合同，自动保存电子合同，自动电子归档）。

二、房屋租赁合同

房屋租赁合同是指房屋出租人将房屋提供给承租人使用，承租人定期给付约定租金，并于合同终止时将房屋完好地归还出租人的协议。

(一) 房屋租赁合同简易模板

房屋租赁合同

出租方(以下简称甲方)：_____
承租方(以下简称乙方)：_____

甲乙双方在自愿、平等、互利原则下友好协商,就下列房屋租赁事宜订立本合同,共同遵守。

一、甲方自愿将____小区____幢____单元____室的房屋出租给乙方。该房建筑面积为____平方米,作____使用。

二、租赁期限自____年____月____日至____年____月____日。房屋租金为(人民币大写)：____元/月。租金按(月、季、年)结算,先付后用。甲、乙双方约定,甲方交付该房屋时,乙方应向甲方支付房屋租赁保证金,保证金为人民币____元整(大写：____)。租赁关系终止时,甲方收取的房屋租赁保证金用以抵充合同约定的由乙方承担的费用外,剩余部分归还乙方。

三、在租赁期内,甲方保证并承担下列责任。

(一) 甲方保证上述房屋：已依法取得房屋所有权证书或相关产权证明文件；权属明晰,无产权争议；不在建设拆迁公告范围内；能保证安全居住、使用；有关法律、法规未限制出租。

其他：已取得其他共有人书面同意；已经抵押权人同意；如系托管的房屋,已经托管的房屋所有权人委托出租。

如甲方上述保证不实,由此给乙方造成的损失,由甲方负责赔偿。

(二) 甲方负责对房屋及其附属设施定期检查并承担正常的房屋维修费用。如因延期修缮致使乙方遭受损失,甲方负责赔偿。(本条双方另有约定的除外)。

(三) 在本合同期限内,甲方不得干涉乙方的合法使用权,不得收回房屋,不得擅自提高房屋租金或终止合同。

四、房屋租赁期内,乙方保证承担下列责任：

(一) 乙方无权将房屋转租给第三人使用,并不得擅自改变房屋使用性质,更不能擅自改变房屋结构,必须爱护房屋设施,如果损害应及时维修,否则照价赔偿。

(二) 乙方必须遵守当地暂住区域内的各种规章制度。按时交纳水、电、气、收视、电话、物业管理等费用。乙方的民事纠纷自行负责。

(三) 正常合理使用房屋。对房屋进行改、装修或增加设备时,应先征求甲方书面认可并依法办理有关手续。如因使用不当致使房屋或房内设施、设备损坏的,负责修复或赔偿。

(四) 对甲方正常的房屋检查、维修予以协助；乙方需对出租房屋另行装修的,相关装修事宜双方协商解决。

五、如因不可抗力的原因而使租赁房屋及其设备损坏的,双方互不承担责任。

六、租赁合同期内,甲方要出售出租房屋的,应提前告知乙方,乙方在同等条件下有优先购买权；出租房屋所有权发生变更后,原合同对新的所有权继续有效。

七、任何一方未能履行本合同,造成的损失由责任一方承担。

八、本合同在履行中如发生争议,双方应协商解决;协商不成时,任何一方均可向房屋租赁管理机关申请调解,调解无效时,可向仲裁委员会申请仲裁,也可以向人民法院起诉。

九、双方约定其他事项:

十、房屋租赁期间,乙方有下列行为之一的,甲方有权解除合同,收回出租房屋:

(一)未经甲方书面同意,转租、转借承租房屋。

(二)未经甲方书面同意,拆改变动房屋结构。

(三)损坏承租房屋,在甲方提出的合理期限内仍未修复的。

(四)未经甲方书面同意,改变本合同约定的房屋租赁用途。

(五)利用承租房屋存放危险物品或进行违法活动。

(六)逾期未交纳按约定应当由乙方交纳的各项费用,已经给甲方造成严重损害的。

(七)拖欠房租累计____个月以上。

十一、本合同未尽事宜,甲乙双方也可协商后作出补充协议,补充协议与本合同具有相同效力。

十二、本合同一式____份,甲乙双方各执____份。本合同自双方签字之日起生效,到期自动作废。

出租房(甲方):_____   承租方(乙方):_____
身份证号码:_____   身份证号码:_____
电　　话:_____   电　　话:_____
日　　期:_____   日　　期:_____

(二)房屋租赁合同基本内容

《民法典》第704条规定,租赁合同的内容一般包括租赁物的名称、数量、用途、租赁期限、租金及其支付期限和方式、租赁物维修等条款。

(1)租赁名称。

(2)租赁数量。

(3)租赁用途。租赁用途是指承租人使用租赁房屋的目的,包括从事生产经营和生活居住。房屋用途在建设时经规划部门确定,不允许当事人擅自改变房屋用途。

(4)租赁期限。租赁期限是指出租人将房屋的使用权和收益权让渡给承租人的期限。租赁期限不得超过20年。超过20年的,超过部分无效。

(5)租金及其支付期限和方式。租金是房屋承租人为取得一定期限的房屋使用权而付给出租人的报酬,是承租人向出租人所支付的对价。租金的支付方式可以有现金、支票、汇票等方式。租金的支付期限由当事人自由约定。承租人应当按照约定的期限支付租金。对支付租金的期限没有约定或者约定不明确,可以协议补充;不能达成补充协议的,按照合同相关条款或者交易习惯确定;仍不能确定,租赁期限不满一年的,应当在租赁期限届满时支付;租赁期限一年以上的,应当在每届满一年时支付,剩余期限不满一年的,应当在租赁期限届满时支付。

(6)租赁物维修。为保证租赁期间房屋一直处于安全和适用的状态,双方应对租赁期间房屋的自然损坏或人为损坏的维修责任加以约定。承租人在租赁物需要维修时可以请求出租人在合理期限内维修。出租人未履行维修义务的,承租人可以自行维修,维修费用由出租人负担。因维修租赁物影响承租人使用的,应当相应减少租金或者延长租期。因承租人的过错致使租赁物需要维修的,出租人不承担前款规定的维修义务。

(三) 房屋租赁双方签合同准备工作

房屋租赁双方也就是房屋出租人与房屋承租人,双方应当尽到租赁合同约定的责任。那么,房屋租赁双方需要准备以下材料。

1. 出租人

(1) 房屋所有权证(复印件)或集体土地建设用地使用证,临时建设工程规划许可证等。

(2) 个人居民身份证或单位法人资格证明。

(3) 委托他人代管的房屋,可由代管人申请,代管人除提交上述证件外,还应提交房屋产权人委托其代管的委托证明。

(4) 共有房屋出租的,除提交(1)、(2)规定的证件外,还应提交其他共有人同意的证明。

2. 承租人

(1) 承租人为个人的,提交居民身份证。

(2) 承租人为境外人员的,提交公安机关签发的居留证件;承租人为境外单位的,提交国家安全局批准的有关文件。

(3) 承租人为机关、企业、事业单位或其他组织的,提交有关单位或组织的有效证件。

(四) 签合同流程

(1) 确定租房需求,如租房的预算、户型、位置、租期、预期租金等。

(2) 确定租房渠道,可以选择自己看房,也可以选择请中介机构引路看房。

(3) 预约看房,确定房源,并同时与房东沟通租房的细节。

(4) 核实出租方身份(查看出租方个人居民身份证、房屋所有权证等有效证件)。

(5) 双方签订租房合同。

> [小提示]
>
> 租赁期限6个月以上的,应当采用书面形式。当事人未采用书面形式,无法确定租赁期限的,视为不定期租赁。

单元思考

讲求诚信、秉承契约精神,是我国传承已久的可贵精神。通过订立合同、签字盖章,"一纸合同"在很长一段时间内成为人们规范交易权责、规避风险的"标尺"。近年来,在互联网技术加持之下,电子合同成为一种常态化的合同形式。经过前面内容的学习,请想一想在平时生活中看到过哪些合同?能看懂并清晰地明白这些合同中当事人所享受的权力及应承担的责任吗?

 单元小结

拓展学习

　　本单元介绍了合同法律制度概述、合同的订立、合同的效力、合同的履行、合同的变更转让和终止、违约责任、典型合同。学生在学习完成后,能了解合同法的相关常识,知道合同订立的相关知识,以及清晰地知道违反合同法将要承担的违约责任,更能实操商品购销合同和房屋租赁合同两类典型合同,能提升与合同法相关的实践应用能力,帮助养成严谨、细致的习惯,提高分析问题、解决问题的能力。

单 元 测 试

一、单选题

1. 《民法典》第469条第1款规定:"当事人订立合同,可以采用(　　)形式、口头形式或者其他形式。"
   A. 书面　　　　　B. 信件　　　　　C. 电报　　　　　D. 电子

2. 以下属于以合同成立是否需要实际交付标的物为标准的合同分类是(　　)。
   A. 有名合同和无名合同　　　　　B. 双务合同和单务合同
   C. 有偿合同和无偿合同　　　　　D. 诺成合同和实践合同

3. 要约邀请是希望他人向自己发出要约的表示。下列情形中,不属于发出要约邀请的是(　　)。
   A. 甲公司向客户寄送价目表
   B. 乙公司发布招标公告
   C. 丙公司在其自动售货机上放置某饮料,点亮"在售"灯并标明"5元/听"
   D. 丁公司向社会公众发布招股说明书

4. K公司拟购入一套生产设备。4月1日,K公司向乙设备厂发出了一份详细的书面要约,并在要约中注明:请及时答复,4月20日前我方将不更改前述内容或转购其他公司设备。该要约到达乙设备厂后,甲公司拟撤销该要约。有关该要约能否撤销的表述中,正确的是(　　)。
   A. 该要约可以撤销,只要乙设备厂尚未发出承诺
   B. 该要约可以撤销,只要乙设备厂的承诺尚未到达甲公司
   C. 该要约可以撤销,只要乙设备厂尚未为履行合同做准备工作
   D. 该要约不得撤销,因为要约人以确定承诺期限的形式明示要约不可撤销

5. 赵某向钱某购买一幅名画,与钱某约定画由赵某先取走,购买价款1个月后由孙某支付。1个月后,孙某未支付价款。有关钱某主张违约责任的下列说法中,正确的是(　　)。
   A. 请求赵某或孙某承担　　　　　B. 请求孙某承担
   C. 请求赵某承担　　　　　　　　D. 请求赵某和孙某共同承担

6. 甲公司与乙公司签订买卖合同。双方约定:"甲公司向乙公司出售机床5台,每台

21万元;甲公司应于同年7月11日前交付机床,交付机床的同时,乙公司支付货款。"7月11日,甲公司欲向乙公司交付机床,同时要求乙公司支付货款。乙公司以资金紧张为由请求延期付款,甲公司不同意延期,遂停止交付机床。甲公司停止交付机床的行为在法律上称为( )。

  A. 行使不安抗辩权   B. 行使后履行抗辩权
  C. 行使同时履行抗辩权   D. 行使撤销权

7. 债务人将其债务转移给第三人的生效条件之一是( )。

  A. 通知债权人   B. 债务人充当保证人
  C. 取得债权人的同意   D. 向债权人提供抵押物

8. 甲小学为了六一儿童节学生表演节目的需要,向乙服装厂订购了100套童装,约定在六一儿童节前一周交付。5月28日,甲小学向乙服装厂催要童装,却被告知,因布匹供应问题6月3日才能交付童装,甲小学因此欲解除合同。下列有关该合同解除的说法中,正确的是( )。

  A. 甲小学应先催告乙服装厂履行,乙服装厂在合理期限内未履行的,甲小学才可以解除合同
  B. 甲小学可以解除合同,无须催告
  C. 甲小学无权解除合同,只能要求乙服装厂承担违约责任
  D. 甲小学无权自行解除合同,但可以请求法院解除合同

9. 王某和赵某为担保借款签订了一份抵押合同。根据合同的分类,该抵押合同属于( )。

  A. 单务合同   B. 不要式合同
  C. 从合同   D. 实践合同

10. 合同是民事主体之间对民事法律关系的协议( )。

  A. 设立   B. 变更   C. 终止   D. 以上都正确

二、多选题

1. 按照不同的标准,可以将合同划分成不同的类型。合同主要分为( )。

  A. 有名合同与无名合同   B. 要式合同与不要式合同
  C. 诺成合同与实践合同   D. 主合同与从合同

2. 我国《民法典》合同编基本原则包括( )。

  A. 平等原则   B. 自愿原则   C. 公平原则   D. 诚实信用原则
  E. 不违反法律或公序良俗原则

3. 合同内容约定不明确时的履行规则,下列说法正确的有( )。

  A. 价款或者报酬不明确的,按照订立合同时履行地的市场价格履行
  B. 履行地点不明确,给付货币的,在接受货币一方所在地履行
  C. 履行方式不明确的,按照有利于实现合同目的的方式履行
  D. 履行费用的负担不明确的,由履行义务一方负担;因债权人原因增加的履行费用,由债权人负担。

4. 下列情形中,导致要约失效的有( )。

  A. 承诺期限届满,受要约人未作出承诺

B. 要约被拒绝

C. 受要约人对要约的内容作出实质性变更

D. 要约被依法撤销

5. 合同的内容由当事人约定,一般包括的条款有(　　)。

　　A. 当事人的姓名和名称　　　　B. 当事人的姓名和住所

　　C. 标的　　　　　　　　　　　D. 履行期限及地点和方式

6. X市甲厂因购买Y市乙公司的一批木材与乙公司签订了一份买卖合同,但合同中未约定交货地与付款地,双方就此未达成补充协议,按照合同有关条款或者交易习惯也不能确定。下列有关本案交货地及付款地的说法中,正确的有(　　)。

　　A. X市为交货地　　　　　　　B. Y市为交货地

　　C. x市为付款地　　　　　　　D. Y市为付款地

7.《民法典》合同编规定了抗辩权,包括(　　)。

　　A. 前履行抗辩权　　　　　　　B. 后履行抗辩权

　　C. 同时履行抗辩权　　　　　　D. 不安抗辩权

8. 陈某向王某购买货物,价款为10万元,合同签订后,陈某向王某支付了3万元作为定金。交货期限届满后,因为第三方供货迟延,致使王某未能向陈某交付货物,陈某因此要求王某承担定金责任,王某不同意。下列有关本案的说法中,不正确的有(　　)。

　　A. 陈某不能要求王某承担定金责任,因为是第三方供货迟延致使王某违约

　　B. 陈某不能要求王某承担定金责任,因为陈某支付的定金数额超过了主合同标的额的20%

　　C. 陈某可以要求王某承担定金责任,应当双倍返还定金,共计返还5万元

　　D. 陈某可以要求王某承担定金责任,应当双倍返还定金,共计返还4万元

9. 当事人一方不履行合同义务或者履行合同义务不符合约定的,应当承担的违约责任有(　　)。

　　A. 继续履行　　　　　　　　　B. 采取补救措施

　　C. 赔偿损失　　　　　　　　　D. 支付违约金

10. 合同的效力可以分为(　　)。

　　A. 有效合同　　　　　　　　　B. 无效合同

　　C. 效力待定合同　　　　　　　D. 可变更、可撤销合同

三、判断题

1. 合同是指民事主体之间设立、变更、终止民事法律关系的协议。（　）

2. 监护协议也属于合同。（　）

3. 合同内容应当合法且不违反公序良俗。（　）

4. 格式合同是指合同条款全部由双方当事人在订立合同时协商确定的合同。（　）

5. 主合同转让,从合同也不能单独存在。（　）

6. 甲公司委托A拍卖行拍卖,拍卖行发出的拍卖公告界定为要约邀请;在拍卖中,王某举牌应买时,表达一经落锤即购买拍卖物的意思表示,属于要约,相应,落锤属于承诺。（　）

7. 提供格式条款的一方未履行提示或者说明义务,致使对方没有注意或者理解与其有重大利害关系的条款的,对方可以主张该条款无效。（   ）

8. 当事人就延迟履行约定违约金时,违约方支付违约金后,可以不再履行债务。
（   ）

9. 承诺生效时合同成立的,承诺生效时间就是合同成立时间。（   ）

10. 合同解除后,尚未履行的,终止履行。（   ）

四、案例分析题

案例1：甲、乙签订合同,合同总标的额为100万元;合同签订后,甲依照约定向乙实际支付了30万元的定金。合同履行期届至,乙拒不履行任何合同义务;已知双方未支付其他款项,也未引发其他任何损失。计算乙应向甲返还的金额共计多少？

案例2：2024年9月1日,王某向李某购买一套二手房,双方签订的买卖合同约定：房屋总价款200万元,合同签订当日,王某需向李某交付定金40万元,合同签订后15天内,王某交付购房款30万元,剩余款项在2024年9月31日前付清;任何一方违约致使合同目的不能实现,须按合同总价款的20%向对方支付违约金。合同签订当日,王某将30万元作为定金交付给李某。2024年9月10日,王某向李某交付购房款30万元。2024年9月20日,李某告知王某,其3日前和陈某签订了该房屋的买卖合同,并已将房屋转移登记给陈某。因违约赔偿纠纷,王某于2024年10月15日向法院提起诉讼,请求事项如下：

(1) 解除与李某签订的房屋买卖合同。
(2) 李某返还30万元购房款及其利息。
(3) 李某双倍返还定金80万元。
(4) 李某支付违约金40万元。

李某答辩如下：
(1) 定金应为实际交付的数额30万元,双倍返还定金数额应为60万元。
(2) 王某不能同时主张定金和违约金责任。

分析：
(1) 李某抗辩(1)是否成立？简要说明理由。
(2) 李某抗辩(2)是否成立？简要说明理由。

案例3：2024年5月10日,出租人刘某和承租人王某签订房屋租赁合同,约定租赁期限为30年,第一年租金为2万元,从第二年起租金按一定比例逐年增加。次日,王某搬入该房屋。2024年8月,刘某将该房屋出售给张某并办理了房屋产权转移登记。

张某随后要求王某搬离该房屋,王某以租赁期限尚未届满为由拒绝。2024年9月,王某向刘某表示自己愿意购买该房屋,以刘某侵犯其承租人的优先购买权为由,主张刘某与张某之间的房屋买卖合同无效。

要求:根据上述资料和相关规定,不考虑其他因素,回答下列问题。

(1)刘某和王某对房屋租赁期限的约定是否符合法律规定?简要说明理由。

(2)张某要求王某搬离该房屋是否符合法律规定?简要说明理由。

(3)王某主张刘某与张某之间的房屋买卖合同无效是否符合法律规定?简要说明理由。

案例4:2024年10月20日,甲公司与丙公司的租赁合同到期,但丙公司尚未支付20万元到期租金。10月30日,因甲公司欠丁公司的债务到期,甲公司将其对丙公司的20万元的债权转让给丁公司,但未通知丙公司。甲公司转让债权的行为对丙公司是否生效?简要说明理由。

案例5:2024年10月26日,快乐公司所在地发生自然灾害,当地政府组织救灾募捐活动,快乐公司当场承诺捐款100万元,但一直未履行。其后快乐公司因业务不景气,欲撤销该项赠与。快乐公司能否撤销该项赠与?简要说明理由。

案例6:2024年10月8日,甲公司向乙公司购买一批钢材,双方签订的合同约定:钢材总价款100万元;甲公司在合同签订后10日内支付定金20万元作为履行合同的担保;乙公司于合同签订后1个月内交付全部货物;甲公司于乙公司交付货物后10日内支付全部货款。10月16日,甲公司支付给乙公司10万元定金,乙公司接受并未提出异议。甲公司10月16日支付的定金数额与约定的定金数额不符,有效定金数额应为多少?简要说明理由。

案例7:2024年7月8日,某研究所委托招标公司就宿舍项目公开发出投标邀请。2024年7月28日,某物业管理有限公司向招标公司发出《投标文件》,表示对招标文件无任何异议,愿意提供招标文件要求的服务。2024年8月1日,招标公司向物业管理公司送达中标通知书,确定该物业管理公司为中标人。2024年9月11日,研究所向物业管理公司致函,要求解除与物业管理公司之间的中标关系,后续合同不再签订。物业管理公司主张中标通知书送达后双方租赁合同法律关系成立,研究所应承担因违约给其造成的损失。研究所辩称双方并未签订正式书面租赁合同,故不需要成承担违约责任。研究所抗辩是否成立？请简要说明理由。

案例8：甲公司与乙公司签订建设工程合同,由乙公司承建甲公司办公大楼的建设工程,合同签订后不久,甲公司所在地发生特大地震,原拟建办公大楼的土地已经注陷,甲公司损失惨重,拟取消办公大楼建设计划。甲公司拟取消办公大楼建设计划需要承担违约责任吗？请简要说明理由。

案例9：2024年9月24日,甲向乙发出函件称:"本人欲以每吨5 000元的价格出售螺纹钢100吨。如欲购买,请于10月10日前让本人知悉。"乙于9月27日收到甲的函件,并于次日回函表示愿意购买。但由于投递错误,乙的回函于10月11日方到达甲处。因已超过10月10日的最后期限,甲未再理会乙,而将钢材另售他人。乙要求甲履行钢材买卖合同。乙主张权力会得到认同吗？请简要说明理由。

案例10：2024年10月18日,甲公司向乙公司购买一辆货车,价款为100万元,甲公司、乙公司与丙公司达成三方协议,由丙公司承担甲公司对乙公司的100万元价款债务,甲公司不再承担付款责任。后丙公司始终未清偿100万元价款。乙公司遂向法院提起诉讼,要求甲公司归还这100万元。乙公司主张权利会得到认同吗？请简要说明理由。

单元六 劳动合同与社会保险法律制度

 知识导航

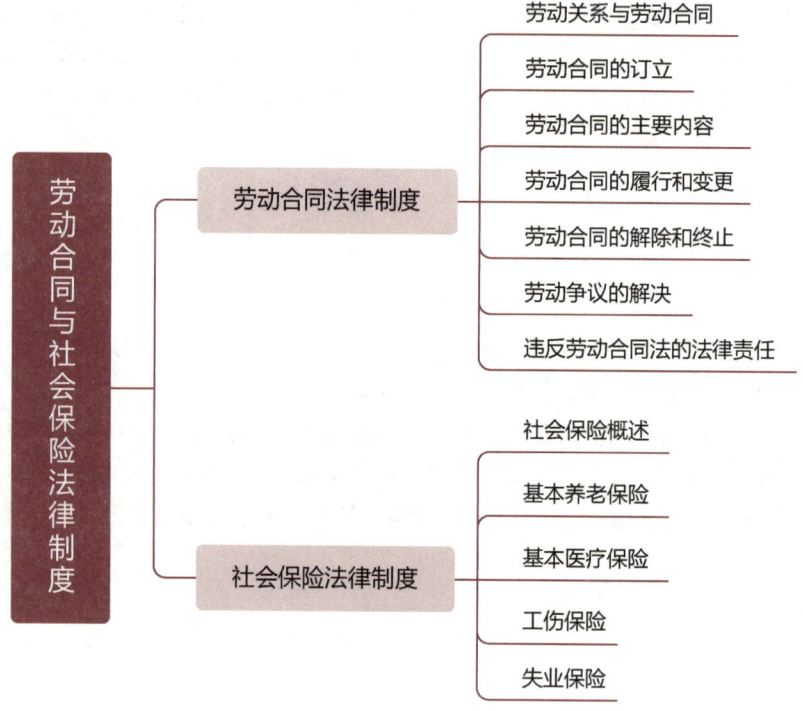

 学习目标

1. 理解劳动合同法律制度的基本概念和原则,掌握劳动合同法律制度的法律规定
2. 掌握社会保险的种类、覆盖范围、缴费标准和待遇享受等相关内容
3. 增强法律意识和法律风险防范能力,能够运用所学知识,正确分析我国的劳动合同制度、社会保障制度以及劳动者权利与义务的现状
4. 增强社会责任感和参与意识,推动相关法律制度的完善,以保障劳动者权益和促进社会和谐稳定

单元六 劳动合同与社会保险法律制度

从依赖到独立,"心青年"签下第一份劳动合同

她叫陈俊莹,刚出生时被评估为"二级智力残疾",是一名心智障碍者("心青年"),她以坚韧和热情,在广州市荔湾区中山八路的商场里书写下一个充满爱与成长的传奇故事。2021年12月16日,是陈俊莹人生中的一个重要时刻。这一天,她经过无数次的理论学习和实战训练,终于签下了人生中第一份全日制劳动合同,有了工资和社保,这不仅仅意味着她每个月有了稳定的工资收入,更重要的是她得到了社会的认可,实现了自己从依赖到独立的巨大跨越,成为一名真正的劳动者。

来源:南方网《用爱照亮"心青年"的就业之路》

思政故事

任务一 劳动合同法律制度

一、劳动关系与劳动合同

(一) 劳动关系

1. 劳动关系的概念

劳动关系是指劳动者与用人单位依法签订劳动合同而在劳动者与用人单位之间产生的法律关系。劳动者接受用人单位的管理,从事用人单位安排的工作,成为用人单位的成员,从用人单位领取劳动报酬并依法享受劳动保护。

2. 劳动关系的特征

1) 劳动关系的主体具有特定性

劳动关系主体的一方是劳动者,另一方是用人单位。劳动者提供劳动力,用人单位使用劳动力并支付报酬。

2) 劳动关系的内容具有较强的法定性

劳动合同涉及财产和人身关系,劳动者在签订劳动合同后,就隶属于用人单位,受到用人单位的管理。为保护处于弱势地位的劳动者的权益,法律规定了较多的强制性规范,当事人签订劳动合同不得违反强制性规定,否则无效。

3) 劳动者在签订和履行劳动合同时的地位是不同的

劳动者与用人单位在签订劳动合同时,遵循平等、自愿、协商一致的原则,双方法律地位是平等的;双方签订了劳动合同,在履行劳动合同的过程中,用人单位和劳动者就具有了支配与被支配、管理与服从的从属关系。

3. 建立劳动关系

用人单位自用工之日起即与劳动者建立劳动关系。无论用工在先还是签订合同在先,甚至未签订劳动合同,劳动关系的建立都是为用工之日。

> [想一想]
> 如果用人单位与劳动者先签订了劳动合同,但一直未实际用工,此时双方是否存在劳动关系呢?

(二) 劳动合同

1. 劳动合同的概念

劳动合同是指劳动者与用工单位确立劳动关系,明确双方权利和义务的书面协议。建立劳动关系应当签订劳动合同。

2. 劳动合同的特征

劳动合同除了具有合同的共同特征外,还具有以下特征:

1) 劳动合同主体具有特定性

一方是劳动者,即具有劳动权利能力和劳动行为能力的中国人、外国人和无国籍人;另一方是用人单位,即具有使用劳动能力的权利能力和行为能力的企业、个体经济组织、事业组织、国家机关、社会团体等用人单位。双方在实现劳动过程中具有支配与被支配、领导与服从的从属关系。

2) 劳动合同内容具有法定性

劳动合同内容具有劳动权利和义务的统一性和对应性。具体表现为劳动者享有的劳动报酬请求权对应用人单位工资支付义务,用人单位提供的劳动保护条件对应劳动者安全生产义务,此类权利义务的对应关系构成双向法律约束。

3) 劳动合同客体具有单一性

劳动合同的客体是指劳动法律关系主体双方的权利义务所共同指向的对象,具有单一性,即劳动者的劳动行为。

4) 劳动合同具有诺成、有偿、双务合同的特征

劳动者与用人单位就劳动合同条款内容达成一致意见,劳动合同即成立。用人单位根据劳动者劳动的数量和质量给付劳动报酬,不能无偿使用劳动力。劳动者与用人单位均享有一定的权利并履行相应的义务。

5) 劳动合同往往涉及第三人的物质利益关系

劳动合同必须具备社会保险条款,同时劳动合同双方当事人也可以在劳动合同中明确规定有关福利待遇条款,而这些条款往往涉及第三人物质利益待遇。

(三) 《中华人民共和国劳动合同法》的适用范围

劳动合同法是调整劳动合同关系的法律规范的总称。2007年6月29日第十届全国人民代表大会常务委员会第二十八次会议通过《中华人民共和国劳动合同法》(简称《劳动合同法》),自2008年1月1日起施行,并于2012年进行修正。

1. 完全适用《劳动合同法》的劳动关系

中华人民共和国境内的企业、个体经济组织、民办非企业单位等组织(简称用人单位)与劳动者建立劳动关系,订立、履行、变更、解除或者终止劳动合同,适用《劳动合同法》。依法成立的会计师事务所、律师事务所等合伙组织和基金会,也属于《劳动合同法》规定的用人单位。

2. 依照《劳动合同法》执行的劳动关系

国家机关、事业单位、社会团体和与其建立劳动关系的劳动者,订立、履行、变更、解除或者终止劳动合同,依照《劳动合同法》执行。

3. 部分适用《劳动合同法》的劳动关系

地方各级人民政府及县级以上人民政府有关部门为安置就业困难人员提供的给予岗位补贴和社会保险补贴的公益性岗位,其劳动合同不适用《劳动合同法》有关无固定期限劳动合同的规定以及支付经济补偿的规定。值得注意的是,公务员适用《公务员法》,不适用《劳动合同法》。

二、劳动合同的订立

(一) 劳动合同订立的概念和原则

1. 劳动合同订立的概念

劳动合同的订立是指劳动者和用人单位经过相互选择与平等协商,就劳动合同的各项条款达成一致意见,并以书面形式明确规定双方权利、义务的内容,从而确立劳动关系的法律行为。

2. 劳动合同订立的原则

根据《劳动合同法》的规定,订立劳动合同应当遵循合法、公平、平等自愿、协商一致、诚实信用的原则。

(二) 劳动合同订立的形式

(1) 一般情况下,建立劳动关系应当订立书面劳动合同。

(2) 已建立劳动关系,未同时订立书面劳动合同的,应当自用工之日起 1 个月内订立书面劳动合同。

(3) 非全日制用工双方当事人可以订立口头协议。

非全日制用工是指以小时计酬为主,劳动者在同一用人单位一般平均每日工作时间不超过 4 小时,每周工作时间累计不超过 24 小时的用工形式。

劳动者可以与一个以上单位订立劳动合同,但后订立的不能影响先订立的劳动合同的履行。双方不得约定试用期。双方当事人任何一方都可以随时通知对方终止合同。用人单位不向劳动者支付经济补偿。小时计酬标准不得低于用人单位所在地人民政府规定的最低小时工资标准,支付周期不得超过 15 日。

(三) 劳动合同订立主体的资格要求

劳动合同订立的主体,即劳动法律关系当事人,具体是指劳动者和用人单位。

1. 劳动者

1) 劳动者个人

劳动者个人要有劳动权利能力和行为能力。

2) 劳动年龄

《中华人民共和国劳动法》(简称《劳动法》)规定,禁止用人单位招用未满 16 周岁的未成年人。文艺、体育和特种工艺单位招用未满 16 周岁的未成年人,必须遵守国家有关规定,并保障其接受义务教育的权利。

3) 就业权利平等

劳动者就业,不因民族、种族、性别、宗教信仰不同而受歧视。妇女享有与男子平等的就业权利。在录用职工时,除国家规定的不适合妇女的工种或者岗位外,不得以性别为由拒绝录用妇女或者提高对妇女的录用标准。残疾人、少数民族人员、退出现役的军人的就业,法律法规有特别规定的,从其规定。

4)告知义务

用人单位有权了解劳动者与劳动合同直接相关的基本情况,劳动者应如实说明。

[小练习 多选题]

根据劳动合同法律制度的规定,特定用人单位招用未满16周岁的未成年人应按规定履行审批手续并保障其接受义务教育的权利。下列用人单位中,可招用未满16周岁未成年人的有(　　　　)。

A. 文艺单位　　　B. 物流配送单位　　C. 体育单位　　　D. 餐饮单位

[想一想]

年满15岁的张某与一家咖啡店签订了劳动合同,从事咖啡店的收银工作。其中,有何违法之处?

2. 用人单位

1)用人单位要有用人权利能力和用人行为能力

用人单位是指具有用人权利能力和用人行为能力,运用劳动力组织生产劳动,且向劳动者支付工资等劳动报酬的单位。但用人单位招用劳动者,不得扣押劳动者。

2)用人单位的分支机构

用人单位设立的分支机构,依法取得营业执照或者登记证书的,可以作为用人单位与劳动者订立劳动合同。未依法取得营业执照或者登记证书的,受用人单位委托可以与劳动者订立劳动合同。

3)告知义务

用人单位招用劳动者时,应当如实告知劳动者工作内容、工作条件、工作地点、从业危害、安全生产状况、劳动报酬,以及劳动者要求了解的其他情况。

4)不得扣押证件、收取财物

用人单位招用劳动者,不得扣押劳动者的居民身份证和其他证件。

[小提示]

用人单位扣押劳动者居民身份证件的,由劳动行政部门责令期限退还劳动者本人,并依照有关法律规定给予处罚。

(四)劳动合同的效力

劳动合同由用人单位与劳动者协商一致,并经用人单位与劳动者在劳动合同文本上签字或者盖章生效。劳动合同文本由用人单位和劳动者各执一份。

三、劳动合同的主要内容

(一) 劳动合同的必备条款

1. 用人单位的名称、住所和法定代表人或主要负责人

用人单位的名称是指用人单位注册登记时所登记的名称,是代表用人单位的符号。用人单位的住所是用人单位发生法律关系的中心区域。劳动合同文本中要标明用人单位的具体地址。用人单位有两个以上办事机构的,以主要办事机构所在地为住所。具有法人资格的用人单位,要注明单位的法定代表人;不具有法人资格的用人单位,必须在劳动合同中写明该单位的主要负责人。

2. 劳动者的姓名、住所和居民身份证或者其他有效身份证件号码

劳动者的姓名以户籍登记,即以身份证上所载为准。劳动者的住址,以其户籍所在居住地为住址,其经常居住地与户籍所在地不一致的,以经常居住地为住址。

3. 劳动合同期限

劳动合同分为固定期限劳动合同,以完成一定工作任务期限的劳动合同和无固定期限劳动合同。

1) 固定期限劳动合同

固定期限劳动合同,是指用人单位与劳动者明确约定合同终止时间的劳动合同。劳动合同期限届满,劳动关系即告终止。如果双方协商一致,还可以续订劳动合同。

2) 以完成一定工作任务为期限的劳动合同

一般在以下几种情况下,用人单位与劳动者可以签订以完成一定工作任务为期限的劳动合同,一是针对单项工作任务的完成而签订的劳动合同;二是通过项目承包方式来完成特定承包任务的劳动合同;三是基于季节性用工需求的劳动合同;四是根据双方协商一致、约定的以完成一定工作任务为期限的劳动合同。

3) 无固定期限劳动合同

无固定期限劳动合同,是指用人单位与劳动者约定无确定终止时间的劳动合同。无确定终止时间,是指劳动合同没有一个确切的终止时间,劳动合同的期限长短不能确定,只要没有出现法定解除情形或者双方协商一致解除的,双方当事人就要继续履行劳动合同。但这类合同并不是没有终止时间,一旦出现了法定情形或者双方协商一致解除的,无固定期限劳动合同同样也能够解除。

4. 工作内容和工作地点

工作内容包括劳动者从事劳动的工种、岗位和劳动定额、产品质量标准的要求等。这是劳动者判断自己是否胜任该工作、是否愿意从事该工作的关键信息。

工作地点是指劳动者可能从事工作的具体地理位置。工作地点决定劳动者上下班所需时间,进而影响劳动者的生活,关系到劳动者的切身利益。这也是劳动者判断是否订立劳动合同必不可少的信息,是用人单位必须告知劳动者的内容。

5. 工作时间和休息、休假

1) 工作时间

工作时间通常是指劳动者在一昼夜或一周内从事生产或工作的时间,换言之,是劳动者每天应工作的时数或每周应工作的天数。目前我国实行的工时制度主要有标准工

时制、不定时工作制和综合计算工时制三种类型。

2）休息、休假

休息是指劳动者在任职期间，在国家规定的法定工作时间以外，无须履行劳动义务而自行支配的时间，包括工作日内的间歇时间、工作日之间的休息时间和公休假日。

休假是指劳动者无须履行劳动义务且一般有工资保障的法定休息时间，主要包括以下两类：

（1）法定假日，是指由法律统一规定的用以开展纪念、庆祝活动的休息时间，包括元旦、春节、清明节、劳动节、端午节、中秋节、国庆节等。

（2）年休假，是指职工工作满一定年限，每年可享有的保留工作岗位、带薪连续休息的时间。

《职工带薪年休假条例》规定，机关、团体、企业、事业单位、民办非企业单位、有雇工的个体工商户等单位的职工连续工作1年以上的，享有带薪年休假（简称年休假）。职工在年休假期间享受与正常工作期间相同的工资收入。职工累计工作已满1年不满10年的，年休假5天；已满10年不满20年的，年休假10天；已满20年的，年休假15天。国家法定休假日、休息日不计入年休假的假期。单位应根据生产、工作的具体情况，并考虑职工本人意愿，统筹安排职工年休假。年休假在1个年度内可以集中安排，也可以分段安排，一般不跨年度安排。单位因生产、工作特点确有必要跨年度安排职工年休假的，可以跨1个年度安排。

职工不享受当年的年休假情形主要包括：① 职工依法享受寒暑假，其休假天数多于年休假天数的。② 职工请事假累计20天以上且单位按照规定不扣工资的。③ 累计工作满1年不满10年的职工，请病假累计2个月以上的。④ 累计工作满10年不满20年的职工，请病假累计3个月以上的。⑤ 累计工作满20年以上的职工，请病假累计4个月以上的。

[小提示]

根据《企业职工带薪年休假实施办法》，职工新进用人单位且符合享受带薪年休假条件的，当年度年休假天数按照在本单位剩余日历天数折算确定，折算后不足1整天的部分不享受年休假。

[小练习 单选题]

张某在原公司工作已满16年，2023年度未享受年休假，2023年7月1日与原公司依法解除劳动合同后到新公司工作，向新公司提出享受年休假的申请，则赵某可以享受的年休假为（   ）。

A. 0   B. 5天   C. 10天   D. 15天

6. 劳动报酬

1）工资的发放

（1）应当以法定货币支付，不得以实物、有价证券替代货币支付。

(2) 须在约定日期支付，遇休息日、休假日提前支付。

(3) 工资至少每月支付一次，实行周、日、小时工资制的可按周、日、小时支付工资。

(4) 对完成一次性临时劳动或者某项具体工作的劳动者，用人单位应按有关协议或者合同规定在其完成劳动任务后即支付工资。

(5) 应依法支付在法定休假日和婚丧假期间的工资。

[想一想]

小明与水果店签订劳动合同，合同中注明小明月工资为4 500元，每月5日发放。8月因储存的水果库存增多，准备以水果代替工资发放。请问该行为是否正确？

2) 加班工资

(1) 工作日加班。用人单位依法安排劳动者在日标准工作时间以外延长工作时间的，按照不低于劳动合同规定的劳动者本人小时工资标准的150%支付劳动者工资。

(2) 休息日加班。用人单位依法安排劳动者在休息日工作，不能安排补休的，按照不低于劳动合同规定的劳动者本人日或者小时工资标准的200%支付劳动者工资。

(3) 法定休假日加班。用人单位依法安排劳动者在法定休假日工作的，按照不低于劳动合同规定的劳动者本人日或者小时工资标准的300%支付劳动者工资。

[小练习 单选题]

2024年1月，甲公司安排王超于1月1日（元旦）加班1天，于1月5日（周日）加班1天，之后未安排补休。已知，甲公司实行标准工时制，王超日工资为500元。根据劳动合同法律制度的规定，计算甲公司应支付王超1月份最低加班工资的下列算式中，正确的是（　　）。

A. $500×200\%×1+500×150\%×1=1\ 750$（元）
B. $500×200\%×1+500×200\%×1=2\ 000$（元）
C. $500×300\%×1+500×150\%×1=2\ 250$（元）
D. $500×300\%×1+500×200\%×1=2\ 500$（元）

3) 最低工资制度

最低工资标准，是指劳动者在法定工作时间或依法签订的劳动合同约定的工作时间内提供了正常劳动的前提下，用人单位依法应支付的最低劳动报酬。最低工资不包括延长工作时间的工资报酬，以货币形式支付的住房补贴和用人单位支付的伙食补贴，中班、夜班、高温、低温、井下、有毒等特殊工作环境和劳动条件下的津贴，国家法律法规、规章规定的社会保险福利待遇。

用人单位低于当地最低工资标准支付劳动者工资的，由劳动行政部门责令限期支付其差额部分；逾期不支付的，责令用人单位按应付金额50%以上100%以下的标准向劳动者加付赔偿金。

7. 社会保险

参加社会保险、缴纳社会保险费是用人单位与劳动者的法定义务,双方都必须履行。

8. 劳动保护、劳动条件和职业危害防护

劳动保护是指用人单位保护劳动者在工作过程中不受伤害的具体措施。劳动条件是指用人单位为劳动者提供正常工作所必需的条件,包括劳动场所和劳动工具。职业危害防护是用人单位对工作过程中可能产生的影响劳动者身体健康的危害的防护措施。劳动保护、劳动条件和职业危害防护,是劳动合同中保护劳动者身体健康和安全的重要条款。

9. 法律法规规定应当纳入劳动合同的其他事项

用人单位提供的劳动合同文本未载明《劳动合同法》规定的劳动合同必备条款或者用人单位未将劳动合同文本交付劳动者的,由劳动行政部门责令改正;给劳动者造成损害的,应当承担赔偿责任。

[读一读]

用人单位在招聘时应告知的内容

李某在参加一次招聘会后,接到一家公司的面试通知,面试过程中,该公司详细介绍了自己的发展历程和企业文化。当李某问及工作地点和劳动报酬时,公司负责人回答称:"这些都还不确定,一旦成为我们公司的员工,就需要服从公司的分配。关于报酬,我们会根据你的工作业绩和个人表现来决定。"这让李某感到十分困惑。用人单位在招聘时应该告知哪些内容?

从法律的角度来看,用人单位在招聘过程中应当履行如实告知义务,确保劳动者能够全面了解与签订劳动合同有关的重要事实。这种告知义务包含两个方面:一是法定的告知内容,如工作内容、工作条件、工作地点、职业危害、安全生产状况、劳动报酬等;二是劳动者主动要求了解的与工作相关的其他情况。

(二) 劳动合同的可备条款

除劳动合同必备条款外,用人单位与劳动者还可以在劳动合同中约定试用期、培训、保守秘密、补充保险和福利待遇等其他事项,这些称为可备条款。但约定事项不能违反法律、行政法规的强制性规定,否则该约定无效。

1. 试用期

试用期是指用人单位和劳动者双方为相互了解、确定对方是否符合自己的招聘条件或求职意愿而约定的考察期间。

1)试用期期限

劳动合同期限3个月以上(含本数,下同)不满1年的,试用期不得超过1个月;劳动合同期限1年以上不满3年的,试用期不得超过2个月;3年以上固定期限和无固定期限的劳动合同,试用期不得超过6个月。

同一用人单位在与同一劳动者签订劳动合同时,只能约定一次试用期。对于以完

成特定工作任务为期限的劳动合同,或者合同期限少于3个月的,不应设定试用期。试用期的时间应被计入劳动合同的总期限内。如果劳动合同中仅规定了试用期,那么这个规定的试用期将不被视为试用期,而是被视为劳动合同的正式期限。

用人单位违反规定与劳动者约定试用期的,由劳动行政部门责令改正;违法约定的试用期已经履行的,由用人单位以劳动者试用期满月工资为标准,按已经履行的超过法定试用期的期间向劳动者支付赔偿金。

2)试用期工资

劳动者在试用期的工资不得低于本单位相同岗位最低档工资或者劳动合同约定工资的80%,并不得低于用人单位所在地的最低工资标准。劳动合同约定工资,是指该劳动者与用人单位订立的劳动合同中约定的劳动者试用期满后的工资。

> [想一想]
>
> 甲公司与赵某签订劳动合同,约定合同期限为1年,月工资为3 000元,试用期为3个月,试用期工资为月工资的60%。当地最低工资标准为3 500元/月。请问该劳动合同上述条款是否有效。

2. 服务期

1)服务期的适用范围

服务期是指劳动者因享受用人单位给予的特殊待遇而作出的关于劳动履行期限的承诺。《劳动合同法》规定,用人单位为劳动者提供专项培训费用,对其进行专业技术培训的,可以与该劳动者订立协议,约定服务期。

培训费用包括用人单位为了对劳动者进行专业技术培训而支付的有凭证的培训费用、培训期间的差旅费用,以及因培训产生的用于该劳动者的其他直接费用。

2)劳动者违反服务期约定的违约责任

劳动者违反服务期约定的,应当按照约定向用人单位支付违约金,违约金的数额不得超过用人单位提供的培训费用。用人单位要求劳动者支付的违约金不得超过服务期尚未履行部分所应分摊的培训费用。

3. 保守商业秘密和竞业限制

1)保守商业秘密的规定

商业秘密,是指不为公众所知悉、能为权利人带来经济利益、具有实用性并经权利人采取保密措施的技术信息和经营信息,包括非专利技术和经营信息两部分。用人单位与劳动者可以在劳动合同中约定保守用人单位的商业秘密和与知识产权相关的保密事项。

2)竞业限制的规定

竞业限制又称竞业禁止,是指用人单位与劳动者约定,在劳动合同解除或终止后一定期限内,限制劳动者到与本单位存在竞争关系的单位从业,或自行经营同类业务的制度。

竞业限制的人员限于用人单位的高级管理人员、高级技术人员和其他负有保密义务的人员,而不是所有的劳动者。在解除或者终止劳动合同后,竞业限制人员到与本单位生产或者经营同类产品、从事同类业务的有竞争关系的其他用人单位工作,或者自己开业生产或者经营同类产品、从事同类业务的竞业限制期限,不得超过2年。

[读一读]

市场监管总局开展第二批全国商业秘密保护创新试点工作

商业秘密保护是强化反不正当竞争的重要任务,是知识产权保护的重要内容。市场监管总局自2022年起组织开展全国商业秘密保护试点工作,第一批20个试点地区按照总局试点方案要求,结合各自实际积极探索,取得了良好的初步成效。第二批试点新增北京市东城区等15个地区,河北省等6个省份的城市首次进入试点范围。同时,第一批4个试点地区试点范围变更扩大,试点效应辐射到更大的地域范围。

全国商业秘密保护创新试点,是一项开拓性的改革探索,也是一项艰巨的攻坚任务。作为服务高质量发展的重要举措之一,全国创新试点地区积极作为,精心组织,周密部署,持续抓紧抓实,通过创新试点,充分发挥我国商业秘密行政保护、司法保护、行业保护相互支撑协调的制度优势,构筑商业秘密"大保护"格局。各地及时总结巩固试点成果,提炼试点工作中的有效做法、成功经验,形成具有示范效应、可复制、可推广的制度成果;积极开展宣传推广,充分利用线上线下宣传渠道,多层次、多维度展示试点工作亮点成效,营造良好社会氛围。

来源:中华人民共和国中央人民政府市场监管总局《市场监管总局开展第二批全国商业秘密保护创新试点工作》

四、劳动合同的履行和变更

(一)劳动合同的履行

劳动合同的履行是指劳动合同生效后,当事人双方按照劳动合同的约定,完成各自承担的义务和实现各自享受的权利,使当事人双方订立合同的目的得以实现的法律行为。

1. 用人单位的义务

用人单位应当严格执行劳动定额标准,不得强迫或者变相强迫劳动者加班。用人单位安排加班的,应当按照国家有关规定向劳动者支付加班费。用人单位变更名称、法定代表人、主要负责人或者投资人等事项,不得影响劳动合同的履行。用人单位发生合并、分立等情况,原劳动合同继续有效,劳动合同由承继其权利和义务的用人单位继续履行。

2. 劳动者的义务

拖欠或者未足额支付劳动者报酬的,劳动者可以依法向当地人民法院申请支付令,人民法院应当依法发出支付令。劳动者拒绝用人单位管理人员违章指挥、强令冒险作业的,不视为违反劳动合同。劳动者对危害生命安全和身体健康的劳动条件,有权对用人单位提出批评、检举和控告。

3. 用人单位的规章制度

用人单位应当依法建立和完善劳动规章制度,保障劳动者享有劳动权利、履行劳动义务。

(1) 单位制定的合法有效的劳动规章制度是劳动合同的组成部分,对用人单位和劳动者均具有法律约束力。

[小提示]

劳动规章制度是用人单位制定的组织劳动过程和进行劳动管理的规则和制度的总称。主要包括劳动合同管理、工资管理、社会保险福利待遇、工时休假、职工奖惩,以及其他劳动管理规定。

(2) 单位在制定、修改或者决定有关"劳动报酬、工作时间、休息休假、劳动安全卫生、保险福利、职工培训、劳动纪律以及劳动定额管理"等直接涉及劳动者切身利益的规章制度和重大事项时,应当经职工代表大会或全体职工讨论,提出方案和意见,与工会或者职工代表平等协商确定。

(3) 用人单位的规章制度未经公示或者未对劳动者告知,该规章制度对劳动者不生效。

用人单位应当将直接涉及劳动者切身利益的规章制度和重大事项决定公示,或者告知劳动者。公示和告知可以采用张贴通告、员工手册送达、会议精神传达等方式。

(4) 用人单位直接涉及劳动者切身利益的规章制度违反法律法规规定的,由劳动行政部门责令改正,给予警告;给劳动者造成损害的,应当承担赔偿责任。

[小提示]

《劳动合同法》第3条规定,劳动者享有接受职业技能培训的权利。职前培训是劳动者的权利,也是用人单位的义务。培训是用工的一种形式,是企业用工的组成部分,因此,岗前培训可以认为是劳动关系的建立。

(二) 劳动合同的变更

变更劳动合同应当采用书面形式。变更后的劳动合同文本由用人单位和劳动者各执一份。变更劳动合同未采用书面形式,但已经实际履行了口头变更的劳动合同超过1个月,且变更后的劳动合同内容不违反法律、行政法规且不违背公序良俗,当事人以未采用书面形式为由主张劳动合同变更无效的,人民法院不予支持。

[想一想]

劳动合同可以口头变更吗?如果双方没有采用书面形式变更是否可行?

五、劳动合同的解除和终止

(一) 劳动合同的解除

劳动合同的解除是指劳动合同双方当事人在劳动合同期限届满之前依法提前终止

劳动合同关系的法律行为,包括协商解除、法定解除。

1. 协商解除

协商解除,又称合意解除、意定解除,是指劳动合同订立后,双方当事人因某种原因,在完全自愿的基础上协商一致,提前终止劳动合同,结束劳动关系。用人单位与劳动者协商一致,可以解除劳动合同。

用人单位向劳动者提出解除劳动合同并与劳动者协商一致解除劳动合同的,应当向劳动者支付经济补偿;由用人单位与劳动者协商一致,可以解除劳动合同。

2. 法定解除

法定解除,又可分为用人单位的单方解除和劳动者的单方解除,是指在出现国家法律法规或劳动合同规定的可以解除劳动合同的情形时,不需当事人协商一致,一方当事人即可决定解除劳动合同,劳动合同效力可以自然终止或由单方提前终止。在这种情况下,主动解除劳动合同的乙方一般负有主动通知对方的义务。

3. 用人单位的单方解除劳动合同的情形

用人单位单方解除劳动合同,应当事先将理由通知工会。用人单位违反法律、行政法规规定或者劳动合同约定的,工会有权要求用人单位纠正。用人单位应当研究工会的意见,并将处理结果书面通知工会。用人单位单方解除劳动合同包括以下情形:

1) 劳动者存在过错

若劳动者存在法定过错情形,用人单位可以解除合同,包括在试用期间被证明不符合录用条件的;严重违反用人单位的规章制度的;严重失职,营私舞弊,给用人单位造成重大损害的;劳动者同时与其他用人单位建立劳动关系,对完成本单位的工作任务造成严重影响,或者经用人单位提出,拒不改正的;以欺诈、胁迫手段或乘人之危,使对方在违背真实意思的情况下订立或变更劳动合同,致使劳动合同无效的;被依法追究刑事责任的。

2) 劳动者无过错

劳动者无过错但由于主客观原因使劳动合同无法履行,用人单位须提前30日以书面形式通知劳动者本人或者额外支付劳动者1个月工资后,可以解除劳动合同。包括劳动者患病或者非因工负伤,在规定的医疗期满后不能从事原工作,也不能从事由用人单位另行安排的工作的;劳动者不能胜任工作,经过培训或者调整工作岗位,仍不能胜任工作的;劳动合同订立时所依据的客观情况发生重大变化,致使劳动合同无法履行,经用人单位与劳动者协商,未能就变更劳动合同内容达成协议的。

3) 经济性裁员

经济性裁员是指用人单位由于经营不善等经济性原因,解雇多名劳动者。用人单位需要裁减人员20人以上或者裁减不足20人但占企业职工总数10%以上的,用人单位提前30日向工会或者全体职工说明情况,听取工会或者职工的意见后,裁减人员方案经向劳动行政部门报告,可以裁减人员。主要包括依照《中华人民共和国企业破产法》规定进行重整的;生产经营发生严重困难的;企业转产、重大技术革新或者经营方式调整,经变更劳动合同后,仍需裁减人员的;其他因劳动合同订立时所依据的客观经济情况发生重大变化,致使劳动合同无法履行的。

4) 用人单位不得解除劳动合同的情形

从事接触职业病危害作业的劳动者未进行离岗前职业健康检查,或者疑似职业病病人在诊断或者医学观察期间的;在本单位患职业病或者因工负伤并被确认丧失或者部分丧失劳动能力的;患病或者非因工负伤,在规定的医疗期内的;女职工在孕期、产期、哺乳期的;在本单位连续工作满15年,且距法定退休年龄不足5年的;法律、行政法规规定的其他情形。

4. 劳动者单方解除劳动合同的情形

1) 预告解除

劳动者提前30日以书面形式通知用人单位,可以解除劳动合同。劳动者在试用期内提前3日通知用人单位,可以解除劳动合同。

2) 即时解除

用人单位未按照劳动合同约定提供劳动保护或者劳动条件的;用人单位未及时足额支付劳动报酬的;用人单位未依法为劳动者缴纳社会保险费的;用人单位的规章制度违反法律法规的规定,损害劳动者权益的;用人单位以欺诈、胁迫的手段或者乘人之危,使劳动者在违背真实意思的情况下订立或者变更劳动合同致使劳动合同无效的;单位有过错,但该过错并未危及劳动者的人身安全,则劳动者履行通知义务即可解除合同,而无须提前通知;用人单位在劳动合同中免除自己的法定责任、排除劳动者权利的;用人单位违反法律、行政法规强制性规定的。

用人单位以暴力、威胁或者非法限制人身自由的手段强迫劳动者劳动的;用人单位违章指挥、强令冒险作业危及劳动者人身安全的,劳动者可以立即解除劳动合同,不需事先告知用人单位。

(二) 劳动合同的终止

劳动合同的终止是指出现符合法律规定的情形时,劳动合同的效力归于消灭,用人单位和劳动者之间的合同权利义务关系终止。包括:劳动合同期满的;劳动者开始依法享受基本养老保险待遇的;劳动者死亡,或者被人民法院宣告死亡或者宣告失踪的;用人单位被依法宣告破产的;用人单位被吊销营业执照、责令关闭、撤销或者用人单位决定提前解散的;法律、行政法规规定的其他情形。

[读一读]

电子劳动合同与纸质合同具有同等法律效力

日前,西藏自治区人社厅公开发布《关于在全区推广应用电子劳动合同的通知》,开创新的用工管理模式。

电子劳动合同本质上也是书面劳动合同,与纸质劳动合同相比,签订方式采取了电子化形式,通过电子签名技术保证签署主体身份真实及签署内容不可篡改。根据《中华人民共和国电子签名法》,可靠的电子签名与手写签名或盖章具有同等的法律效力。

据了解,电子劳动合同有方便、安全、便于维权等优势。电子劳动合同的签订地点、签订时间不受限制,劳动者及用人单位在有互联网和电脑的场所,通过电脑、手机等设备可线上不见面签订合同。劳动合同中的每一条内容都需要劳动者个人亲自阅读审核,签订时通常不会受到人为或外部因素干扰,合同文本加盖电子签章,自动生成唯一的电子文本与劳动合同编号,无法造假。同时,电子劳动合同签好后,劳动者个人直接可以下载保存或下载打印保存,避免了一些用人单位以各种理由故意不将合同文本交给劳动者本人保管,既能有效防范侵权,也对后续维权有利。

与此同时,电子劳动合同的应用,为用人单位省去大量纸质合同的打印、建档、保存、管理等成本,减少或省去劳动者个人路途出行及差旅等成本。

来源:中华人民共和国人力资源和社会保障部 中国政府网《西藏:推广应用电子劳动合同》

六、劳动争议的解决

(一)劳动争议的概念

劳动争议是指劳动关系当事人之间因实现劳动权利、履行劳动义务发生分歧而引起的争议,也称劳动纠纷、劳资争议。

(二)劳动争议的范围

1. 劳动争议的一般范畴

(1)因确认劳动关系发生的争议。

(2)因订立、履行、变更、解除和终止劳动合同发生的争议。

(3)因除名、辞退和辞职、离职发生的争议。

(4)因工作时间、休息休假、社会保险、福利、培训以及劳动保护发生的争议。

(5)因劳动报酬、工伤医疗费、经济补偿或者赔偿金等发生的争议。

(6)法律法规规定的其他劳动争议。

2. 当事人不服劳动争议仲裁机构作出的裁决,可依法提起诉讼的情形

劳动者与用人单位之间发生的下列纠纷,属于劳动争议,当事人不服劳动争议仲裁机构作出的裁决,依法提起诉讼的,人民法院应予受理。

(1)劳动者与用人单位在履行劳动合同过程中发生的纠纷。

(2)劳动者与用人单位之间没有订立书面劳动合同,但已形成劳动关系后发生的纠纷。

(3)劳动者与用人单位因劳动关系是否已经解除或者终止,以及应否支付解除或者终止劳动关系经济补偿金发生的纠纷。

(4)劳动者与用人单位解除或者终止劳动关系后,请求用人单位返还其收取的劳动合同定金、保证金、抵押金、抵押物发生的纠纷,或者办理劳动者的人事档案、社会保险关系等转移手续发生的纠纷。

(5)劳动者以用人单位未为其办理社会保险手续,且社会保险经办机构不能补办导致其无法享受社会保险待遇为由,要求用人单位赔偿损失发生的纠纷。

(6)劳动者退休后,与尚未参加社会保险统筹的原用人单位因追索养老金、医疗费、工伤保险待遇和其他社会保险待遇而发生的纠纷。

(7)劳动者因为工伤、职业病,请求用人单位依法给予工伤保险待遇发生的纠纷。

(8)劳动者依据《劳动合同法》第85条规定,要求用人单位支付加付赔偿金发生的纠纷。

（9）因企业自主进行改制发生的纠纷。

3. 不属于劳动争议的纠纷

（1）劳动者请求社会保险经办机构发放社会保险金的纠纷。

（2）劳动者与用人单位因住房制度改革产生的公有住房转让纠纷。

（3）劳动者对劳动能力鉴定委员会的伤残等级鉴定结论或者对职业病诊断鉴定委员会的职业病诊断鉴定结论的异议纠纷。

（4）家庭或者个人与家政服务人员之间的纠纷。

（5）个体工匠与帮工、学徒之间的纠纷。

（6）农村承包经营户与受雇人之间的纠纷。

(三) 劳动争议解决的基本方法

劳动争议解决的基本方法如表6-1所示。

表6-1 劳动争议解决的基本方法

基本方法	具体内容
协商（和解）	劳动者可以与单位协商，也可以请工会或者第三方共同与单位协商，达成和解协议
调解	当事人不愿协商、协商不成或者达成和解协议后不履行的，可以向调解组织申请调解
劳动仲裁	不愿调解、调解不成或者达成调解协议后不履行的，可以向劳动争议仲裁委员会申请仲裁。双方可不经和解、调解，直接提起劳动仲裁
劳动诉讼	对仲裁裁决不服的，除《中华人民共和国劳动争议调解仲裁法》（简称《劳动争议调解仲裁法》）另有规定的以外，可以向人民法院提起诉讼 劳动仲裁是向人民法院提起诉讼的必经程序，其遵循先裁后审原则

(四) 劳动争议举证责任

劳动争议举证责任的分配遵循"谁主张、谁举证"的原则，即发生劳动争议，当事人对自己提出的主张，有责任提供证据。也就是说，劳动者主张存在劳动关系，而用人单位否认劳动关系的，由劳动者对劳动关系存在进行举证。用人单位否认存在劳动关系的，但是劳动者初步举证证明确有可能存在劳动关系的，用人单位应提供职工工资发放花名册、缴纳各项社会保险费的记录、考勤记录等材料证明不存在劳动关系。

[小练习 单选题]

根据劳动争议调解仲裁法律制度的规定，下列关于劳动争议解决方式的表述中，正确的是（ ）。

A. 应先向劳动争议调解组织申请调解，调解不成的，再申请劳动争议仲裁

B. 应先向劳动行政部门申请行政复议，对复议决定不服的，再申请劳动争议仲裁

C. 可直接向劳动争议仲裁机构申请劳动仲裁

D. 可直接向人民法院提起行政诉讼

七、违反劳动合同法的法律责任

（一）用人单位订立劳动合同违法的法律责任

（1）用人单位自用工之日起超过一个月不满一年未与劳动者订立书面劳动合同的，应当向劳动者每月支付二倍的工资。

（2）用人单位违反法律规定不与劳动者订立无固定期限劳动合同的，自应当订立无固定期限劳动合同之日起向劳动者每月支付二倍的工资。

（3）用人单位违反法律规定扣押劳动者居民身份证等证件的，由劳动行政部门责令限期退还劳动者本人，并依照有关法律规定给予处罚。

（4）用人单位违反本法规定，以担保或者其他名义向劳动者收取财物的，由劳动行政部门责令限期退还劳动者本人，并以每人500元以上2 000元以下的标准处以罚款；给劳动者造成损害的，应当承担赔偿责任。

（5）用人单位招聘与其他用人单位尚未解除或者终止劳动合同的劳动者，给其他用人单位造成损失的，应当承担连带赔偿责任。

[小练习 单选题]

乙公司认为甲公司员工小张是其急需人才，于是不顾小张与甲公司订立的劳动合同，高薪聘请小张来乙公司上班，并与小张订立劳动合同，造成甲公司直接遭受重大经济损失，甲公司的经济损失，下列说法正确的是（　　）。

A. 甲公司自己承担　　　　　　　　B. 小张和乙公司承担连带责任
C. 甲公司只能要求小张承担责任　　D. 甲公司只能要求乙公司承担责任

（二）用人单位履行劳动合同违法的法律责任

用人单位有下列情形之一的，由劳动行政部门责令限期支付劳动报酬、加班费或者经济补偿；劳动报酬低于当地最低工资标准的，应当支付其差额部分；逾期不支付的，责令用人单位按应付金额50%以上100%以下的标准向劳动者加付赔偿金，这些情形包括未按照劳动合同的约定或者国家规定及时足额支付劳动者劳动报酬、支付工资低于最低工资标准、安排加班不支付加班费，以及解除或者终止劳动合同时未依法支付经济补偿的。

[读一读]

残健同酬，平等共进

残疾人的工资与正常人的工资是没有差别的。我国《劳动法》第46条规定："工资分配应当遵循按劳分配原则，实行同工同酬。工资水平在经济发展的基础上逐步提高。国家对工资总量实行宏观调控。"我国《残疾人权益保障法》第38条第2款规定："在职工的招用、聘用、转正、晋级、职称评定、劳动报酬、生活福利、劳动保险等方面，不得歧视残疾人。"由此可见，我国实行的是按劳分配、同工同酬的原则,禁止在工资分配时对职工的性别歧视和与身份有关的歧视,以保证所有的职工有平等的工资权。

来源:中华人民共和国中央人民政府 中国人大网《中华人民共和国残疾人保障法》

任务二 社会保险法律制度

随着劳动合同法律制度的不断完善,劳动者的权益得到了更加全面地保障。在这一基础上,社会保险法律制度的出现与发展,不仅是对劳动合同法律制度的有力补充,更是对劳动者社会保障权益的进一步拓展和提升,标志着我国社会保障体系正在逐步迈向更加完善、更加公平的新阶段。

一、社会保险概述

(一) 什么是社会保险

社会保险是一种由国家依法建立的制度,旨在通过国家、用人单位和个人共同筹集资金、建立基金,使个人在年老(退休)、患病、工伤(因工伤残或者患职业病)、失业、生育等情况下提供必要的物质帮助和补偿。这种制度是通过国家立法强制实施的,确保了社会保障的普遍性和公平性。

目前我国的社会保险项目主要有基本养老保险、基本医疗保险、工伤保险、失业保险和生育保险。2019年3月6日,国务院办公厅印发了《关于全面推进生育保险和职工基本医疗保险合并实施的意见》,全面推进两项保险合并实施。

社会保险具有如下特点:

(1) 资金来源的多元化与社会化。社会保险基金不仅来源于用人单位和个人保险费的缴纳,还包括国家财政给予的补助。

(2) 管理的统一性与社会化。由国家专门设立相关机构,负责社会保险的统一规划和管理,确保保险金的发放等工作的规范性和高效性。

(二) 什么是社会保险法

社会保险法是规范和调整社会保险法律关系的一系列法律规范的统称。当劳动者面临暂时或永久的劳动能力丧失、失业等情形时,国家和社会为保障其基本生活所实施的物质援助行为,均属于社会保险法的调整范畴。这些援助行为构建了国家与劳动者之间特定的法律关系,即社会保险法律关系。

《中华人民共和国社会保险法》(简称《社会保险法》)的颁布实施,不仅对于建立健全覆盖全体城乡居民的社会保障体系具有重大意义,更是维护公民参与社会保险并享受相应待遇的合法权益的坚实保障。通过此法,每一位公民都将更加公平地共享社会发展的成果,这有力地推动社会主义和谐社会的建设进程。

1. 社会保险法的特征

社会保险法具有国家干预性,确保制度稳定公平;具有广泛的社会性,适用社会组织和个人;具有人道性,为困境公民提供保障;具有实体法和程序法的统一性;还具有特定的立法技术,科学合理规范,保障社会稳定与公民福祉。

2. 社会保险法的功能

社会保险法在经济上发挥着重要的调节作用,通过筹集资金、分散风险,有效缓解社会分配不公的问题,促进社会经济的稳定和发展。同时,它还承载着不可忽视的社会功能。当社会成员面临各种不可预见的风险时,为他们提供了必要的物质支持和生存保障,确保了社会的稳定和秩序。

3. 社会保险法的基本原则

1) 普遍保障性原则

普遍保障性原则是指对公民实行普遍的社会保障,确保每一位公民都能享受到社会保障的权益,不受社会地位、职业或其他因素的影响,实现社会公平与正义。

2) 基本保障原则

基本保障原则是国家和社会对公民提供的保障,是确保满足其基本生活需求和生存条件,为其构建一个基本的安全网。

3) 多层次原则

多层次原则是指在提供基本社会保险的同时,鼓励和支持建立多层次的补充保险制度,如补充养老保险(企业年金、职业年金)、补充医疗保险、商业人寿、健康保险,以满足不同人群多样化的保障需求。

4) 合理性原则

合理性原则是指社会保险的水平和标准应与经济社会发展水平相匹配,既不过高也不过低,确保制度的可持续性和公平性。

5) 社会化原则

社会化原则是指社会保险的资金来源、管理和责任都应当实现社会化。资金来源应包括单位、个人缴费、政府财政补助等多元化渠道;管理也应引入更多的社会参与和监督机制;同时,社会各界应共同承担社会保障的责任。

6) 国家承担最终责任原则

国家不仅是社会保险制度的发起者和监督者,更是其资助者和保证者。在社会保障体系中,国家应承担最终责任,确保制度的稳健运行和公民的权益不受损害。

4. 社会保险费征收

2019年1月1日起,税务部门统一征收各项社会保险费。

[读一读]

我国社会保险制度的发展

一、计划经济体制下的社会保障体系

我国1949年以后为适应计划经济体制而建立的社会保险制度,主要内容有国有企业职工的养老保险和劳保医疗制度、机关事业单位的养老保险和公费医疗制度。特点是国家出资、单位管理。存在一定弊端:包括覆盖面过于狭窄,主要局限于国有单位;保障层次单一,国家和用人单位大包大揽,职工不出资,缺乏自我保障意识；企业办社保，分散企业精力，经营亏损时职工权益难以保障；保障项目不完全，否认失业保险，使国有企业形成大量冗员。

二、社会保险制度改革

随着我国经济体制改革的不断深入，1986年4月通过的"七五"计划中我国首次提出了社会保障的概念，提出要有步骤地建立具有中国特色的社会保障制度。

1993年通过的《关于建立社会主义市场经济体制若干问题的决定》把社会保障制度列为社会主义市场经济框架的五大环节之一，标志着社会保障制度改革进入体系建设的新时期。

三、社会保险法的公布施行

2010年10月，我国公布了《社会保险法》，并于2011年7月1日起正式施行。这是新中国成立以来第一部社会保险制度的综合性法律，确立了中国社会保障体系的基本框架。

社会保险法规定，国家建立基本养老保险、基本医疗保险、工伤保险、失业保险、生育保险等社会保障制度。其中，基本养老保险包括职工基本养老保险、新型农村社会养老保险和城镇居民社会养老保险；基本医疗保险包括职工基本医疗保险、新型农村合作医疗和城镇居民基本医疗保险；工伤保险、失业保险和生育保险制度经过十多年的实践，已经比较成熟，该法对实施细则也做了具体规定。

来源：开封市保险行业协会《社会保险的发展历程》

（三）社会保险经办机构

国务院人力资源社会保障行政部门主管全国基本养老保险、工伤保险、失业保险等社会保险经办工作。国务院医疗保障行政部门主管全国基本医疗保险、生育保险等社会保险经办工作。

县级以上地方人民政府人力资源社会保障行政部门按照统筹层次主管基本养老保险、工伤保险、失业保险等社会保险经办工作。县级以上地方人民政府医疗保障行政部门按照统筹层次主管基本医疗保险、生育保险等社会保险经办工作。

（四）社会保险费征缴与社会保险基金管理

1. 社会保险费征缴

根据社会保险费缴纳相关规定，各主体的缴费责任如下：用人单位应依法履行自行申报义务，按时足额缴纳社会保险费，非因不可抗力等法定事由不得申请缓缴或减免；职工的社会保险费由用人单位按月从其工资中代扣代缴，个人无需直接办理；灵活就业人员则需自行向社会保险费征收机构（即税务部门）申报并缴纳应承担的社会保险费用；征收管理统一由税务部门负责，确保社会保险费的规范征缴与监管。这一机制明确了各方权责，保障社会保险制度的有序运行。

2. 社会保险基金管理

社会保险基金的管理严格遵循以下原则：按险种独立建账、分账核算，执行国家统一会计制度，确保资金流向清晰可溯；实行专款专用，严禁任何组织或个人侵占或挪用；基金统一存入财政专户，通过预算管理实现收支平衡，若出现支付缺口，由县级以上人民政府予以补贴。在确保安全的前提下,基金可依国务院规定进行投资运营以实现保值增值,但严禁违规投资,不得用于平衡其他政府预算、兴建办公场所、支付行政经费或挪作非法用途,坚决维护基金的安全性与专用性。

二、基本养老保险

(一)基本养老保险的概念

基本养老保险制度是我国社会保障体系的核心支柱,旨在为达到法定退休年龄且缴费满足条件的老年人提供稳定可靠的生活来源。这一制度由《社会保险法》明确规定,并涵盖三个关键组成部分:职工基本养老保险制度、新型农村社会养老保险制度(简称新农保)以及城镇居民社会养老保险制度(简称城居保)。这三项制度共同构成了基本养老保险制度的完整框架,确保了广大老年人口在退出劳动领域后能够享受国家和社会的物质帮助与支持。

根据国务院2014年2月26日发布的《关于建立统一的城乡居民基本养老保险制度的意见》,新农保和城居保两大制度得以合并实施,这标志着我国在全国范围内正式确立了统一的城乡居民基本养老保险体系。根据该制度,年满16周岁(不含在校学生)且不属于国家机关、事业单位职工基本养老保险覆盖范围的城乡居民,均可在其户籍所在地自愿参加城乡居民养老保险,享受国家和社会提供的养老保障。

(二)基本养老保险的组成和来源

(1)职工基本养老保险费的征缴范围广泛,覆盖国有企业、城镇集体企业、外商投资企业、城镇私营企业和其他城镇企业及其职工,实行企业化管理的事业单位及其职工,确保各类就业人员均纳入保障范围。

无雇工的个体工商户、未在用人单位参加基本养老保险的非全日制从业人员以及其他灵活就业人员可以参加基本养老保险,由个人缴纳基本养老保险费。公务员和参照公务员管理的工作人员养老保险的办法由国务院规定。

(2)基本养老保险实行社会统筹与个人账户相结合的方式,单位所缴费的养老保险费纳入基本养老保险统筹基金,以实现养老保险的社会共济。当基本养老保险基金出现支付不足时,政府将及时给予财政补贴,确保养老金的按时足额发放。

(3)基本养老金由统筹养老金和个人账户养老金两部分组成,基本养老保险基金作为专项资金,除用于支付参保人员的基本养老金外,还承担着参保人员因病或非因公死亡的丧葬补助金和遗属抚恤金的支付责任,以及在未达到法定退休年龄时因病或非因工致残完全丧失劳动能力时的病残津贴支付责任,为参保人员提供全面的养老保障。

(三)基本养老保险费的缴纳和计算

1. 单位缴费

自2019年5月1日起,降低城镇职工基本养老保险(包括企业和机关事业单位基本养老保险)单位缴费比例。各省、自治区、直辖市及新疆生产建设兵团养老保险单位缴费比例高于16%的,可降至16%;目前低于16%的,需要研究提出过渡办法。单位缴费计入基本养老保险统筹基金。

2. 个人缴费

按照现行政策,职工个人按照本人缴费工资的8%缴费,记入个人账户。个人缴费不计征个人所得税,在计算个人所得税的应税收入时,应当扣除个人缴纳的养老保险费。

缴费工资,也称缴费工资基数,一般为职工本人上一年度月平均工资(有条件的地区也可以本人上月工资收入为个人缴费工资基数)。

月平均工资按照国家统计局规定列入工资总额统计的项目计算,包括工资、奖金、津贴、补贴等收入,不包括用人单位承担或者支付给员工的社会保险费、劳动保护费、福利费、用人单位与员工解除劳动关系时支付的一次性补偿以及计划生育费用等其他不属于工资的费用。

新招职工(包括研究生、大学生、大中专毕业生等)以起薪当月工资收入作为缴费工资基数;从第二年起,按上一年实发工资的月平均工资作为缴费工资基数。

$$个人养老账户月存储额=本人月缴费工资×8\%$$

本人月平均工资低于当地职工月平均工资60%的,按当地职工月平均工资的60%作为缴费基数。

本人月平均工资高于当地职工月平均工资300%的,按当地职工月平均工资的300%作为缴费基数,超过部分不计入缴费工资基数,也不计入计发养老金的基数。

[小提示]

城镇个体工商户和灵活就业人员可根据本地全口径城镇单位就业人员的平均工资,在60%至300%的范围内选择适当的社保个人缴费基数,这一基数用于核定社保缴费的上下限,缴费比例为20%,其中8%记入个人账户。

3. 个人账户

(1) 个人账户不得提前支取,记账利率不得低于银行定期存款利率,免征利息税。

(2) 个人跨统筹地区就业的,其基本养老保险关系随本人转移,缴费年限累计计算。个人达到法定退休年龄时,基本养老金分段计算、统一支付。

(3) 参加职工基本养老保险的个人死亡后,其个人账户中的余额可以全部依法继承。

(四) 基本养老保险享受条件与待遇

(1) 职工养老保险享受条件为达到法定退休年龄并满足累计缴费满15年。

(2) 职工基本养老保险待遇,对于满足基本养老保险享受条件的职工,国家将按月发放基本养老金,并提供丧葬补助金和遗属抚恤金作为福利保障。若参保人员因病或非工作原因去世,其遗属有权领取丧葬补助金和抚恤金,相关费用由基本养老保险基金承担。参加基本养老保险的个人,在未达到法定退休年龄时因病或者非因工致残完全丧失劳动能力的,可以领取病残津贴,所需资金从基本养老保险基金中支付。

[小提示]

当个人不幸去世,若其遗属同时满足领取基本养老保险丧葬补助金、工伤保险丧葬补助金和失业保险丧葬补助金条件的,遗属只能选择领取其中的一种丧葬补助金,不可重复领取。

(五) 基本养老保险适用范围

基本养老保险适用范围广泛,涵盖了各类企业及职工,包括国有企业、城镇集体企业、外商投资企业以及城镇私营企业等。此外,事业单位及其工作人员,除公务员和参照《公务员法》管理的工作人员(参公管理)外,也纳入基本养老保险体系。灵活就业人员,如非全日制、临时性、季节性、弹性工作等多样化就业形式的人员,以及无雇工的个体工商户、自由职业者如律师、会计师、自由撰稿人、演员等,也可自愿参加基本养老保险。对于在中国境内就业的外国人,如果与用人单位建立了劳动关系,同样需要参加基本养老保险。

(六) 社会养老保险

1. 新型农村社会养老保险

新型农村社会养老保险的参保对象主要是年满16周岁(不包括在校学生)且未参与城镇职工基本养老保险的农村居民。他们可以在户籍所在地的社保机构自愿参加,并享受个人缴费、集体补助和政府补贴等多种筹资方式。一旦参保人年满60周岁,并且未享受城镇职工基本养老保险待遇,他们将可以按月领取养老金,以此确保农村老年人在达到法定退休年龄后享有稳定的经济来源,满足其基本生活需求。

2. 城镇居民社会养老保险

城镇居民社会养老保险的参保对象主要是年满16周岁(不含在校学生)且不符合职工基本养老保险参保条件的城镇非从业居民。这些居民可以在户籍所在地的社保机构自愿参加,并通过个人缴费和政府补贴的方式进行筹资。一旦参保的城镇居民年满60周岁,他们将能够按月领取养老金,从而获得稳定的经济支持。

在新型农村社会养老保险制度以及城镇居民养老保险制度实施时,对于已年满60周岁且未享受职工基本养老保险待遇及其他国家规定养老待遇的居民,无需缴费即可按月领取基础养老金。对于距离领取养老金年龄不足15年的参保者,需要按年缴费并允许补缴,但累计缴费年限不得超过15年。而对于距离领取养老金年龄超过15年的参保者,则需按年缴费,并确保累计缴费年限不少于15年。

[想一想]

张先生自2017年1月起在长沙工作,单位帮其缴纳了基本养老保险,到2024年12月份其已满60周岁,基本养老保险只缴纳了8年,请问若要享受基本养老保险待遇应如何解决?

[小练习 单选题]

下列人员中,属于城镇居民社会养老保险适用对象的是(　　)。

A. 公务员　　　　　　　　　　B. 参照公务员管理的人员

C. 城镇户籍非从业居民　　　　D. 企业职工

三、基本医疗保险

(一) 基本医疗保险的概念

基本医疗保险,是指按照国家规定缴纳一定比例的医疗保险费,参保人因患病或意外伤害而就医诊疗,由医疗保险基金支付其一定医疗费用的社会保险。

(二) 基本医疗保险的特征

(1) 以实现公民的物质帮助权为目的。
(2) 权利与义务不对等。
(3) 法律关系从形式到内容的强制性。
(4) 法律规范的科学技术性。

(三) 城镇职工基本医疗保险

1. 参保范围

职工应当参加职工基本医疗保险,由用人单位和职工按照国家规定共同缴纳基本医疗保险费,使被保险人在自然生病时享受基本的医疗服务。

无雇工的个体工商户、未在用人单位参加基本医疗保险的非全日制从业人员以及其他灵活就业人员可以参加职工基本医疗保险,由个人按照国家规定缴纳基本医疗保险费。

2. 适用范围

符合基本医疗保险药品目录、诊疗项目、医疗服务设施标准以及急诊、抢救的医疗费用,按照国家规定从基本医疗保险基金中支付。

3. 下列医疗费用不纳入基本医疗保险基金支付范围

(1) 应当从工伤保险基金中支付的医疗费用。
(2) 应当由第三人负担的医疗费用。
(3) 应当由公共卫生负担的医疗费用。
(4) 在境外就医产生的医疗费用。

医疗费用应当由第三人负担,第三人不支付或者无法确定第三人的,由基本医疗保险基金先行支付。基本医疗保险基金先行支付后,有权向第三人追偿。

(四) 基本医疗保险费的缴纳

基本医疗保险与基本养老保险一样采用"统账结合"模式,即分别设立社会统筹基金和个人账户基金,其中基本医疗保险基金由统筹基金和个人账户构成。

1. 缴费比例

职工基本医疗保险制度建立之初,用人单位费率按规定控制在职工工资总额的6%左右,职工缴费率一般为本人工资收入的2%,具体缴费比例主要由各统筹地区根据实际情况确定。生育保险和职工基本医疗保险合并实施后,用人单位职工基本医疗保险费率,按照用人单位参加两险的缴费比例之和确定。2023年,用人单位费率全国平均约为8.5%,职工个人费率全国平均约为2%。

2. 缴费基数

用人单位缴费基数为职工工资总额;职工个人缴费基数为职工本人全部工资收入,超过当地全口径城镇单位就业人员平均工资300%以上的部分,不计入个人缴费基数;

低于60%的,按60%计算缴费基数。职工工资介于当地全口径城镇单位就业人员平均工资60%～300%的,据实征收。实际工作中,许多地方一般以上年度平均工资计算缴费基数。新入职人员以职工本人起薪当月的工资收入计算缴费基数。

> [小练习 单选题]
>
> 某企业职工张某的月缴费工资为4 500元,根据当地医保政策规定,基本医疗保险单位缴费率为6%,个人缴费率为2%,单位缴纳的医保费用中的30%划入职工个人账户,剩余部分划入医保统筹基金。根据上述政策,张某个人医疗保险账户每月储存额为(　　)元。
> A. 90　　　　　　　　　　　　B. 81
> C. 171　　　　　　　　　　　　D. 180

3. 基本医疗保险关系转移接续制度

个人跨统筹地区就业的,其基本医疗保险关系随本人转移,缴费年限累计计算。

4. 退休人员基本医疗保险费的缴纳

参加职工基本医疗保险的个人,达到法定退休年龄时累计缴费达到国家规定年限的,退休后不再缴纳基本医疗保险费。

> [想一想]
>
> 某企业共有职工和离退休人员615人,其中在职职工405人,退休人员210人,该企业在参加基本医疗保险时,所有的615人都应参加并缴纳基本医疗保险费,你认为这种说法对吗?为什么?

(五) 职工基本医疗费用的结算

1. 职工基本医疗费用的支付范围

职工基本医疗费用主要包括参保人员必须在基本医疗保险的定点医疗机构就医、购药或到定点零售药店购买药品所产生的费用。参保人员在就医过程中所发生的医疗费用必须符合基本医疗保险药品目录、诊疗项目、医疗服务设施标准的范围和给付标准。

2. 支付标准

(1) 参保人员符合基本医疗保险支付范围的医疗费用中,在社会医疗统筹基金起付标准以上与最高支付限额以下的费用部分,由社会医疗统筹基金按一定比例支付。

(2) 起付标准又称起付线,一般为当地职工年平均工资的10%左右。最高支付限额,又称封顶线,一般为当地职工年平均工资的6倍左右,支付比例一般为90%。具体报销情况以各省市地区为准。

(六) 社会基本医疗保险

1. 新型农村合作医疗

新型农村合作医疗覆盖全体农村居民,所有农村居民都可以家庭为单位自愿参加,一般采取以县(市)为单位进行统筹。

2. 城镇居民医疗保险

整合城镇居民基本医疗保险和新型农村合作医疗两项制度,建立统一的城乡居民基本医疗保险制度。城乡居民基本医疗保险制度覆盖范围包括现有城镇居民基本医疗保险制度和新型农村合作医疗所有应参保(合)人员,即覆盖除职工基本医疗保险应参保人员以外的其他所有城乡居民,统一保障待遇。

不属于城镇职工基本医疗保险制度覆盖范围的中小学阶段的学生(包括职业高中、中专、技校学生)、少年儿童和其他非从业城镇居民可自愿参加城镇居民基本医疗保险。

四、工伤保险

(一)工伤保险的概念

工伤保险是指劳动者在职业工作中或规定的特殊情况下遭遇意外伤害或职业病,导致暂时或永久丧失劳动能力以及死亡时,劳动者或其遗属能够从国家和社会获得物质帮助的社会保险制度。

(二)工伤保险费的缴纳

职工应当参加工伤保险,由用人单位缴纳工伤保险费,职工不缴纳工伤保险费。用人单位缴纳工伤保险费的数额为单位职工工资总额乘以单位缴费费率之积。

1. 工伤保险费的适用范围

工伤保险费主要包括中国境内的企业、事业单位、社会团体、民办非企业单位、基金会、律师事务所、会计师事务所等组织的职工和个体工商户的雇工(不包括公务员以及参照《公务员法》管理的工作人员),均有依照规定享受工伤保险待遇的权利。

2. 工伤保险费的基本原则

(1)无过错雇主责任原则。

(2)严格区别工伤与非工伤原则。

(3)工伤补偿与预防、康复相结合原则。

(4)严格科学的工伤认定与鉴定标准原则。

(三)工伤认定

1. 应当认定为工伤的情形

(1)在工作时间和工作场所内,因工作原因受到事故伤害。

(2)工作时间前后在工作场所内,从事与工作有关的预备性或收尾性工作受到事故伤害。

(3)在工作时间和工作场所内,因履行工作职责受到暴力等意外伤害。

(4)患职业病。

(5)因公外出期间,由于工作原因受到伤害或者发生事故下落不明。

(6)在上下班途中,受到非本人主要责任的交通事故或者城市轨道交通、客运轮渡、火车事故伤害。

(7)法律、行政法规规定应当认定为工伤的其他情形。

2. 视同工伤的情形

（1）在工作时间和工作岗位，突发疾病死亡或者在48小时内经抢救无效死亡。

（2）在抢险救灾等维护国家利益、公共利益活动中受到伤害。

（3）职工原在军队服役，因战、因公负伤致残，已取得革命伤残军人证，到用人单位后旧伤复发。

3. 不认定为工伤的情形

主要包括故意犯罪、醉酒或者吸毒、自残或者自杀、法律、行政法规规定的其他情形。

> [想一想]
>
> 王女士是经济开发区某服装公司职工，从事封箱工作。2024年6月28日，王女士在操作过程中与上一道从事包装纸箱的同事李女士因生活琐事发生口头争执。后两人由口头争执变成发生肢体冲突，矛盾进一步升级，两人在揪打过程中王女士右胳膊扭伤。王女士向所在用人单位提出工伤认定申请，认为自己在工作中发生的事故伤害应认定为工伤。你们认为合理吗？请说明理由。

（四）劳动能力鉴定

职工发生工伤，经治疗伤情相对稳定后存在残疾、影响劳动能力的，应当进行劳动能力鉴定。分为劳动功能障碍程度和生活自理障碍程度的等级鉴定。

（1）劳动功能障碍分为十个伤残等级，最重为一级，最轻为十级。

（2）生活自理障碍分为三个等级：生活完全不能自理、生活大部分不能自理、生活部分不能自理。

（3）自劳动能力鉴定结论作出之日起1年后，工伤职工或者其近亲属、所在单位或者经办机构认为伤残情况发生变化的，可以申请劳动能力复查鉴定。

（五）停工留薪期

停工留薪期，是指职工因工作遭受事故伤害或者患职业病需要暂停工作接受工伤医疗的期间。

（1）在停工留薪期内，职工的原工资福利待遇不变，由所在单位按月支付。

（2）停工留薪期一般不超过12个月。伤情严重或者情况特殊，经设区的市级劳动能力鉴定委员会确认，可以适当延长，但延长不得超过12个月。

（3）工伤职工评定伤残等级后，停止享受停工留薪期待遇，按照规定享受伤残待遇。

（4）工伤职工在停工留薪期满后仍需治疗的，继续享受工伤医疗待遇。

（六）工伤保险待遇

1. 工伤医疗待遇

职工因工作原因受到事故伤害或者患职业病，且经工伤认定的，享受工伤保险待遇。其中，经劳动能力鉴定丧失劳动能力的，享受伤残待遇。工伤医疗待遇如表6-2所示。

表6-2 工伤医疗待遇表

事项	内容	支付主体
工伤医疗康复待遇	治疗工伤的医疗费用(诊疗费、药费、住院费)	工伤保险基金
工伤医疗康复待遇	住院伙食补助费、交通食宿费	工伤保险基金
工伤医疗康复待遇	康复性治疗费	工伤保险基金
工伤医疗康复待遇	停工留薪期工资福利	用人单位
辅助器具配置待遇	经确认可以安装的假肢、矫形器、假眼、假牙和配置轮椅等辅助器具	工伤保险基金

[小练习 单选题]

根据《社会保险法》,企业缴纳了工伤保险费后,职工因工伤发生的下列费用,应由用人单位支付的是( )。

A. 停工留薪期内的工资福利　　B. 住院伙食补助费
C. 治疗工伤的医疗费用和康复费用　　D. 到统筹地区以外就医的交通食宿费

2. 伤残待遇

经劳动能力鉴定委员会鉴定,评定伤残等级的工伤职工,享受伤残待遇。伤残待遇如表6-3所示。

表6-3 伤残待遇表

事项	内容		支付主体	备注
伤残待遇	生活护理费		工伤保险基金	
伤残待遇	一次性伤残补助金		工伤保险基金	
伤残待遇	伤残津贴	1—4级	工伤保险基金(按月支付)	保留劳动关系退出工作岗位
伤残待遇	伤残津贴	5—6级	用人单位(按月发放)	保留劳动关系由用人单位安排适当工作
伤残待遇	一次性工伤医疗补助金	5—6级	工伤保险基金	本人提出,可与用人单位解除或者终止劳动关系
伤残待遇	一次性工伤医疗补助金	7—10级	工伤保险基金	合同期满终止,或本人提议解除劳动聘用合同

续　表

事项	内容		支付主体	备注
伤残待遇	一次性伤残就业补助金	5—6级伤残	用人单位	本人提出,可与用人单位解除或者终止劳动关系
		7—10级伤残		合同期满终止,或本人提议解除劳动聘用合同

3. 工亡待遇

职工因工死亡,或者伤残职工在停工留薪期内因工伤导致死亡的,其近亲属按照规定从工伤保险基金领取丧葬补助金、供养亲属抚恤金和一次性工亡补助金。工亡待遇如表6-4所示。

表6-4　工亡待遇表

事项	内容		支付主体	备注
工亡待遇	职工因工死亡,或者伤残职工在停工留薪期内因工伤导致死亡	近亲属领取丧葬补助金、供养亲属抚恤金和一次性工亡补助金	工伤保险基金	一次性工亡补助金,标准为上一年度全国城镇居民人均可支配收入的20倍
	1—4级伤残职工在停工留薪期满后死亡	近亲属领取丧葬补助金、供养亲属抚恤金,不享受一次性工亡补助金		—

（七）工伤特别规定

（1）工伤保险中所称的本人工资,是指工伤职工因工作遭受事故伤害或者患职业病前12个月平均月缴费工资。本人工资高于统筹地区职工平均工资300%的,按照统筹地区职工平均工资的300%计算;本人工资低于统筹地区职工平均工资60%的,按照统筹地区职工平均工资的60%计算。

（2）工伤职工有丧失享受待遇条件、拒不接受劳动能力鉴定、拒绝治疗的,停止享受工伤保险待遇。

（3）工伤职工符合领取基本养老金条件的,停发伤残津贴,享受基本养老保险待遇。基本养老保险待遇低于伤残津贴的,由工伤保险基金补足差额。

（4）职工所在用人单位未依法缴纳工伤保险费,发生工伤事故的,由用人单位支付工伤保险待遇。用人单位不支付的,从工伤保险基金中先行支付,由用人单位偿还。用人单位不偿还的,社会保险经办机构可以追偿。

（5）由于第三人的原因造成工伤,第三人不支付工伤医疗费用或者无法确定第三人的,由工伤保险基金先行支付。工伤保险基金先行支付后,有权向第三人追偿。

（6）职工（包括非全日制从业人员）在两个或者两个以上用人单位同时就业的,各用人单位应当分别为职工缴纳工伤保险费。职工发生工伤,由职工受到伤害时工作的单位依法承担工伤保险责任。

> [小提示]
> 工伤保险一般由用人单位申请,用人单位未按规定提出工伤认定申请的,工伤职工或者近亲属、工会组织在事故伤害发生之日或者被诊断、鉴定为职业病之日起1年内,可以直接向用人单位所在地统筹地区社会保险行政部门提出工伤认定申请。

五、失业保险

(一) 失业保险的概念

失业保险是指国家通过立法强制实行的,由社会集中建立基金,保障因失业而暂时中断生活来源的劳动者的基本生活,并通过职业培训、职业介绍等措施促进其再就业的社会保障制度。

(二) 失业保险的缴纳

1. 征缴范围

失业保险费的征缴范围包括国有企业、城镇集体企业、外商投资企业、城镇私营企业和其他城镇企业(统称城镇企业)及其职工,事业单位及其职工。职工应当参加失业保险,由用人单位和职工按照国家规定共同缴纳失业保险费。

2. 征缴比例

城镇企事业单位职工按照个人工资的一定比例缴纳失业保险费,城镇企事业单位按照本单位工资总额的一定比例缴纳失业保险费。

3. 失业保险待遇的享受条件

(1) 失业前用人单位和本人已经缴纳失业保险费满1年的。

(2) 非因本人意愿中断就业的,包括终止劳动合同的;被用人单位解除劳动合同的;被用人单位开除、除名和辞退的;用人单位以暴力、威胁或者非法限制人身自由的手段强迫劳动,劳动者解除劳动合同的;用人单位未按照劳动合同约定支付劳动报酬或者提供劳动条件,劳动者解除劳动合同的;以及法律、行政法规另有规定的。

(三) 失业保险金的领取期限和缴费年限

失业保险金的领取期限和缴费年限汇总如表6-5所示。

表6-5 失业保险金的领取期限和缴费年限汇总表

累计缴费时间	领取失业保险金的期限
1年≤缴费期限<5年	≤12个月
5年≤缴费期限<10年	≤18个月
缴费期限≥10年	≤24个月

（1）用人单位应当及时为失业人员出具终止或者解除劳动关系的证明，将失业人员的名单自终止或者解除劳动关系之日起7日内报受理其失业保险业务的经办机构备案，并按要求提供终止或解除劳动合同证明等有关材料。

（2）失业人员到公共就业服务机构或社会保险经办机构申领失业保险金，受理其申请的机构都应一并办理失业登记和失业保险金发放。

（3）失业人员可凭社会保障卡或身份证件申领失业保险金，可不提供解除或者终止劳动关系、失业登记证明等材料。

（4）失业保险金自办理失业登记之日起计算。

（5）重新就业后，再次失业的，缴费时间重新计算，领取失业保险金的期限与前次失业应当领取而尚未领取的失业保险金的期限合并计算，最长不超过24个月。

（6）失业人员因当期不符合失业保险金领取条件的，原有缴费时间予以保留，重新就业并参保的，缴费时间累计计算。

（7）自2019年12月起，延长大龄失业人员领取失业保险金期限，对领取失业保险金期满仍未就业且距法定退休年龄不足1年的失业人员，可继续发放失业保险金至法定退休年龄。

（8）失业保险金的标准，不得低于城市居民最低生活保障标准，一般也不高于当地最低工资标准。

（四）其他失业保险待遇

（1）失业人员在领取失业保险金期间，参加职工基本医疗保险，享受基本医疗保险待遇。失业人员应当缴纳的基本医疗保险费从失业保险基金中支付，个人不缴纳基本医疗保险费。

（2）失业人员在领取失业保险金期间死亡的，参照当地对在职职工死亡的规定，向其遗属一次性丧葬补助金和抚恤金，所需资金从失业保险基金中支付。

（3）个人死亡同时符合领取基本养老保险丧葬补助金、工伤保险丧葬补助金和失业保险丧葬补助金条件的，其遗属只能选择领取其中的一项。

（4）失业人员在领取失业保险金期间，应当积极求职，接受职业介绍和职业培训。失业人员接受职业介绍、职业培训的补贴由失业保险基金按照规定支付。

（5）失业人员在领取失业保险金期间有下列情形之一的，停止领取失业保险金，并同时停止享受其他失业保险待遇，具体包括重新就业的，应征服兵役的，移居境外的，享受基本养老保险待遇的，被判刑收监执行的，无正当理由，拒不接受当地人民政府指定部门或者机构介绍的适当工作或者提供的培训的，有法律、行政法规规定的其他情形的。

失业保险金的领取期限取决于"用人单位和本人的累计缴费年限"，与"本人工作年限"无关。

[小练习 单选题]

根据《失业保险条例》，失业人员在领取失业保险金期间有下列情形，仍可以继续领取失业保险金的是（　　）。

A. 应征服兵役　　B. 移居境外　　C. 重新就业　　D. 到异地求职

单元六 劳动合同与社会保险法律制度

单元思考

平等、自愿、公平、诚实信用是劳动合同双方都必须遵循的原则,社会保险制度的建立和完善更是降低了劳动者的生活风险,增强了社会的整体安全感。然而,随着社会的不断发展,这些制度也需要不断地完善和调整,以适应新的社会环境和经济需求。面对新的挑战与机遇,作为新时代的青年,我们该怎样为推动劳动者的权益保护和社会进步贡献自己的力量呢?

单元小结

拓展学习

本单元全面系统介绍了劳动合同法律制度和社会保险法律制度,这两个制度相互补充、相互促进,共同构建了劳动者权益的保障体系,为劳动者在劳动关系中的权益提供了坚实的法律后盾。特别是通过了解劳动合同的基本要素、订立、履行、变更、解除和终止等环节,以及社会保险的种类、覆盖范围、缴费标准、待遇享受等方面的法律规定,学生可以更好地认识劳动关系和社会保险领域的法律规定和实践操作,从而提升学生的专业素养和实践能力。

单元测试

一、单选题

1. 根据劳动合同法律制度的规定,下列情形中,劳动者可立即解除劳动合同,不需事先告知用人单位的是(　　)。
   A. 用人单位未按照劳动合同约定提供劳动保护的
   B. 用人单位违章指挥、强令冒险作业危及劳动者人身安全的
   C. 用人单位未及时足额支付劳动报酬的
   D. 用人单位在劳动合同中免除自己的法定责任、排除劳动者权利的

2. 社会保险除基本保险之外,还可以建立补充保险(如:补充养老保险、补充医疗保险,商业人寿、健康保险等),这体现的是社会保险的(　　)。
   A. 普遍保障原则　　　　　　B. 合理保障原则
   C. 基本保障原则　　　　　　D. 多层次原则

3. 下列人员中,属于职工养老保险适用对象的是(　　)。
   A. 公务员　　　　　　　　　B. 参照公务员法管理的工作人员
   C. 城镇非从业居民　　　　　D. 企业职工

4. 根据社会保险法律制度的规定,下列关于职工基本养老保险个人账户的表述中,不正确的是(　　)。
   A. 个人账户记账利息计征利息税
   B. 参保职工死亡后,其个人账户中的余额可以全部依法继承
   C. 个人账户不得提前支取

D. 职工按照国家规定缴纳的基本养老保险费记入个人账户

5. 根据社会保险法律制度的规定,参加职工基本养老保险的个人,达到法定退休年龄时累计缴费达到法定年限的,可以按月领取基本养老金。该法定年限为( )年。
   A. 20　　　　　B. 5　　　　　C. 10　　　　　D. 15

6. 2023年12月31日,甲公司职工周某实际工作年限已满8年,在甲公司工作年限已满3年。2024年2月15日,周某因病住院治疗而开始第一次病休。计算周某依法享受医疗期的累计病休的时间段为( )。
   A. 自2024年2月15日至2024年5月14日
   B. 自2024年1月1日至2024年12月31日
   C. 自2024年1月1日至2024年6月30日
   D. 自2024年2月15日至2024年8月14日

7. 吴某因劳动合同终止而失业。已知吴某工作年限已满6年,缴纳失业保险费的时间已满4年,且符合失业保险待遇享受条件。根据社会保险法律制度的规定,吴某领取失业保险金的最长期限为( )个月。
   A. 12　　　　　　　　　　　　　B. 24
   C. 6　　　　　　　　　　　　　　D. 18

8. 2023年10月,张某到甲公司工作。2024年11月,甲公司与张某口头商定将其月工资由原来的4 500元提高至5 400元。双方实际履行3个月后,甲公司法定代表人变更。新任法定代表人认为该劳动合同内容变更未采用书面形式,变更无效,决定仍按原每月4 500元的标准向张某支付工资;张某表示异议,并最终提起诉讼。关于双方口头变更劳动合同效力的下列表述中,正确的是( )。
   A. 双方口头变更劳动合同且实际履行已超过1个月,该劳动合同变更有效
   B. 劳动合同变更在实际履行3个月期间有效,此后无效
   C. 因双方未采取书面形式,该劳动合同变更无效
   D. 双方口头变更劳动合同但实际履行未超过6个月,该劳动合同变更无效

9. 根据社会保险法律制度的规定,下列关于企业职工医疗期待遇的表述中,不正确的是( )。
   A. 医疗期满职工尚未痊愈而被解除劳动合同的,用人单位应支付经济补偿
   B. 病假工资或疾病救济费不得低于当地最低工资标准支付
   C. 医疗期内,用人单位不得解除或者终止无过错职工的劳动合同
   D. 病休期间,公休、假日和法定节日包括在内

10. 根据社会保险法律制度的规定,职工发生伤亡的下列情形中,不应认定为工伤的是( )。
    A. 工作时间前在工作场所内,从事与工作有关的预备性工作受到事故伤害的
    B. 在工作时间和工作岗位突发疾病,在48小时内经抢救无效死亡的
    C. 在下班途中受到本人负主要责任交通事故伤害的
    D. 在抢险救灾等维护国家利益、公共利益活动中受到伤害的

二、多选题

1. 甲公司与刘某签订了2年期限劳动合同。合同履行1年时,刘某因自主创业而向甲

公司提出解除劳动合同。下列关于刘某单方解除劳动合同方式及后果的表述中，正确的有(　　　　)。
   A. 刘某应向甲公司支付违约金
   B. 刘某应提前3日以书面形式通知甲公司
   C. 刘某应提前30日以书面形式通知甲公司
   D. 甲公司不需向刘某支付经济补偿

2. 用人单位存在的下列情形中，劳动者可随时通知用人单位解除劳动合同的有(　　　　)。
   A. 甲公司未及时足额支付张某劳动报酬的
   B. 乙公司未依法给李某缴纳社会保险费的
   C. 丙公司生产经营发生严重困难的
   D. 丁公司未按照劳动合同约定为谢某提供劳动条件的

3. 下列关于医疗保险特征的说法中，正确的有(　　　　)。
   A. 参保人员获得保险利益具有无偿性
   B. 保险条款的内容体现科学性
   C. 保险金筹集和支付规则体现参保人享受权益与承担义务的不一致性
   D. 医疗保险以实现对公民的物质帮助为目的

4. 根据社会保险法律制度的规定，下列社会保险项目中，由用人单位和职工共同缴纳社会保险费的有(　　　　)。
   A. 工伤保险　　　　　　　　B. 职工基本医疗保险
   C. 失业保险　　　　　　　　D. 职工基本养老保险

5. 根据社会保险法律制度的规定，领取失业保险金的下列人员中，应停止领取失业保险金并同时停止享受其他失业保险待遇的有(　　　　)。
   A. 应征服兵役的郑某　　　　B. 移居境外的夏某
   C. 享受基本养老保险待遇的郭某　　D. 被判刑收监执行的王某

6. 参加工伤保险的伤残职工，在停工留薪期内因工伤导致死亡的，其近亲属按照规定可从工伤保险基金领取的工亡待遇有(　　　　)。
   A. 丧葬补助金　　　　　　　B. 供养亲属抚恤金
   C. 停工留薪期的工资福利　　D. 一次性工亡补助金

7. 根据社会保险法律制度的规定，参保职工因工伤发生的下列费用中，由用人单位支付的有(　　　　)。
   A. 一次性伤残补助金
   B. 五级、六级伤残职工按月领取的伤残津贴
   C. 终止或者解除劳动合同时，应当享受的一次性伤残就业补助金
   D. 治疗工伤期间的工资福利

8. 关于劳动合同的履行与变更，下列各项中，正确的有(　　　　)。
   A. 劳动者拒绝用人单位管理人员违章指挥作业的，不视为违反劳动合同
   B. 用人单位变更投资人不影响劳动合同的履行
   C. 用人单位发生合并，原劳动合同继续有效

D. 用人单位的加班时间及加班费可以随意制定

9. 根据劳动合同法律制度的规定,关于用人单位直接涉及劳动者切身利益的规章制度的下列表述中,正确的有(　　)。
   A. 因规章制度违反法律法规规定给劳动者造成损害的,用人单位应承担赔偿责任
   B. 制定时应经职工代表大会或全体职工讨论,提出方案和意见,与工会或职工代表平等协商确定
   C. 实施过程中工会或职工认为不适当的,有权向用人单位提出,通过协商予以修改完善
   D. 用人单位应公示或告知劳动者

10. 根据劳动合同法律制度的规定,下列各项中,属于劳动合同必备条款的有(　　)。
    A. 服务期　　B. 劳动保护　　C. 工作地点　　D. 工作时间

三、判断题

1. 未在用人单位参加基本养老保险的非全日制从业人员不可以参加职工基本养老保险。(　　)

2. 职工发生工伤事故但所在用人单位未依法缴纳工伤保险费的,不享受工伤保险待遇。(　　)

3. 停工留薪期一般不超过24个月;伤情严重或者情况特殊,经设区的市级劳动能力鉴定委员会确认,可以适当延长,但延长不得超过12个月。(　　)

4. 失业保险金的标准,不得低于城市居民最低生活保障标准;一般也不高于当地最低工资标准,具体数额由省、自治区、直辖市人民政府确定。(　　)

5. 企业以外的缴费单位应当自成立之日起30日内,向当地社会保险经办机构申请办理社会保险登记。(　　)

6. 社会保险经办机构认定失业人员失业状态时,可以要求失业人员出具终止或者解除劳动关系证明。(　　)

7. 工伤保险的缴纳主体是用人单位,职工个人不用缴纳,基本养老保险＋基本医疗保险＋失业保险由用人单位和职工个人共同缴纳。(　　)

8. 从2019年1月1日起,将基本养老保险费、基本医疗保险费、失业保险费、工伤保险费等各项社会保险费交由税务部门统一征收。(　　)

9. 用人单位招用劳动者,不得扣押劳动者的居民身份证和其他证件,可以要求劳动者提供担保或者以其他名义向劳动者收取财物。(　　)

10. 用人单位应当将直接涉及劳动者切身利益的规章制度和重大事项决定公示,或者告知劳动者。公示或告知可以采用张贴通告、员工手册送达、会议精神传达等方式。(　　)

四、案例分析题

1. 王力2020年1月至2022年12月在A公司就业并购买了失业保险,2023年1月,王力因个人原因从公司主动辞职。三个月后,王力在B公司重新就业并购买了失业保险,并于2024年9月因合同到期再次失业。请问:
   (1) 王力在A公司失业后,是否可以申领失业保险金? 请说明理由。
   (2) 王力在B公司失业后,是否可以申领失业保险金? 请说明理由。

(3) 王力领取失业保险金期限最长是多久？请说明理由。

2. 某餐厅所在地职工月平均工资为4 000元。职工配菜员王某月缴费工资为3 200元，职工主厨张某月缴费工资为13 000元，餐厅每月应从王某、张某的工资中代扣代缴的基本养老保险数额分别为多少？

3. 甲公司职工李某2024年度从公司取得的总收入为140 000元，其中工资、奖金共计102 000元，甲公司支付给李某的福利费为11 600元。已知2024年度当地职工月平均工资为3 500元。李某个人2024年度每月应缴纳的基本养老保险费应为多少？

4. 张三于2024年1月1日与某科技有限公司（简称公司）签订了一份为期3年的劳动合同。合同中规定，张三的月薪为5 000元人民币，合同自签订之日起生效。张三于2024年1月5日正式开始在公司上班。然而，在2024年4月1日，张三发现公司未按照合同约定支付其2024年3月的工资。张三随即与公司沟通，但公司表示由于财务问题，暂时无法按时支付工资。请根据上述情境，回答以下问题：
(1) 如果张三在发现公司未按时支付工资后，决定在2024年4月15日解除劳动合同，那么这份劳动合同的实际效力期间是多少天？
(2) 如果张三选择继续工作，在2024年12月31日，公司仍未支付其2024年3月的工资，那么张三可以采取哪些法律手段来维护自己的权益？
(3) 在计算张三的实际工作天数和应得工资时，是否应该考虑公司未按时支付工资的情况？为什么？

5. 张先生与一家小型微利企业于 2024 年 1 月 1 日签订了一份为期 3 年的劳动合同。合同中规定,张先生的年薪为 60 000 元,并按月平均发放。除此之外,张先生还有以下额外的薪酬和福利条款,分别是每年 12 月,张先生将获得相当于两个月工资的年终奖金以及相当于一个月工资的假期津贴,用于支付其休假期间的费用;同时公司每月为张先生支付 400 元的健康保险费用。

请根据上述情境,回答以下问题:

(1) 计算张先生 2024 年的总薪酬(包括月薪、年终奖金、健康保险和假期津贴)。

(2) 假设 2025 年,张先生因为工作表现出色,获得了价值 8 000 元的额外奖金。同时,由于公司业绩不佳,年终奖金被削减为一个月的工资。请计算张先生 2025 年的总薪酬。

单元七 消费者权益保护法律制度

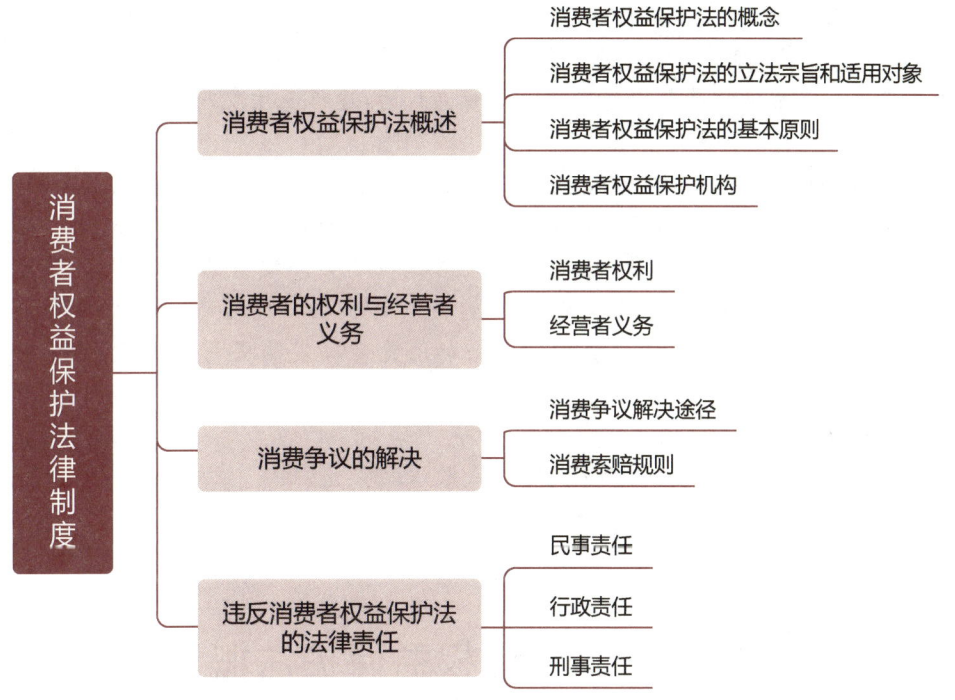

1. 了解消费者及《消费者权益保护法》的相关规定
2. 理解消费者权利和经营者义务的基本规定
3. 熟悉消费者合法权益保护方式,了解消费争议的解决途径及法律保护的相关规定
4. 树立正确的消费理念,维护公平、诚信、安全和健康的交易环境,推动社会的和谐与进步

思政故事

> **单元导入**
>
> ### 严惩直播欺诈,三倍赔偿保护消费者权益
>
> 随着科技的不断发展,直播带货正在迅速崛起。然而,由于网络直播行业尚未完善的监管机制,一些不法分子也乘机从中谋取私利,侵害了消费者的合法权益。
>
> 2022年7月,申某在某店铺经营的某短视频平台账号"某福·黄金"直播过程中,下单购买5件足金金条吊坠,单价为299元,总付款1 495元。某店铺在直播画面中的商品详情显示:商品标题为"足金金条吊坠",主材质为"足金",重量为1克,款式为"吊坠"。商品随附的"足金吊坠"检验结论证书上记载总质量"1.30 g"。申某收到商品后发现"足金金条吊坠"不足称,经送检测重量仅为0.29克。申某认为某店铺在直播带货过程中存在欺诈消费者行为,遂诉至法院,请求判令某店铺退还货款并支付三倍赔偿款共5 980元。
>
> 广州互联网法院生效判决,申某收到的涉案足金吊坠重量仅为0.29克,明显少于直播过程发布的商品详情页上介绍的重量1克,更远少于商品随附的检验结论证书上记载的总质量"1.30 g"。该店铺在销售涉案商品过程中,存在故意告知申某虚假情况或隐瞒真实情况、诱使其作出错误意思表示购买涉案商品,即通过故意告知虚高的质量情况以增加消费者决定购买商品的可能性,存在欺诈行为。故判决某店铺向申某退还货款并支付三倍赔偿款共5 980元,申某退还涉案商品。
>
> 来源:宁波市司法局《足金不足? 构成欺诈》

任务一 消费者权益保护法概述

一、消费者权益保护法的概念

(一) 消费者

消费者是消费者权益保护法中的重要主体,是指为生活消费需要而购买、使用商品或者接受服务的自然人。

消费者的主体是购买、使用商品或接受服务的个人;消费者的消费客体包括商品和服务,并且这一客体必须是消费者从经营者处取得的。

> **[小提示]**
>
> 消费者权益保护法中的消费者指的是自然人,任何机关和企事业单位、团体都不会成为消费者权益保护法中的消费者,因为只有自然人,才能进行生活消费。

（二）消费者权益保护法

《中华人民共和国消费者权益保护法》（简称《消费者权益保护法》），它是调整在保护消费者权益过程中发生的经济关系的法律规范的总称。广义的消费者权益保护法还包括反不正当竞争法、价格法、产品质量法、食品安全法、电子商务法等法律法规中关系到消费者权益保护的法律规范。

[小提示]

消费者权益保护关系、维护公平竞争关系、产品质量管理关系共同构成了市场管理关系，它是国家在市场管理过程中形成的一种社会关系。

二、消费者权益保护法的立法宗旨和适用对象

（一）消费者权益保护法的立法宗旨

《消费者权益保护法》是为保护消费者的合法权益，维护社会经济秩序，促进社会主义市场经济健康而发展制定的一部法律，于1993年10月31日第八届全国人民代表大会常务委员会第四次会议通过，自1994年1月1日起施行，且先后于2009年和2013年分别进行了修正。

[读一读]

国际消费者权益日

国际消费者权益日（World Consumer Rights Day）是每年的3月15日，由国际消费者联盟组织于1983年确定，目的在于扩大对消费者权益保护的宣传，使消费者权益在世界范围内得到重视，以促进各国和地区消费者组织之间的合作与交往，在国际范围内更好地保护消费者权益。

消费者权益保护的历史可以追溯到19世纪末。1898年，全世界第一个消费者组织在美国成立。之后，消费者运动逐渐在各国兴起，各种反映消费者利益和要求的组织纷纷出现。在此基础上，1960年，国际消费者联盟组织宣告成立。如今，全世界已有90多个国家共300多个消费者组织在开展活动。

在中国，消费者权益保护也备受关注。每年的3月15日，我国都会举办一系列活动，以宣传消费者权益保护知识，增强消费者的维权意识。同时，各级消费者协会也会积极受理消费者投诉，为消费者提供帮助和支持。

（二）消费者权益保护法的适用对象

消费者权益法主要保护消费者为生活消费需要购买、使用商品或接受服务时的权益。当消费者权益法没有具体规定时，消费者的权益还将受到其他相关法律法规的保护。同时，经营者为消费者提供商品或服务时，也必须遵守消费者权益法，并在该法未作规定的情况下，遵循其他相关法律法规。值得注意的是，农民在购买和使用直接用于农业生产的生产资料时，他们的消费活动也应参照消费者权益法来执行，以确保他们的

权益得到保护。

> [想一想]
>
> 张某在学校附近购买的"三无"汉堡包食用后导致食物中毒,这种情况是否适用《消费者权益保护法》?

三、消费者权益保护法的基本原则

经营者与消费者进行交易,应当遵循自愿、平等、公平、诚实信用的原则,保护消费者的合法权益是全社会的共同责任,国家鼓励、支持一切组织和个人对损害消费者合法权益的行为进行社会监督。

> [小提示]
>
> 国家倡导文明、健康、节约资源和保护环境的消费方式,反对浪费,大众传播媒介应当做好维护消费者合法权益的宣传,对损害消费者合法权益的行为进行舆论监督。

四、消费者权益保护机构

(一)人民政府

国家与各级地方人民政府行政管理机关是消费者权益保护的基本常设机构,负责拟定和组织实施相关法律法规和政策,协调技术监督、卫生管理、食品检验、商检等各行政管理机关联合执法,加强市场监管,进行行政干预,接受消费者诉求,维护消费者合法权益。

(二)公安司法机关

经营者违法构成犯罪的,公安机关应联合检察院依法立案、侦查,起诉到人民法院,追究相关人员责任。人民法院受理消费者争议案件,应依法公正审理,保护消费者合法权益。

(三)消费者协会和其他组织

由消费者组成的消费者协会和其他组织是民间组织,应依法活动,并维护消费者权益。其主要职能包括提供咨询服务,倡导文明消费风尚;参与制定相关消费者法律法规与标准;参与行政部门对商品、服务的检查监督;收集消费者意见、建议,并向有关部门反映;受理消费者投诉,并调查调解。

[读一读]

消费者投诉电话 12315
政府服务热线 12345

质量监督投诉电话 12365
电信用户申诉受理中心 12300
国家旅游服务热线 12301
邮政行业消费者申诉电话 12305
铁路客户服务中心 12306
全国文化市场统一举报热线 12318
网络不良与垃圾信息举报 12321
食品药品安全投诉举报受理中心 12331
全国物价监督检查服务热线 12358

任务二 消费者权利与经营者义务

《消费者权益保护法》规定了消费者的基本权利，是保护消费者权益的法律武器。

一、消费者权利

消费者权利是指消费者在获取商品或接受服务时应当享有的各种法定权利的总和。《消费者权益保护法》通过立法手段，对消费者实施了倾斜性的保护措施，明确规定了消费者在交易过程中应享有的多种权利，消费者权利及主要内容如表 7-1 所示。

表 7-1 消费者权利及主要内容

消费者权利	主要内容
安全保障权	是消费者权利最基本内容，是消费者在购买、使用商品和接受服务时享有保障人身、财产安全不受侵害的权利。消费者有权要求经营者提供的商品和服务，符合保障人身、财产安全的要求
知悉真情权	又称获取信息权、知情权、了解权，指消费者享有知悉其购买、使用的商品或者接受的服务的真实情况的权利
自主选择权	指消费者享有自主选择商品或者服务的权利。消费者拥有自主选择提供商品或者服务的经营者的权利，自主选择商品或者服务的品种、方式的权利，自主决定购买或不购买任何一种商品、接受或者不接受任何一项服务的权利，自主选择商品或者服务时享有进行比较、鉴别和挑选的权利
公平交易权	指消费者在购买商品或接受服务时享有获得质量保障价格合理和计量正确等公平交易条件的权利，消费者有权拒绝经营者的强制交易行为
依法求偿权	指消费者因购买、使用商品或接受服务受到人身、财产损害，享有依法获得赔偿的权利。这是消费者最重要的一项权利

续　表

消费者权利	主要内容
依法结社权	指消费者享有依法成立维护自身合法权益的社会组织的权利。任何组织和个人不得以任何方式阻挠和干预
求教获知权	又称受教育权,是指消费者享有获得有关消费和消费者权益保护方面的知识的权利
维护尊严权	指消费者在购买、使用商品或接受服务时,享有人格尊严、民族风俗习惯得到尊重的权利,个人信息依法受到保护。不接受非法搜查、检查、侮辱和诽谤
个人信息权	以电子或者其他方式记录的与已识别或者可识别的自然人有关的各种信息,不包括匿名化处理后的信息。《消费者权益保护法》规定,消费者享有个人信息依法得到保护的权利
监督批评权	指消费者享有对商品和服务及保护消费者权益工作进行监督批评的权利,这是社会监督的重要内容。消费者有权检举控告侵害消费者权益的行为和国家机关及工作人员在保护消费者权益工作中的违法失职行为,有权对保护消费者权益工作提出批评建议

[想一想]

消费者购买了一台儿童平衡车后,发现由于连接固件不牢固,孩子在使用过程中摔伤。这一事件侵犯了消费者的哪些法定权益?

[小练习 多选题]

根据《消费者权益保护法》,下列权利中,属于消费者法定权利的有(　　　　)。
A. 求教获知权　　B. 无条件退货权　　C. 维护尊严权　　D. 监督批评权

二、经营者义务

为保障消费者的各项权利,经营者需承担相应的义务,包括以下几方面内容。

(一) 履行法定义务以及约定义务

经营者向消费者提供商品或者服务,应当依法或依约定履行义务,但经营者与消费者的约定不得违法。经营者向消费者提供商品或者服务,应当恪守社会公德,诚信经营,保障消费者的合法权益;不得设定不公平、不合理的交易条件,不得强制交易。

(二) 接受监督义务

经营者应当听取消费者对其提供的商品或者服务的意见,接受消费者和社会公众的监督。

(三) 安全保障义务

经营者应当保证其提供的商品或者服务符合保障人身财产安全的要求。对可能危及人身、财产安全的商品和服务,应当向消费者作出真实的说明和明确的警示,并说明和标明正确使用商品或者接受服务的方法以及防止危害发生的方法。宾馆、商场餐馆、银行、机场、车站、港口、影院、剧院等经营场所的经营者，应当对消费者尽到安全保障义务，能够及时发现对其提供的产品和服务的缺陷，并采取有效措施及时消除隐患，告知消费者和公众。

> [想一想]
> 在商场、餐厅、学校等场所，谁是负责确保顾客或学生安全的安全保障义务人？他们的具体职责是什么？

（四）缺陷商品召回义务

经营者向消费者如实提供产品和服务的信息，包括质量、性能、用途和有效期等信息，真实、全面，不做虚假过度宣传，遵循公平交易的原则，对消费者反映的问题及时明确回应。

经营者发现其提供的商品或者服务存在缺陷，有危及人身、财产安全危险的，应当立即向有关行政部门报告和告知消费者，立即对有缺陷产品采取停止销售、警示、召回、无害化处理、销毁、停止生产或者服务等措施。采取召回措施的，经营者应当承担消费者因商品被召回支出的必要费用。

（五）提供真实信息的义务

经营者向消费者提供有关商品或者服务的质量、性能、用途、有效期限等信息，应当真实、全面，不得作虚假或者引人误解的宣传，对消费者就其提供的商品或者服务的质量和使用方法等问题提出的询问，应当作出真实、明确的答复，且提供的商品或者服务应当明码标价。

（六）标明真实名称和标记的义务

经营者应当标明其真实名称和标记。租赁他人柜台或者场地的经营者，应当标明其真实名称和标记。

（七）出具凭证或单据的义务

经营者提供商品或者服务，应当按照国家有关规定或者商业惯例向消费者出具发票等购货凭证或者服务单据；消费者索要发票等购货凭证或者服务单据的，经营者必须出具。

（八）质量担保的义务

经营者应当保证在正常使用商品或者接受服务的情况下其提供的商品或者服务应当具有的质量、性能、用途和有效期限；但消费者在购买该商品或者接受该服务前已经知道其存在瑕疵，且存在该瑕疵不违反法律强制性规定的除外。

经营者以广告、产品说明、实物样品或者其他方式表明商品或者服务的质量状况的，应当保证其提供的商品或者服务的实际质量与表明的质量状况相符。

经营者提供的机动车、计算机、电视机、电冰箱、空调器、洗衣机等耐用商品或者装饰装修等服务，消费者自接受商品或者服务之日起 6 个月内发现瑕疵，发生争议的，由经营者承担有关瑕疵的举证责任。

[读一读]

梅菜扣肉风波

在 2024 年 3 月 15 日消费者权益日当天,两个直播间相继因销售问题梅菜扣肉产品陷入舆论漩涡。据消费者反馈,所购梅菜扣肉存在诸多质量瑕疵,诸如食品过期、包装破损,以及商品实际情况与宣传大相径庭等。

面对消费者的投诉与汹涌的舆论压力,两个直播间迅速作出反应,第一时间向消费者诚恳致歉,坦言在产品质量把控与售后服务环节存在明显失误,并郑重承诺将积极行动,全力整改。

紧接着,两个直播间果断宣布为消费者办理退款,力求最大程度减轻消费者的经济损失。其中一个直播间展现出积极负责的态度,决定对受此事件影响的消费者实施 3 倍赔偿,以此彰显其诚意,以及对消费者权益的高度重视。另一个直播间则在全额退款的基础上,表明会严格依据相关法律法规妥善处理后续售后事宜。这一举措既体现了其依法依规解决问题的坚定决心,也充分展现出作为市场主体应有的责任担当。

此次梅菜扣肉事件,尽管给相关直播间带来了巨大的舆论冲击,却也提供了一次难能可贵的契机,促使其全方位改进产品与服务,着力提升消费者体验。同时,该事件也给广大消费者敲响了警钟,在购买商品时要务必保持警觉,密切留意产品质量与售后服务,切实维护自身合法权益。

(九)履行"三包"或其他责任的义务

经营者提供的商品或者服务不符合质量要求的,消费者可以依照国家规定、当事人约定退货,或者要求经营者履行更换、修理等义务。

没有国家规定和当事人约定的,消费者可以自收到商品之日起 7 日内退货;7 日后符合法定解除合同条件的,消费者可以及时退货,不符合法定解除合同条件的,可以要求经营者履行更换、修理等义务。

经营者应当承担因其履行"三包"责任义务而产生的运输等必要费用。

(十)无理由退货义务

经营者采用网络、电视、电话、邮购等方式销售商品,消费者有权自收到商品之日起 7 日内退货,且无须说明理由,但下列商品除外:消费者定做的;鲜活易腐的;在线下载或者消费者拆封的音像制品、计算机软件等数字化商品;交付的报纸、期刊。其他根据商品性质并经消费者在购买时确认不宜退货的商品,不适用无理由退货。消费者退货的商品应当完好。经营者应当自收到退回商品之日起七日内返还消费者支付的商品价款。退回商品的运费由消费者承担;经营者和消费者另有约定的,按照约定。

[读一读]

商贩拒不退货将挨四十鞭子

在中国古代,市场食品交易领域很早就诞生了相关法律规范,以确保食品的质量安全。据《唐律疏议》记载,唐朝制定了具备特定条件的退货法令。如果买家在购买商品后3天内发现商品有问题,并且之前有签订合约,就可以要求卖家退货。如果卖家不同意退货,买家可以向官府报告。官府查实后,不仅会强制卖家退货,还会对卖家进行"笞四十"的惩罚,即打四十鞭子。后来的元、明、清等朝代也基本采用了类似的做法。虽然古代的法律不如现在完善,但这些规定在当时对于保护消费者权益起到了很大的作用。

来源:人民网《古代打假:唐代3天内可退货 售假货将被打鞭子》

(十一)格式条款的合理使用义务

经营者在经营活动中使用格式条款的,应当以显著方式提请消费者注意商品或者服务的数量和质量、价款或者费用、履行期限和方式、安全注意事项和风险警示、售后服务、民事责任等与消费者有重大利害关系的内容,并按照消费者的要求予以说明,否则该条款无效。

经营者不得以格式条款、通知声明、店堂告示等方式,作出排除或者限制消费者权利、减轻或者免除经营者责任、加重消费者责任等对消费者不公平、不合理的规定,不得利用格式条款并借助技术手段强制交易,否则该内容无效。

格式条款、通知声明、店堂告示等含有前款所列内容的,其内容无效。

[小练习 单选题]

根据《消费者权益保护法》,经营者不得以通知、声明、店堂告示的方式,作出排除或者限制消费者的权利,减轻或免除经营者的责任,这是经营者的( )义务。
A. 不得侵犯消费者人格权　　B. 合理使用格式条款
C. 安全保障　　　　　　　　D. 质量担保

(十二)不得侵犯消费者人格权的义务

经营者不得对消费者进行侮辱、诽谤,不得搜查消费者的身体及其携带的物品,不得侵犯消费者的人身自由。

(十三)信息说明义务

采用网络、电视、电话、邮购等方式提供商品或者服务的经营者,以及提供证券、保险、银行等金融服务的经营者,应当向消费者提供经营地址、联系方式、商品或者服务的数量和质量价款或者费用、履行期限和方式安全注意事项和风险警示售后服务、民事责任等信息。

(十四)消费者信息保护义务

经营者收集、使用消费者个人信息,应当遵循合法、正当、必要的原则,明示收集、使用信息的目的、方式和范围,并经消费者同意。经营者收集、使用消费者个人信息,应当公开其收集、使用规则,不得违反法律法规的规定和双方的约定收集、使用信息。

经营者及其工作人员对收集的消费者个人信息必须严格保密,不得泄露、出售或者非法向他人提供。经营者应当采取技术措施和其他必要措施,确保信息安全,防止消费者个人信息泄露、丢失。在发生或者可能发生信息泄露、丢失的情况时,应当立即采取补救措施。

经营者未经消费者同意或者请求,或者消费者明确表示拒绝的,不得向其发送商业性信息。

[小练习 多选题]

小张因网络购物个人信息被违法倒卖,他有权要求卖家或信息倒卖人员承担的责任有(　　)。
A. 停止侵害　　B. 消除影响　　C. 赔礼道歉　　D. 赔偿损失

[小练习 单选题]

根据《中华人民共和国消费者权益保护法》,经营者在消费者明确表示拒绝的情况下不得向其发送商业性信息,这属于经营者的(　　)的义务。
A. 消费者信息保护义务　　　　B. 不得侵犯消费者人格权的义务
C. 质量担保的义务　　　　　　D. 保护消费者自主选择权

任务三　消费争议的解决

一、消费争议解决途径

根据《消费者权益保护法》第 39 条规定,消费者和经营者发生消费者权益争议的,可以通过下列途径解决。

(一) 与经营者协商和解

一般争议均可由双方在平等自愿的基础上进行,重大纠纷或双方无法协商解决的,可寻求其他解决方式。

(二) 请求消费者协会或者依法成立的其他调解组织调解

其调解结果由双方自愿接受和执行。

(三) 向有关行政部门投诉

消费者可依据具体情形,向工商行政管理部门、质量技术监督部门、消费者协会、企业主管部门、商检部门和人民法院等有关行政部门投诉。

有关行政部门在自收到投诉之日起 7 个工作日内,予以处理并告知消费者。对不符合规定的投诉决定不予受理的,应当告知消费者不予受理的理由和其他解决争议的途径。

有关行政部门受理投诉后,消费者和经营者同意调解的,有关行政部门应当依据职责及时调解,并在受理之日起 60 日内调解完毕;调解不成的应当终止调解。调解过程中需要鉴定、检测的,鉴定、检测时间不计算在 60 日内。此外,有关行政部门经消费者和经营者同意,可以依法将投诉委托消费者协会或者依法成立的其他调解组织调解。

(四) 根据与经营者达成的仲裁协议提请仲裁机构仲裁

需要双方事先订立的书面仲裁协议或条款。

(五) 向人民法院提起诉讼

对侵害众多消费者合法权益的行为,中国消费者协会以及在省、自治区、直辖市设立的消费者协会,可以向人民法院提起诉讼。

> [小提示]
> 消费者和经营者发生消费者权益争议,消费者投诉可以采取电话、信函、面谈、互联网形式进行。而消费者申诉一般采用书面形式。

> [小练习 多选题]
> 下列消费者协会中,对侵害众多消费者合法权益的行为中,可以代表消费者向人民法院提起诉讼的有(　　　)。
> A. 上海市浦东新区消费者协会　　B. 中国消费者协会
> C. 北京市消费者协会　　　　　　D. 湖南省消费者协会

二、消费索赔规则

(一) 向销售者要求赔偿

消费者在购买、使用商品时,其合法权益受到损害的,可以向销售者要求赔偿。销售者赔偿后,属于生产者的责任或者属于向销售者提供商品的其他销售者的责任的,销售者有权向生产者或者其他销售者追偿。

(二) 选择向销售者或生产者要求赔偿

消费者或者其他受害人因商品缺陷造成人身、财产损害的,可以向销售者要求赔偿,也可以向生产者要求赔偿。属于生产者责任的,销售者赔偿后有权向生产者追偿。属于销售者责任的,生产者赔偿后,有权向销售者追偿。

(三) 向服务者要求赔偿

消费者在接受服务时,其合法权益受到损害的,可以向服务者要求赔偿。

(四) 企业分立、合并的情形

消费者在购买、使用商品或者接受服务时,其合法权益受到损害,因原企业分立、合并的,可以向变更后承受其权利义务的企业要求赔偿。

(五) 使用他人营业执照的情形

使用他人营业执照的违法经营者提供商品或者服务,损害消费者合法权益的,消费者可以向其要求赔偿,也可以向营业执照的持有人要求赔偿。

(六) 展销会租赁柜台的情形

消费者在展销会、租赁柜台购买商品或者接受服务,其合法权益受到损害的,可以向销售者或者服务者要求赔偿。展销会结束或者柜台租赁期满后,也可以向展销会的举办者、柜台的出租者要求赔偿。展销会的举办者、柜台的出租者赔偿后,有权向销售者或者服务者追偿。

(七) 网络交易平台购物情形

消费者通过网络交易平台购买商品或者接受服务,其合法权益受到损害的,可以向销售者或者服务者要求赔偿。网络交易平台提供者不能提供销售者或者服务者的真实名称、地址和有效联系方式的,消费者也可以向网络交易平台提供者要求赔偿;网络交易平台提供者作出更有利于消费者的承诺的应当履行承诺。网络交易平台提供者赔偿后,有权向销售者或者服务者追偿。

> [小提示]
>
> 网络交易平台提供者明知或者应知销售者或者服务者利用其平台侵害消费者合法权益,未采取必要措施的,依法与该销售者或者服务者承担连带责任。

(八) 虚假广告的情形

消费者因经营者借助虚假广告或其他虚假宣传方式提供商品或服务,致使合法权益受损,可向经营者要求赔偿。

广告经营者、发布者发布虚假广告,消费者可请求行政主管部门予以惩处。若广告经营者、发布者不能提供经营者的真实名称、地址及有效联系方式,则应承担赔偿责任。广告经营者、发布者设计制作、发布关系消费者生命健康商品或服务的虚假广告,造成消费者损害的,应与提供该商品或服务的经营者承担连带责任。

社会团体、其他组织或者个人在涉及消费者生命健康的商品或服务的虚假广告及其他虚假宣传中向消费者推荐商品或服务,造成消费者损害的,应当与提供该商品或服务的经营者承担连带责任。

> [想一想]
>
> 当我们购买的商品附赠的赠品存在质量问题时,我们是否有权主张赔偿?如果可以,具体的赔偿方式和流程又是怎样的?

> [小练习 单选题]
>
> 消费者因经营者利用虚假广告提供商品或者服务,其合法权益受到损害的,可以向(　　)要求赔偿。
>
> A. 广告经营者　　　　　　　B. 广告制作人
> C. 经营者　　　　　　　　　D. 发布广告的媒体

任务四　违反消费者权益保护法的法律责任

违反消费者权益保护法的规定,要承担相应的民事责任、行政责任和刑事责任。

一、民事责任

1. 经营者提供商品或者服务,需依法承担民事责任的情形

(1) 商品或者服务存在缺陷的。

(2) 不具备商品应当具备的使用性能而出售时未作说明的。

(3) 不符合在商品或者其包装上注明采用的商品标准的。

(4) 不符合商品说明、实物样品等方式表明的质量状况的。

(5) 生产国家明令淘汰的商品或者销售失效、变质的商品的。

(6) 销售的商品数量不足的。

(7) 服务的内容和费用违反约定的。

(8) 对消费者提出的修理、重作、更换、退货补足商品数量退还货款和服务费用或者赔偿损失的要求,故意拖延或者无理拒绝的。

(9) 法律法规规定的其他损害消费者权益的情形。经营者对消费者未尽到安全保障义务,造成消费者损害的,应当承担侵权责任。

2. 经营者为消费者未尽到安全保障义务,造成消费者损害的,应当承担侵权责任

(1) 经营者提供商品或者服务,造成消费者或者其他受害人人身伤害的,应当赔偿医疗费、护理费、交通费等为治疗和康复支出的合理费用,以及因误工减少的收入。造成残疾的,还应该赔偿残疾生活辅助具费和残疾赔偿金。造成死亡的,还应当赔偿丧葬费和死亡赔偿金。

(2) 经营者侵害消费者的人格尊严、侵犯消费者人身自由或者侵害消费者个人信息依法得到保护的权利的,应当停止侵害、恢复名誉、消除影响赔礼道歉,并赔偿损失。

(3) 经营者有侮辱诽谤搜查身体侵犯人身自由等侵害消费者或者其他受害人人身权益的行为,造成严重精神损害的,受害人可以要求精神损害赔偿。

(4) 经营者提供商品或者服务,造成消费者财产损害的,应当依照法律规定或者当事人约定承担修理、重作、更换、退货、补足商品数量、退还货款和服务费用或者赔偿损失等民事责任。

(5) 经营者以预收款方式提供商品或者服务的,应当按照约定提供。未按照约定提供的,应当按照消费者的要求履行约定或者退回预付款;并应当承担预付款的利息、消费者必须支付的合理费用。

经营者提供商品或者服务有欺诈行为的,消费者不仅可获得补偿性的赔付,还可要求增加赔偿,增加赔偿的金额为消费者购买商品的价款或者接受服务的费用的 3 倍;增加赔偿的金额不足 500 元的,为 500 元。法律另有规定的,依照其规定。

经营者明知商品或者服务存在缺陷,仍然向消费者提供,造成消费者或者其他受害

人死亡或者健康严重损害的,受害人还有权要求所受损失 2 倍以下的惩罚性赔偿。

[读一读]

皮肤清洁免费体验了半张脸

2022 年 6 月 26 日,欧女士在中山市三角镇某美容店遇到"免费体验皮肤护理"活动,进店后只做了半张脸护理,店员却要求收费才能完成全脸护理。欧女士拒绝并质问,店员称清洗需支付 70 元工本费。欧女士被迫付费后投诉至市场监管部门。经调查,该店以免费体验为诱饵,变相强制收费,侵害消费者权益。最终,美容店向欧女士等消费者全额退款。

市消委会提醒:根据《消费者权益保护法》,商家不得虚假宣传,强制交易属违法行为,严重者可能构成犯罪。商家应诚信经营,消费者也需警惕"免费陷阱",理性对待各类促销活动。

来源:中山市市场监督管理局(知识产权局)《2022 年度十大消费维权典型案例》

二、行政责任

经营者有下列情形之一,除承担相应的民事责任外,其他有关法律法规对处罚机关和处罚方式有规定的,依照法律法规的规定执行。

(1) 提供的商品或者服务不符合保障人身、财产安全要求的。

(2) 在商品中掺杂掺假,以假充真,以次充好,或者以不合格商品冒充合格商品的。

(3) 生产国家明令淘汰的商品或者销售失效、变质的商品的。

(4) 伪造商品的产地,伪造或者冒用他人的厂名、厂址,篡改生产日期,伪造或者冒用认证标志等质量标志的。

(5) 销售的商品应当检验、检疫而未检验检疫或者伪造检验检疫结果的。

(6) 对商品或者服务作虚假或者引人误解的宣传的。

(7) 拒绝或者拖延有关行政部门责令对缺陷商品或者服务采取停止销售警示、召回、无害化处理、销毁、停止生产或者服务等措施的。

(8) 对消费者提出的修理、重做、更换、退货、补足商品数量、退还货款和服务费用或者赔偿损失的要求故意拖延或者无理拒绝的。

(9) 侵害消费者人格尊严侵犯消费者人身自由或者侵害消费者个人信息依法得到保护的权利的。

(10) 法律法规规定的对损害消费者权益应当予以处罚的其他情形。

法律法规未作规定的,由市场监管部门或者其他有关行政部门责令改正,可根据情节单处或者并处警告、没收违法所得、处以违法所得 1 倍以上 10 倍以下的罚款,没有违法所得的,处以 50 万元以下的罚款;情节严重的,责令停业整顿、吊销营业执照。

经营者有上述情形的,除依照法律法规规定予以处罚外,处罚机关应当记入信用档案,向社会公布。

三、刑事责任

（1）经营者违反《消费者权益保护法》的规定提供商品或者服务，侵害消费者合法权益，构成犯罪的，依法追究刑事责任。

（2）经营者应当承担民事赔偿责任和缴纳罚款、罚金，其财产不足以同时支付的，先承担民事赔偿责任；经营者对行政处罚决定不服的，可以依法申请行政复议或者提起行政诉讼。

（3）以暴力、威胁等方法阻碍有关行政部门工作人员依法执行职务的，依法追究刑事责任；拒绝、阻碍有关行政部门工作人员依法执行职务，未使用暴力、威胁方法的，由公安机关依照《中华人民共和国治安管理处罚法》的规定处罚。

（4）国家机关工作人员玩忽职守或者包庇经营者侵害消费者合法权益的行为的，由其所在单位或者上级机关给予行政处分；情节严重，构成犯罪的，依法追究刑事责任。

《中华人民共和国消费者权益保护法实施条例》（简称《条例》）于2024年3月15日公布，自2024年7月1日起施行，针对网络直播消费完善了相关规定。《条例》明确经营者通过网络直播等方式提供商品或者服务的应当依法履行消费者权益保护相关义务。直播营销平台经营者应当建立健全消费者权益保护制度，明确消费争议解决机制。发生消费争议的直播营销平台经营者应当根据消费者的要求，提供直播运营者、直播营销人员相关信息以及相关经营活动记录等必要信息。

> [小提示]
> 直播运营者、直播营销人员发布的直播内容构成商业广告的，应当依照《中华人民共和国广告法》的有关规定履行广告发布者、广告经营者或者广告代言人的义务。

单元思考

在全社会共同努力下，消费者权益保障工作取得了显著成效。消费者的权益得到了更好的保障，企业的经营行为得到了规范，市场的竞争环境得到了改善，消费者的满意度和信任度得到了提高。而消费者权益保护工作仍然面临诸多挑战和问题，需要全社会持续关注和努力。作为新时代的消费者，在面对变化的消费习惯和消费方式带来的一系列消费问题时，我们又该如何发挥自身作用来实现消费市场的健康、有序发展呢？

单元小结

拓展学习

本单元介绍了消费者权益保护的基础知识、安全保障权在内的10项消费者的权利和14项经营者义务，还认识了面对消费争议要寻找有效的解决途径以及消费索赔规则。对于经营者的违法行为，消费者可以依法要求赔偿，维护自己的合法权益。对于违反消费者权益保护法的行为,法律也从民事责任、行政责任和刑事责任方面作出了明确的规定。

单 元 测 试

一、单选题

1. 消费者最基本的权利是(　　)。
   A. 安全保障权　　B. 维护尊严权　　C. 自主选择权　　D. 公平交易权

2. 根据《中华人民共和国消费者权益保护法》,关于消费者权利的说法,错误的是(　　)。
   A. 消费者在购买、使用商品或服务时享有保障其人身和财产不受侵害的权利
   B. 消费者对其购买、使用的商品和接受的服务享有绝对的知情权
   C. 消费者在购买商品或接受服务时享有公平交易的权利
   D. 消费者具有自主选择商品和接受服务的权利

3. 根据《中华人民共和国消费者权益保护法》,关于经营者义务的说法,错误的是(　　)。
   A. 经营者对消费者承担提供真实信息的义务
   B. 经营者承担不得侵犯消费者人格权的义务
   C. 经营者对一切商品都承担7天无理由退货义务
   D. 经营者依法承担"三包"义务

4. 以下关于消费者权益保护机构的说法正确的是(　　)。
   A. 只有人民政府能维护消费者合法权益
   B. 消费者协会是唯一的维护消费者权益的民间组织
   C. 经营者违法构成犯罪时,公安机关可单独追究相关人员责任
   D. 消费者协会可参与行政部门对商品、服务的检查监督

5. 根据《中华人民共和国消费者权益保护法》,以下属于经营者保护消费者个人信息应尽的义务是(　　)。
   A. 经营者收集、使用消费者个人信息,应当遵循合法、正当、必要的原则,明示收集、使用信息的目的、方式和范围,并经消费者同意
   B. 经营者及其工作人员对收集的消费者个人信息必须严格保密,不得泄露、出售或者非法向他人提供
   C. 经营者应当采取技术措施和其他必要措施,确保信息安全,防止消费者个人信息泄露、丢失
   D. 以上都是

6. 经营者使用店堂告示的方式,制定限制消费者权利的规定。根据《中华人民共和国消费者权益保护法》,该规定内容(　　)。
   A. 有效　　B. 效力待定　　C. 无效　　D. 可撤销

7. 消费者李某从甲商场购买一个乙公司生产的电饭煲,使用时电饭煲发生爆炸,造成李某和其家人烫伤。关于李某主张权利的说法,正确的是(　　)。

A. 李某只能向消费者协会进行投诉,由消费者协会决定索赔事项
B. 李某只能向甲商场要求赔偿
C. 李某可以向甲商场要求赔偿,也可以向乙公司要求赔偿
D. 李某只能向乙公司要求赔偿

8. 下列选项中不属于市场管理关系的是( )。
   A. 维护公平竞争关系　　　　B. 消费者权益保护关系
   C. 产品质量管理关系　　　　D. 协作关系

9. 《中华人民共和国消费者权益保护法》规定,对于欺诈行为的惩罚性赔偿的幅度为商品或服务价款的( )倍。
   A. 1　　　　　B. 3　　　　　C. 5　　　　　D. 10

10. 《中华人民共和国消费者权益保护法》赋予消费者自主选择权,这些权利哪项是不对的( )。
    A. 自主选择商品或服务的品种、方式的权利
    B. 自主选择商品或服务时享有试用的权利
    C. 自主选择商品或服务的经营者的权利
    D. 自主决定购买或不购买任何一种商品、接受或不接受任何一项服务的权利

二、多选题

1. 根据《中华人民共和国消费者权益保护法》,下列权利中,属于消费者法定权利的有( )。
   A. 安全保障权　　B. 知悉真情权　　C. 自主选择权　　D. 公平交易权

2. 根据《中华人民共和国消费者权益保护法》,经营者的法定义务有( )。
   A. 质量担保义务　　　　B. 安全保障义务
   C. 监督消费者义务　　　D. 召回义务

3. 消费者权益争议的解决途径包括( )。
   A. 与经营者协商和解　　B. 提请消费者协会调解
   C. 向有关行政部门投诉　D. 向税务机关举报

4. 根据《中华人民共和国消费者权益保护法》,消费者购买、使用某些商品或接受某些服务时,自接受商品或服务之日起6个月内发现商品或服务瑕疵,发生争议的,由经营者承担有关瑕疵的举证责任,属于此类商品或服务的有( )。
   A. 机动车　　B. 电视机　　C. 计算机　　D. 空调器

5. 根据《中华人民共和国消费者权益保护法》,关于经营者义务的说法,正确的有( )。
   A. 使用格式条款的经营者,应当以显著方式提请消费者注意与其有重大利害关系的内容
   B. 经营者采用网络、邮购方式等方式销售商品,承担7日无理由退货义务时,退货运费由经营者承担,另有约定除外
   C. 商品或者服务不符合质量要求的,经营者应当依照国家规定、当事人约定履行退货或者更换、修理等义务
   D. 租赁他人柜台或者场地的经营者,应当标明其真实名称和标记

6. 根据相关规定,经营者采用网络、电视、电话、邮购等方式销售商品时,下列各项商品中,不适用7日内无理由退货的有(　　　)。
   A. 消费者定作的
   B. 鲜活易腐的
   C. 在线下载或者消费者拆封的音像制品、计算机软件等数字化商品
   D. 交付的报纸、期刊

7. 关于消费索赔的规则,下列说法正确的有(　　　)。
   A. 销售者有先行赔付义务
   B. 消费者或者其他受害人因商品缺陷造成人身、财产损害的,只能向生产者要求赔偿
   C. 变更后的企业仍对变更前企业侵犯消费者权益的行为承担赔偿责任
   D. 消费者在接受服务时,若其合法权益受到损害,可以向服务者要求赔偿

8. 根据《中华人民共和国消费者权益保护法》,关于经营者义务的说法,正确的有(　　　)。
   A. 经营者对消费者承担信息说明义务
   B. 租赁他人柜台或者场地的经营者,应当标明其真实名称和标记
   C. 经营者对一切商品都承担7日内无理由退货义务
   D. 经营者在任何情况下都应承担质量担保的义务

9. 下列消费者协会中,对侵害众多消费者合法权益的行为中,可以代表消费者向人民法院提起诉讼的有(　　　)。
   A. 长沙市天心区消费者协会
   B. 中国消费者协会
   C. 北京市消费者协会
   D. 湖南省消费者协会

10. 下列关于经营者的质量担保义务的说法,正确的有(　　　)。
    A. 经营者应当保证在正常使用商品或者接受服务的情况下其提供的商品或者服务应当具有的质量、性能、用途和有效期限
    B. 经营者以广告、产品说明、实物样品或者其他方式标明商品或者服务的质量状况的,应当保证其提供的商品或者服务的实际质量与表明的质量状况相符
    C. 消费者在购买该商品或者接受该服务前已经知道其存在瑕疵,且存在该瑕疵不违反法律强制性规定的,经营者不承担质量担保义务
    D. 机动车、计算机、日常用品等,消费者自接受商品或者服务之日起6个月内发现瑕疵,发生争议,由经营者承担有关瑕疵的举证责任

三、判断题

1. 经营者应当听取消费者和经营者对其提供的商品或者服务的意见,接受消费者的监督。(　　)
2. 依法求偿权是指消费者享有依法成立维护自身合法权益的社会组织的权利。(　　)
3. 经营者向消费者提供商品或者服务,应当恪守社会公德,诚信经营,保障消费者的合法权益;不得设定不公平、不合理的交易条件,不得强制交易。(　　)
4. 消费者应承担因商品被召回支出的必要费用。(　　)

5. 请求消费者协会或者依法成立的其他调解组织调解属于消费争议解决途径之一。
（　　）
6. 违反消费者权益保护法规定要相应承担民事责任、行政责任和刑事责任。（　　）
7. 使用他人营业执照的违法经营者提供商品或服务，损害消费者合法权益的，消费者可以向其要求赔偿，不可以向营业执照的持有人要求赔偿。（　　）
8. 广告经营者、发布者不能提供经营者的真实名称、地址和有效联系方式的，应当承担赔偿责任。（　　）
9. 经营者提供商品或者服务应当明码标价。这属于标明真实名称和标记的义务。
（　　）
10. 经营者有侮辱诽谤、搜查身体、侵犯人身自由等侵害消费者或者其他受害人人身权益的行为，造成严重精神损害的，受害人可以要求精神损害赔偿。（　　）

四、案例分析题

1. 张先生在一家电商网站购买了一款声称"100%纯棉"的T恤。收到商品后，他发现T恤的质地粗糙，与"纯棉"的描述不符。张先生试图联系卖家，但卖家的客服电话始终无人接听，在线客服也未回应。
   (1) 在这个案例中，消费者有哪些基本的权益受到侵犯？
   (2) 如果你是消费者，你会如何维护自己的权益？
   (3) 从这个案例中，我们可以得到哪些启示？

2. 消费者李某从商场购买一个高压锅，使用高压锅时发生爆炸，造成李某和其家人烫伤，李某可以主张什么权利？

3. 陈某在入住的酒店房间洗澡时不慎摔倒受伤，随后被送往医院治疗。现在，陈某提起诉讼，要求酒店赔偿医疗费等损失。那么，陈某的哪项消费者权利可能受到了侵害？

4. 连锁超市因疏忽未定期检查商品,导致过期食品仍在销售,消费者误食后身体不适,就医后诊断为食物中毒。请分析这是经营者忽视哪些义务所致?

5. 张先生带孩子到某商场内的蹦床乐园玩耍期间,张先生的孩子从高处跳落导致右腿受伤,送医诊断为骨折,需要住院治疗。张先生遂向商家提出赔偿,但协商不成,于是投诉。经市市场监管局调查,发现该蹦床乐园内缺少明确清晰的安全警示,入场前未对未成年人及其监护人进行蹦床的安全事项告知提醒,该活动场所仅为儿童提供防滑袜,场内也没有配备专门人员维持现场秩序、保障安全,蹦床的设计存在安全隐患。为此,市场监管局责令经营者予以改正。经调解,经营者同意赔付张先生孩子相关医药费、营养费等费用。

在这个案例中,经营者的哪项义务有缺失?面对类似问题,经营者该如何处理?